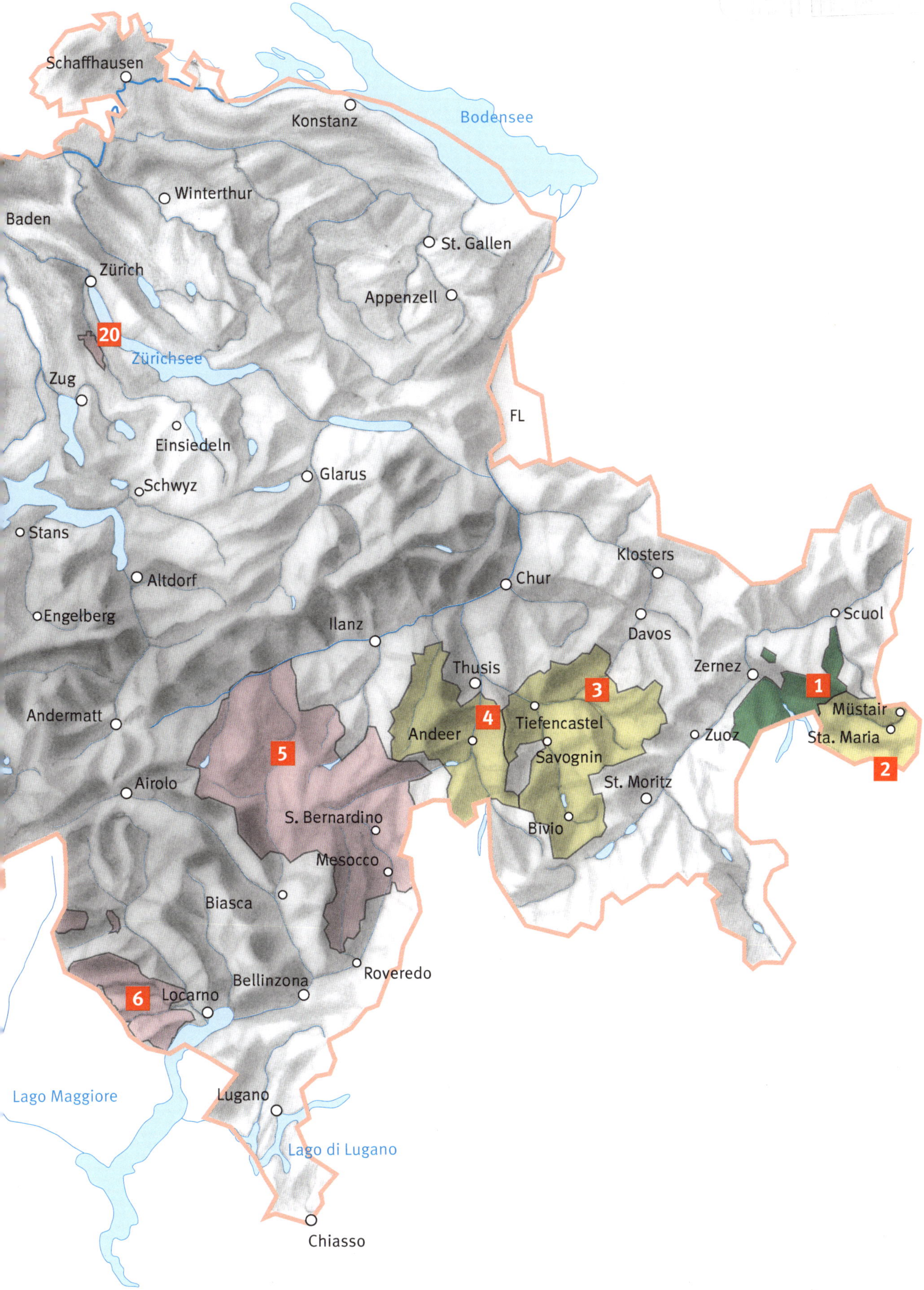

Schaffhausen

Konstanz

Bodensee

Baden

Winterthur

St. Gallen

Zürich

Appenzell

20

Zürichsee

FL

Zug

Einsiedeln

Schwyz

Glarus

Klosters

Stans

Chur

Scuol

Altdorf

Davos

Ilanz

Engelberg

Zernez

1

Thusis

3

Müstair

Andermatt

4

Tiefencastel

Zuoz

Sta. Maria

Andeer

Savognin

2

5

St. Moritz

Airolo

Bivio

S. Bernardino

Mesocco

Biasca

Bellinzona

Roveredo

6 Locarno

Lago Maggiore

Lugano

Lago di Lugano

Chiasso

Die Naturpärke
in der Schweiz

Martin Arnold Roland Gerth

Die Naturpärke
in der Schweiz

Das grosse Wander- und Erlebnisbuch

AT Verlag

Umschlagbild: Verlandungszone am Obersee im Erstfeldertal. Das Gebiet im Kanton Uri war ein Teil des Projekts Regionaler Naturpark Urschweiz, das aber nach der Ablehnung auf lokaler Ebene im Herbst 2010 aufgegeben wurde.

Seite 2: Der Herbst zieht in die Jaunbachschlucht ein, die zum Regionalen Naturpark Gruyère Pays-d'Enhaut gehört. Bald wird der Wasserfall zu Eis erstarren.

© 2011
AT Verlag, Baden und München
Lektorat: Christina Sieg, Zürich
Fotos: Roland Gerth, www.rolandgerth.ch
Kartenausschnitte: Atelier Guido Köhler & Co., Binningen
Lithos: Vogt-Schild Druck, Derendingen
Druck und Bindearbeiten: Druckerei Uhl, Radolfzell
Printed in Germany

ISBN 978-3-03800-563-6

www.at-verlag.ch

Inhalt

Vorwort

Im März 2000 startete Pro Natura die Kampagne «Gründen wir einen neuen Nationalpark!» Sie lud alle Gemeinden der Schweiz ein zu prüfen, ob sich ihr Gebiet für einen neuen Nationalpark oder ein anderes grosses Schutzgebiet eignen würde. Zehn Jahre später hat es auf der Schweizer Karte so viele Pärke, wie damals niemand zu träumen wagte: Vier neue Pärke sind in Betrieb und fünfzehn in der Errichtungsphase. Zusammen mit dem bestehenden Schweizerischen Nationalpark macht das 20 Pärke und Parkprojekte!

Der Weg dahin war lang und hart. Es dauerte Jahre, bis die gesetzlichen Grundlagen geschaffen und damit wenigstens bescheidene Bundesmittel auf Dauer gesichert waren. Mehrere aussichtsreiche Projekte erlitten Rückschläge oder wurden abgebrochen. Das alles ändert nichts daran, dass die Bewegung für neue Pärke in der Schweiz eine Erfolgsgeschichte ist.

Erfolg inwiefern? In der Bewahrung des natürlichen und kulturellen Erbes, in der Ankurbelung der regionalen Wirtschaft, in der Sinngebung für die Bevölkerung einer Randregion oder alles zusammen? Die Pärke der neuen Generation sind der Nachhaltigkeit verpflichtet. Sie sollen alle drei Bereiche integrieren: Natur und Umwelt, die regionale Wirtschaft und die lokale Gesellschaft.

Diese Absicht ist eine Gratwanderung zwischen teilweise sich widersprechenden Interessen, die fast der Quadratur des Kreises gleichkommt. Naturschützer und Pro Natura bemängeln, in den Pärken werde zu wenig für die Erhaltung und Förderung der Natur getan. Umgekehrt wehren sich Gewerbetreibende gegen zu strikte Einschränkungen für ihre Betriebe und die Talgemeinschaften gegen die «Vögte aus Bern». Eine Untersuchung in der Biosfera Val Müstair hat gezeigt, dass sich die beiden Pole «Mehr Natur» und «Mehr regionale Entwicklung» recht gut verschiedenen Gruppen zuordnen lassen. Überspitzt gesagt wollen die Einheimischen mehr regionale Entwicklung, Besucherinnen und Besucher dagegen mehr Natur. Angesichts dieser Erkenntnis wundert es mich nicht, dass man in der Entstehungsphase der lokalen Bevölkerung die Pärke in erster Linie mit wirtschaftlichen Argumenten begründet hat.

Das dürfte sich ändern, wenn die Pärke erst einmal in Betrieb sind. Schliesslich leben sie von ihren Besucherinnen und Besuchern. Auf die Dauer werden nur die Pärke Bestand haben, in denen der Gast wahrnimmt, dass hier die Natur einen sichtbar höheren Stellenwert hat als ausserhalb der Pärke. Ich bin auf die weitere Entwicklung gespannt. Die Parklandschaft in der Schweiz wird in Bewegung bleiben.

Sie, liebe Leserin, lieber Leser, können sich mit Hilfe dieses Buches selbst ein Bild machen. Es enthält eine Fülle von Informationen zu 20 Pärken und Parkprojekten. Zudem enthält das Buch zahlreiche Hinweise, wie Ihr eigener Besuch in einem Park von nationaler Bedeutung zum Erlebnis wird.

Dezember 2010

Otto Sieber
Zentralsekretär Pro Natura

Vom Heinzenberg öffnet sich der Blick auf den Piz Beverin in seiner ganzen Pracht.

Einleitung
Was ist ein Park?

Pro Natura brachte im Jahr 2000 den Stein ins Rollen: Mit dem Aufruf zur Gründung eines neuen Nationalparks und dem Versprechen, diesem Gebiet eine Million Franken für den Aufbau des Parks zur Verfügung zu stellen, animierte die Naturschutzorganisation viele Randregionen – vorerst im Alpenraum – zur Standortbestimmung. Denn Abwanderung, Subventionskürzungen und mangelhafte Infrastruktur lassen die Zukunft abseits der Ballungsräume mancherorts düster erscheinen. Warum nicht aus der Not eine Tugend machen? Im Ausland gab es teilweise gute Erfahrungen mit neuen Parks, und so brauchte es keinen besonderen Pioniergeist für eine Schweizer Region, um sich auf den Weg zu machen, Park zu werden. Freilich merkten bald manche Interessenten, dass die Gründung eines Nationalparks mit zu vielen und zu strengen Auflagen verbunden ist. Die Internationale Naturschutzunion (IUCN) hat deshalb sechs Kategorien von Pärken geschaffen, die sich in ihren Schutzzielen unterscheiden. Das Bundesamt für Umwelt (Bafu) hat einen Teil dieser Unterscheidungen aufgenommen und im November 2007, gestützt auf das revidierte Bundesgesetz für Natur- und Heimatschutz, eine Verordnung über Pärke von nationaler Bedeutung erlassen. Neu wurden die Kategorien Regionaler Naturpark und Naturerlebnispark geschaffen. Hinzu kommt das Label der Unesco-Biosphäre, zu denen das Entlebuch und das Münstertal gehören. Es beinhaltet eine vom Menschen geprägte, schützenswerte Kulturlandschaft. Und selbstverständlich gibt es weiterhin den auf Initiative von Pro Natura gegründeten Schweizerischen Nationalpark, der als Wildnisregion eine Tradition von über 100 Jahren aufweist. Er weist als Nationalpark der Kategorie I die strengste Schutzform auf. Jeder weitere Nationalpark sollte eine Kernzone gemäss der Kategorie II nach den Kriterien des IUCN ausweisen. Neben der Kernzone, wo die dynamische Entwicklung der Natur erste Priorität hat, würde er von einer Umgebungszone eingerahmt, welche stärker von Menschen geprägtes Kulturland umfasst. Dennoch weist auch hier der Schutz der Natur eine hohe Priorität auf.

Die weitaus grösste Zahl der in diesem Buch vorgestellten 20 Parkregionen strebt die Anerkennung als Regionaler Naturpark an. Eine Mindestgrösse von 100 Quadratkilometern ist Voraussetzung. Schützenswerte Lebensräume sollten vernetzt und bei neuen Bauten sollte der Charakter des Landschafts- und Ortsbildes bewahrt werden. Ausserdem müssen die Parkverantwortlichen eine nachhaltig betriebene Wirtschaft stärken. Dies beinhaltet die umweltschonende Nutzung der lokalen Ressourcen, die regionale Verarbeitung der im Park erzeugten Produkte und die Förderung eines nachhaltigen Tourismus. Der Regionale Naturpark setzt sich konkrete Ziele und erarbeitet Projekte in den Bereichen Natur, Gesellschaft und Wirtschaft und kann sich somit als nachhaltige Region profilieren. Ein Nationalpark setzt sich höhere Ziele im Bereich Naturschutz. Er muss eine «schöne» oder einzigartige Landschaft besitzen, die kaum beeinträchtigt wird, und eine Kernzone zwischen 50 Quadratkilometern im Mittelland und 100 Quadratkilometern im Alpenraum aufweisen. In den Kernzonen besteht eine Wegepflicht, sie dürfen nicht mit Fahrzeugen befahren werden, der Luftraum ist geschützt, die Jagd nur zur Regulierung der Wildtiere erlaubt und die Bautätigkeit eingeschränkt. Das Sammeln von Gesteinen, Mineralien, Fossilien, Pflanzen und Pilzen ist verboten. Zurzeit sind zwei Nationalparkprojekte in Erarbeitung. Das eine liegt im Gebiet Adula/Rheinwaldhorn, das andere in der Region Locarnese. Beide arbeiten mit viel Geduld und Hartnäckigkeit und möchten es wagen, in die Königsklasse der Pärke aufzusteigen.

Die dritte Kategorie ist der Naturerlebnispark, dessen bisher einziger Vertreter der Wildnispark Zürich im Sihlwald ist. Ein Naturerlebnispark hat eine Kernzone von mindestens 4 Quadratkilometern und befindet sich in der Nähe einer Agglomeration. In der Kernzone bestehen ähnliche Regeln wie in der Kernzone eines Nationalparks. Die im Buch beschriebenen Pärke schliessen als Kandidaten mit dem Bundesamt für Umwelt einen über 10 Jahre laufenden Vertrag ab. Der Vertrag formuliert die Rechte und Pflichten einer Parkregion. Zu den Pflichten gehört die Durchführung zahlreicher Projekte, welche die Artenvielfalt, aber auch die nachhaltige Entwicklung der Wirtschaft fördern. Diese Projekte werden meist von den Kantonen unterstützt. Der Vertrag muss demokratisch von den Stimmberechtigten aller Parkgemeinden genehmigt werden. Die Praxis zeigt, dass manche Kandidatenregionen für ihr Gebiet auch andere Bezeichnungen wählen als «Regionaler Naturpark». In den Regionen dominieren oft marktwirtschaftliche Überlegungen. Doch die Besucherinnen und Besucher werden längerfristig jene Parkregionen belohnen, die es mit dem Naturschutz ernst meinen. Denn dies erwarten die Touristen von einer Parkregion: eine intakte Natur.

Martin Arnold

Sonnenaufgang am Geisspfadsee beim Rothorn im Landschaftspark Binntal. Der See liegt nahe an der Grenze zu Italien.

Schweizerischer Nationalpark

Parc Naziunal Svizzer – Ein einzigartiges Freiluftlabor

«Der Nationalpark ist Gegenstand dauernder wissenschaftlicher Forschung», heisst es im National-parkgesetz. Seit den Tagen seiner Gründung im Jahr 1914 sind Wissenschaftlerinnen und Wissenschaftler in diesem einzigartigen Freiluftlabor der Schweiz tätig.

Winterzauber im Schweizerischen Nationalpark. Hier herrschen die strengsten Schutzbestim-mungen der Schweiz.

**Ohne Pro Natura kein
Schweizerischer Nationalpark**

Der 1909 gegründete Bund für Naturschutz (heute Pro Natura) verfolgte ein klares Ziel: die Finanzierung eines Schweizer Nationalparks. Die Natur sollte einen Platz erhalten, an dem sie sich ungestört von industriellen und touristischen Entwicklungen entfalten konnte und in dem auch die Ausrottung der Wildtiere für immer ein Ende haben sollte. Es brauchte auch die Einsicht der lokalen Bevölkerung im Unterengadin, die übernutzten Weiden und Wälder künftig in Ruhe zu lassen. Geld und fehlende Alternativen gaben letztlich den Ausschlag. Der erste Vertrag wurde bereits 1909 abgeschlossen. 1914 wurden die gepachteten Gebiete zum Nationalpark erklärt. Bis heute trägt jedes Pro-Natura-Mitglied mit einem Franken pro Jahr zum Gedeihen des Nationalparks bei. Der Schweizerische Nationalpark geniesst dank der Pioniertat von Pro Natura den Status eines Naturheiligtums in der Bevölkerung: ein Ort, den man gesehen haben muss.

Seit 1919 hat auf der Alp Stabelchod kein Vieh mehr geweidet. Die Alp liegt mitten im 1914 gegründeten Schweizerischen Nationalpark. Hier hat allein die Natur das Sagen. Doch anders als von der Forschung damals erwartet, ist der geschlossene Wald bis jetzt nicht zurückgekehrt. Im Gegenteil: An manchen Stellen könnte man denken, ein Gärtner pflege hier einen englischen Rasen, so kurz geschnitten präsentiert sich das Gras. Doch hier haben weder Mensch noch Nutztier etwas verloren. Für die Besucherinnen und Besucher gilt ein striktes Wegegebot. Es ist das Wild, namentlich Rothirsche in grosser Zahl, das die seit dem frühen 14. Jahrhundert als Alpweiden genutzten Flächen bis heute abgrast. Eine Hochrechnung der Eidgenössischen Forschungsanstalt für Wald, Schnee und Landschaft WSL hat gezeigt, dass es noch 500 bis 600 Jahre dauern dürfte, bis hier wieder ein geschlossener Wald gewachsen ist. Doch, so hat eine Forschergruppe vor einigen Jahren herausgefunden, die Rothirsche können nur bedingt für diese extrem langsame Wiederbewaldung verantwortlich gemacht werden. Die Wildtiere kommen im Nationalpark wohl in grosser Zahl vor, der Bestand liegt aber unter der Schwelle dessen, was die natürlichen Ressourcen ermöglichen. Mit ihren Hufen sorgen sie im Gegenteil dafür, dass sich im dichten alpinen Rasen Lücken auftun, in denen sich Baumsamen einnisten können, die sonst kaum eine Chance zum Keimen hätten. Da und dort haben sich denn auch die ersten Bergföhren eingefunden. Das war vor einigen Jahrzehnten. Seither stagniert die Entwicklung – weshalb, das weiss niemand so genau.

«Es gibt ein paar Indizien», sagt Anita Risch, Gruppenleiterin Tierökologie in der Forschungseinheit Ökologie der Lebensgemeinschaften an der WSL: etwa das Ausbreiten der Fiederzwenke, eines hübsch anzusehenden, leuchtend-hellgrünen Grases, das weder Nutzvieh noch Wild anrühren. So wächst es ungerührt weiter – mit einem Tempo von ungefähr vier Zentimetern pro Jahr. Genetische Untersuchungen haben gezeigt, dass mancher dieser kreisrunden Grasteppiche auf einen einzigen Halm zurückgeht – Fiederzwenken vermehren sich häufig vegetativ. Die grössten Grasteppiche haben einen Durchmesser von gut und gern 20 Metern. Sie sind bis 250 Jahre alt und zeigen damit eindrücklich, dass hohes Alter nicht nur Bäumen oder Schildkröten vorbehalten ist.

Auffallend ist auch das gehäufte Auftreten von in der Schweiz seltenen Wiesenameisen auf besonders nährstoffarmen Böden der Alp Stabelchod. Wiesenameisen und Hirsche mögen sich nicht leiden, sie gehen einander aus dem Weg, und so können sich die Ameisenvölker, die nicht auf einem einzigen Haufen, sondern über die ganze Weide verteilt in verschiedenen Haufen leben, recht ungehindert vermehren. Eine ganz ähnliche Entwicklung hat Anita Risch auch an Termitenvölkern im Serengeti-Nationalpark in Tansania beobachtet. Die Wissenschaftlerin, die auch im Yellowstone Nationalpark in den USA forscht, kommt zu einem überraschenden Schluss: «So unterschiedlich die klimatischen Voraussetzungen und die Zusammensetzung von Fauna und Flora in den drei Nationalpärken sein mögen, so ähnlich sind die Entwicklungen der Ökosysteme, wenn der Mensch ausgeschlossen bleibt.» Die Tatsache, dass der vergleichsweise winzige Schweizerische Nationalpark den Vergleich mit den berühmtesten Nationalpärken der Welt nicht zu scheuen braucht, lässt das Forscherinnenherz schon etwas höher schlagen, auch wenn Anita Risch gleich relativiert: «In der internationalen Forschergemeinde ist der Schweizerische Nationalpark nach wie vor eine Fussnote.»

Dennoch ist er ein Paradies für Forschende verschiedenster Fachrichtungen, ein Freiluftlabor, in dem natürliche Prozesse ungestört vom Menschen ablaufen. Und, so

Nationalparkdirektor Heinrich Haller, die Forschung ist neben dem direkten Natur-schutz und der Informationsarbeit eine der drei tragenden Säulen des Nationalpark-konzeptes. Die eigenen wissenschaftlichen Aktivitäten werden in der Publikations-reihe «Nationalparkforschung in der Schweiz» seit 1916 dokumentiert. Doch die Möglichkeiten sind personal- und budgetbedingt begrenzt. Die Arbeit von externen Wissenschaftlern im Park ist deshalb ausdrücklich erwünscht. Zutritt wird jenen Forscherinnen und Forschern gewährt, deren Feldarbeit nur auf dem Gebiet des Na-tionalparks Sinn macht. Projekte, die sich auch anderswo realisieren lassen, werden in der Regel zurückgewiesen. Denn auch die Wissenschaft soll die natürlich ablau-fenden Prozesse im Park möglichst wenig stören. Um die 50 Forschungsprojekte laufen im Durchschnitt gleichzeitig, die Zahl der Forscherinnen und Forscher im Park liegt zwischen 20 und 30.

Geforscht wird im Nationalpark seit den Tagen seiner Gründung – etwa mit bahnbrechenden Arbeiten des Botanikers Josias Braun-Blanquet, des Begründers der Pflanzensoziologie. Mit Pfosten markierte er im Parkgebiet über 100 Flächen, deren Pflanzenbestand seither regelmässig im Abstand von fünf bis zehn Jahren dokumen-tiert wird – eine weltweit einmalige Datenreihe, deren Auswertung heute den Wis-senschaftlern einige knifflige statistische Probleme beschert. Der wissenschaftliche Fokus dieser Arbeiten sei aus heutiger Sicht nicht mehr ganz klar, meint Anita Risch. «Die Flächen wurden vermutlich primär so angelegt, dass sie die Wiederbewaldung dokumentieren sollten.» Doch der Wald lässt, wie man heute weiss, auf sich warten – etwa weil der Tannenhäher, der die Arvennüsse verbreitet, noch bis vor wenigen Jahrzehnten verfolgt wurde. Man war der irrigen Meinung, er würde den Arven scha-den. Und so sind Arven bis heute in den von Bergföhren und – weit weniger – Lär-chen dominierten Wäldern des Nationalparks eher rar geblieben.

Viele Bergföhrenwälder im Nationalpark brechen derweil grossflächig zusam-men. Sie sind Zeugen einer Geschichte, die jahrhundertelang von Kahlschlägen und

Die Ova dal Fuorn ist ein zehn Kilometer langer Gebirgsbach im Nationalpark. Er mündet zwischen zwei Stauwerken in den Spöl.

Neues Nationalparkzentrum

Seit 2008 verfügt der Schweizerische Nationalpark (SNP) über ein neues Nationalparkzentrum in Zernez. Das in Sichtbeton gehaltene Gebäude des Bündner Architekten Valerio Olgiati besticht durch seine geometrischen, klaren Formen und schafft in seiner Sachlichkeit einen gezielt gesetzten Kontrapunkt zu Alpenkitsch und Naturidylle. Auf den Boden der Realität werden die Besucherinnen und Besucher schon im Eingangsbereich geholt, wo gleich eine Vielzahl an nicht immer ganz so stilechten Souvenirs feilgeboten wird. Empfehlenswert ist eine kleine Buchhandlung, in der unter anderem auch die sehr lesenswerten Bände der Reihe «Nationalparkforschung in der Schweiz» und die Nationalparkzeitschrift «Cratschla» aufliegen. Die Dauerausstellung bietet viele multimediale Inhalte, unter anderem einen mit einem Steuerknüppel zu bedienenden virtuellen Alpenrundflug. Besonders gelungen ist der Ausstellungsbereich «Ursprünge», der eindrücklich die vielfältigen Wechselwirkungen der natürlichen Prozesse aufzeigt. Und gelungen sind auch die didaktischen Inhalte für Kinder, die mit einem eigenen Führer die Ausstellung erkunden. Die Audiogeräte, die jedem Besucher mitgegeben werden, erlauben eine lehrreiche inhaltliche Vertiefung auf Knopfdruck. Wechselausstellungen und ein Informationsbereich über Gründer, Unterstützer und Forscher runden das Angebot ab. (FI)

Rechte Seite: Il Jalet (2392 m) ist ein markanter Aussichtspunkt im Ofenpassgebiet.

Nur ein kleiner Teil des Val S-charl gehört zum Nationalpark. Noch bis in die 1960er-Jahre lebten hier ganzjährig Menschen. Heute herrscht nur noch im Sommer Betrieb.

Übernutzung der natürlichen Ressourcen geprägt war. Mitte des 19. Jahrhunderts wurden weite Teile des heutigen Nationalparks letztmals grossflächig abgeholzt. Das Holz wurde auf dem Inn über rund 150 Kilometer bis nach Hall in Tirol geflösst, wo es für die energiehungrigen Salzsiedereien verbrannt wurde. Danach überliess man die Natur sich selbst, und es entwickelten sich die für den Nationalpark charakteristischen Bergföhrenwälder. Sie wachsen im Vergleich zu den anderen im Park vorkommenden Arten relativ schnell und haben daher einen Entwicklungsvorteil. Die Bergföhren bilden nur ein Zwischenstadium der Waldentwicklung und werden im Laufe der Zeit von Lärchen und Arven abgelöst, der natürlicherweise häufigsten Baumart in der Region. Bergföhren werden kaum älter als 250 Jahre. Lärchen und Arven erreichen ein wesentlich höheres Alter von bis zu 1000 Jahren. Sie entwickeln sich zwar langsamer, aber umso nachhaltiger. Von diesem natürlichen Zustand sind die Wälder im Schweizerischen Nationalpark also noch einige Jahrhunderte entfernt.

Der moderne Mensch kann angesichts dieser zeitlichen Dimensionen nur staunen. Auch die Ökologin Anita Risch schmunzelt, wenn sie an die von ihr mitverfasste Studie denkt, bei der sie eine Prognose wagte, wie sich der Wald im Nationalpark entwickeln wird. «Ich kann angesichts unseres eigenen beschränkten Wissens nur hoffen, dass unsere Kollegen dereinst ein mildes Urteil über unsere Arbeit fällen werden.» Manchmal habe sie den Eindruck, dass mit jeder wissenschaftlichen Frage, die geklärt wird, sich zwei neue ergeben.

Es geht um Grundlagenforschung. Denn, so viel man heute weiss über die grundlegenden Funktionen von Ökosystemen, so wenig ist bekannt über die gegenseitige Beeinflussung der Lebewesen, etwa auf einer Weide. Wer frisst am meisten Gras? Die Hirsche? Die Murmeltiere, die auf der Alp Stabelchod häufig vorkom-

Das Val Tavrü im Val S-charl liegt knapp ausserhalb des Nationalparks. Hier weidet im Sommer noch das Vieh. Im Hintergrund die Mot Tavrü.

Rechte Seite: Der God Tamangur im Val S-charl ist der höchstgelegene Arvenwald der Schweiz. Hier hätte ursprünglich das Herz des Nationalparks liegen sollen. Doch die Bevölkerung wollte das kostbare Alpweideland nicht abgeben.

men? Oder gar die vielen Heuschrecken, die zu Dutzenden aufschrecken, wenn man sich ihnen nähert? Wie wird sich die Vegetation entwickeln, wenn Wölfe, Luchse oder Bären das Wild bedrängen? Spielen dann vielleicht tatsächlich die Insekten die Hauptrolle? Um herauszufinden, welche Rolle die Tiere spielen, die sich von Pflanzen ernähren, musste ein ganzes Netz von Umzäunungen aufgebaut werden, die nach und nach alle Protagonisten ausschliessen: zuerst den Hirsch, dann das Murmeltier, die Mäuse und schliesslich die Insekten. Dieses Vorgehen war Neuland im Nationalpark, wo jahrzehntelang die strikte Weisung gegolten hatte, dass der Mensch nicht in die natürlichen Abläufe eingreifen darf. Es habe einiges an Überzeugungsarbeit gebraucht, bis sich die Forschungskommission für das Unterfangen habe gewinnen lassen, sagt Anita Risch.

Im Sommer 2009 war es so weit. Auf insgesamt 18 gehegeartigen Flächen, die eine Hälfte auf nährstoffreichen, die andere auf nährstoffarmen Böden, wurden die Absperrungen installiert. Dazu kamen verschiedene Messgeräte. Um statistisch relevante Daten zu erhalten, sind die Ergebnisse von mindestens fünf Probeflächen pro Bodentyp nötig. Und in dem von extremen Wind- und Wetterereignissen geprägten klimatischen Umfeld der Hochalpen kann nicht garantiert werden, dass alle Flächen über die geplante Dauer des Feldexperiments von fünf Jahren tatsächlich funktionstüchtig bleiben. Schon ein gerissenes Netz, das Insekten abhalten soll, kann die Ergebnisse verfälschen. Regelmässige Kontrollen sind deshalb nötig. Dazu kommt die Erfassung der pflanzlichen Entwicklung. Jede Pflanze zu zählen, wäre ein Ding der Unmöglichkeit. Mit einem in den USA entwickelten Verfahren lässt sich eine repräsentative Auswahl erheben: eine Knochenarbeit für das Team aus Doktoranden, Studierenden und Praktikanten, die sich wie Erbsenzähler vorkommen müssen, wenn sie einen schmalen Stab durch die Löcher eines Rahmens in Schrägrichtung in den Boden stecken und dann jede Pflanze benennen, die den Stab berührt: 160 Arten gilt es dabei auf einen Blick zu unterscheiden. Erst mit dieser riesigen Datenfülle wird es möglich sein, dereinst Aussagen zu machen, wie sich Pflanzengemeinschaften unter Ausschluss bestimmter oder aller Tiere, die sich von ihnen ernähren, entwickeln. Ob das Kapitel «Entwicklung der Weiden im Nationalpark» neu geschrieben werden muss, wenn die Daten in einigen Jahren ausgewertet sind? Das sei wohl etwas gar hoch gegriffen, entgegnet Anita Risch. «Aber wir werden einen weiteren Puzzlestein in diesem ausserordentlich komplexen Ökosystem einfügen. Und vielleicht sind es ja gleich mehrere.» (Tl)

Wanderung

Es ist der Klassiker im Nationalpark, die rund dreistündige Wanderung auf dem Naturlehrpfad mit dem Piz Margunet (2328 m) als höchstem Punkt (Route Nr. 17). Ausgangspunkt ist der Parkplatz Nr. 8 (Postautohaltestelle). Von dort geht es sanft ansteigend über die Alp Stabelchod hinauf zum Margunet und über das wild-romantische Val dal Botsch zum Parkplatz Nr. 6 an der Ofenpassstrasse (Postautohaltestelle beim Hotel Il Fuorn). Dort besteht auch eine Verpflegungsmöglichkeit. Die Wanderung ist auch für Kinder sehr gut geeignet. Im Schweizerischen Nationalpark besteht ein striktes Wegegebot, das Mitnehmen von Hunden ist verboten. Rund 80 Kilometer Wanderwege sind markiert und frei zugänglich. Hirsche, Gämsen und Steinböcke kennen die markierten Wege im Nationalpark. Sie bewegen sich im Respektabstand von wenigen Hundert Metern völlig ungehindert. Das Wissen um die Gefahrlosigkeit der Menschen auf den markierten Wegen wird über die Tiergenerationen hinweg weitergegeben. Doch unvorsichtig sind sie deshalb nicht. Sie reagieren unvermittelt, wenn jemand – verbotenerweise – die gewohnten Pfade verlässt. Nicht mit blossem Auge, aber mit einfachen Feldstechern können die scheuen Tiere deshalb bewundert werden. Doch es braucht schon ein wenig Glück und Geduld, um weidende Gämsen auf der Alp Stabelchod oder spielende

Murmeltiere im Val dal Botsch zu erleben. Im Nationalparkzentrum kann ein digitaler Guide ausgeliehen werden, der mit Satellitenunterstützung jeweils am richtigen Ort die richtigen Informationen als Ton, Bild und Text bereithält.

Anreise

Mit der Rhätischen Bahn nach Zernez und weiter mit dem

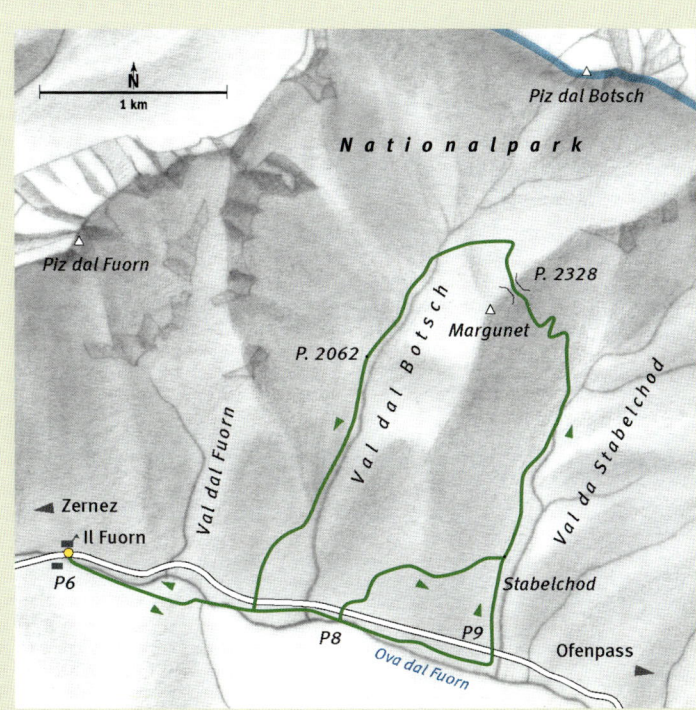

Postauto in Richtung Ofenpass. Entlang der Ofenpassstrasse gibt es verschiedene Haltestellen.

Übernachtung/Essen

Hotel Parc Naziunal
Il Fuorn
7530 Zernez
Telefon +41 (0)81 856 12 26
www.ilfuorn.ch

Das einzige Hotel im Nationalpark bietet komfortable Zimmer. Aus den Zimmerfenstern lassen sich in der Dämmerung weidende Hirsche beobachten.

Berggasthaus Buffalora

7532 Tschierv
Telefon +41 (0)81 858 51 74
www.gasthaus-buffalora.ch
Das Gasthaus liegt direkt neben der Postautohaltestelle und bietet eine hervorragende Küche mit regionalen Spezialitäten.

Auskunft

Schweizerischer Nationalpark
Schloss Planta-Wildenberg
7530 Zernez
Verwaltung:
Telefon +41 (0)81 851 41 11
Besucherzentrum Zernez:
Telefon +41 (0)81 851 41 41
www.nationalpark.ch

Karten

Landeskarten 1:25 000,
1218 Zernez, 1219 S-charl
Landeskarte/Wanderkarte
1:50 000, 259/259T Ofenpass

Val Müstair

Ein Himmel mit vielen Gesichtern

Mal schön und erhaben, mal grausam und voller Gefahren, sternenübersät oder Sehnsucht erweckend – so zeigt sich der Himmel im Münstertal.

Blick von der Umbrailpassstrasse auf das Münstertal im Oktober, wenn die Herbstfärbung der Lärchen beginnt.

Herbststimmung bei Valchava.

Jahrelang hat Hansjörg Weber, Leiter der Aussenstelle Münstertal-Zernez der Forstregion Südbünden, gezittert, wenn der Himmel im Münstertal seine Schleusen öffnete. 1977 war es schon einmal passiert: Aus den steilen Flanken des Schaibias oberhalb von Santa Maria löste sich nach schweren Regenfällen eine Mure. Sie drang bis ins Tal vor und verschüttete das Bett des Rombachs. Ein See staute sich auf, Tage des Bangens und Hoffens folgten. Eine mögliche Flutwelle hätte Santa Maria schwer getroffen. Es kam zu Evakuationen, aber glücklicherweise nicht zur Katastrophe. «Das kann heute kaum mehr geschehen, die kritischen Hänge haben wir in den vergangenen 15 Jahren nach und nach stabilisiert. Jetzt können wir ruhig schlafen. Die Gefahr ist vorerst gebannt.» Etwa in diesem extrem steilen Couloir an der Nordseite des Hanges, dessen Untergrund so porös ist wie ein Sandhaufen. Mit Baumstämmen haben die Forstarbeiter zwei künstliche Schneisen geschaffen, in denen das Wasser schnell genug abfliessen soll. Damit will man eine Unterspülung des Untergrundes verhindern. Weber schmunzelt, wenn er von einer Begehung mit Dorfpolitikern erzählt, die im steilen Gelände in einer veritablen Rutschpartie endete. «Das ist die Realität des Münstertals, mit der die Menschen seit Jahrhunderten leben müssen.» Die Rätoromanen wissen auch im Sprachgebrauch die Gefahren zu differenzieren: Valatsch heissen die gefährlichsten, steilen Couloirs, ein Tal mit durchschnittlicher Hangneigung wird Valina genannt, ein harmloses, flaches Tälchen heisst schlicht Valetta. Doch die sind die Ausnahme im Münstertal. Schier überall kommt der Berg ins Tal. Die so sanft ansteigenden Matten im Talgrund des unteren Münstertals sind nichts weiter als die Schutthalden einer gewaltigen Erosionskraft, die sich durch das brüchige Gestein der umliegenden Gipfel frisst.

Forstwirtschaft wird im Münstertal zur steten Auseinandersetzung mit diesen Kräften, die es zu zähmen gilt. Das wussten schon die Vorväter, die Gräben in den Weiden anlegten, um das Wasser zu sammeln und abzuleiten und so ihre Siedlungen zu schützen – oder um es auf jene Matten zu bringen, die wegen Wassermangels auszutrocknen drohten. Heute gilt es, nicht nur die Siedlungen im Münstertal vor Unbill zu bewahren, sondern ganzjährig auch die Verkehrswege wie die Ofenpassstrasse, die einzige direkte Verbindung des Münstertals mit dem Rest der Schweiz. Lawinen sind hier das kleinere Problem. Die Gefahr droht nach starken Niederschlägen im Sommer, wenn ganze Hänge abzurutschen drohen. Als bestes Mittel zur Bändigung haben sich Kästen aus Lärchenholz erwiesen, die in Hangrichtung in die potenziellen Rutschzonen hineingebaut werden, um das Wasser rasch abfliessen zu lassen. Lärchenholz verrottet nur sehr langsam und hält über viele Jahre dicht.

Lärchen sind trotz ihrer optischen Dominanz nicht die häufigsten Bäume im Tal. An erster Stelle stehen die Fichten mit rund zwei Dritteln, gefolgt von den Lärchen, die etwa jeden vierten Baum stellen, und den Arven, die nur acht Prozent des Baumbestandes ausmachen. Das Arvenholz ist in den heimischen Schreinereien begehrt. Die Möbel und Innenausstattungen aus diesen Betrieben finden weit übers Tal hinaus Abnehmer. Während die Lärchen für Schutzbauten von grosser Bedeutung sind, ist die Fichte kaum begehrt. Der grösste Teil wird ins benachbarte Vinschgau exportiert, wo es noch kleinere Sägereien gibt, die sie zu verwerten wissen. Den weiten Weg durch Graubünden in die Grosssägerei in Domat/Ems hatte Weber wegen der hohen Kosten und der ökologisch fragwürdigen Transportwege gemieden. Praktisch ausgereizt ist im Münstertal die Reserve von Holz als Energieträger. Die öffentlichen Bauten werden heute bereits weitgehend mit Holz geheizt, und mehr Energieholz geben die Wälder nicht mehr her. Der Holzanteil am Energieverbrauch

liegt dennoch nur bei wenigen Prozenten – die nachhaltigen Energiebäume wachsen auch im waldreichen Münstertal nicht in den Himmel. Eine wichtige Rolle im Tal als Arbeitgeber spielt der Forstbetrieb mit zehn Angestellten. Sie erfüllen eine überlebenswichtige Aufgabe für die ganze Gemeinschaft: Die Hälfte ihrer Arbeitszeit beschäftigen sie sich mit den Verbauungen – und schützen damit ein ganzes Tal vor den Gefahren des Himmels.

Mit Holz wird auch das Kloster Müstair geheizt. Es wärmte schon seine Gründer in der zweiten Hälfte des 8. Jahrhunderts. Ehrfurcht überkommt einen beim Betrachten der Fresken in der Klosterkirche. Die ältesten sind nach mehrfacher Übermalung erst zwischen 1947 und 1951 freigelegt worden. Sie stammen aus den Anfängen des Klosters und sind etwa 1200 Jahre alt. Sie erzählen vom Leben Jesu, seinem Leiden und der Auferstehung, vom Leben und Tod des Kirchenpatrons Johannes des Täufers, der enthauptet wurde, und vom Martyrium des heiligen Stefan – fast müsste man bei so viel roher Gewalt ein Jugendschutzschild anbringen. Auch Schwester Domenica fragt sich manchmal, woher diese Lust an der Darstellung der Marter an den Heiligen kam. Es sei halt auch darum gegangen, die des Lesens Unkundigen, damals noch die überwiegende Mehrheit der Bevölkerung, an die Heilbotschaft des Christentums heranzuführen. An der Erhabenheit des bemalten Himmels in der Klosterkirche, von dessen Farben – bedingt durch die jahrhundertelange Verwitterung – vor allem die rötlichen Töne erhalten geblieben sind, vermögen diese Schauergeschichten nichts zu ändern. In all diesen Jahrhunderten gab es keinen Tag, an dem nicht die Gebete der Klosterinsassen auf diesen Himmel gerichtet waren.

Es gibt nicht viele sakrale Bauten auf der Welt, die auf eine so lange Tradition zurückblicken. Bis ins 12. Jahrhundert war Müstair ein Männerkloster, danach zogen Benediktinerinnen ein und sind bis heute geblieben. Schwester Domenica hatte schon als Kind davon geträumt, einmal ins Kloster zu gehen. Sie ist nur einen Steinwurf entfernt aufgewachsen. Es war die Klosterkirche mit ihren Fresken, die sie so

Der Ofenpass bildet die markante Barriere zwischen Münstertal und Unterengadin.

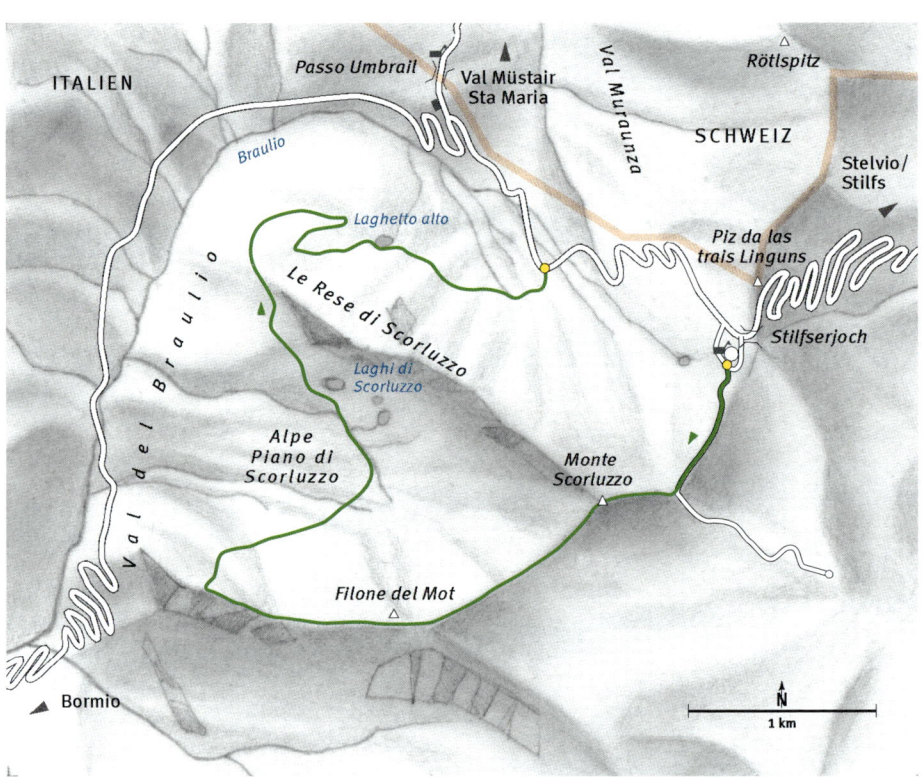

Die ältesten Fresken der Klosterkirche Müstair sind über tausend Jahre alt.

faszinierte, dazu die wahrhaft himmlischen Gesänge der Klosterfrauen. Die Eltern aber rieten ihr vom Gang ins Kloster ab. Sie solle zuerst eine Ausbildung machen. So wurde sie Kindergärtnerin, zog weg aus dem Tal – und vergass ihren Kindheitstraum. Doch er kehrte zurück, in grosser Klarheit. Da war sie schon 22, und als sie tatsächlich ins Kloster eintrat, zweifelte sie keine Sekunde daran, dass dies ihr Platz war, ihre Gemeinschaft, und sie bereute den Schritt keinen Tag. Ihrem Beruf blieb sie auch im Kloster treu. Die Nonne und Kindergärtnerin führte Generationen von Kindern aus Müstair im klostereigenen Kindergarten ins schulische Leben ein. Schwester Domenica ist mit 66 Jahren im Pensionsalter wie die Mehrheit der 13 Nonnen, die heute im Kloster Müstair leben. Die jüngste ist 47, die älteste 85 Jahre alt. Der Nachwuchsmangel ist unübersehbar, und der Austritt einer jungen Novizin, die sich gegen das abgeschiedene Leben hinter den Klostermauern entschied, sei ein Schock für alle gewesen. Die Regeln des Klosters sehen zwar Besuche vor, erlauben es den Nonnen aber nur in Ausnahmefällen, das Kloster zu verlassen, um Freunde oder Verwandte zu besuchen. Schwester Domenica sah ihr Elternhaus wohl aus dem Klosterfenster, betreten hatte sie es nach ihrem Eintritt aber erst wieder bei einer Erkrankung des Vaters. In regem Kontakt habe sie mit ihrer Familie dennoch gestanden, aber es blieben ihr ganzes klösterliches Leben lang zwei strikte voneinander getrennte Welten. Ob sie dem Himmel im Kloster näher kommt? Schwester Domenica verneint. «Darum geht es mir nicht. Um Gott nahe zu sein, muss ich nicht im Kloster leben. Aber das Leben in einer spirituellen Gemeinschaft, das Teilen des Alltags und das gemeinsame Gebet, das gibt es nur hier. Es ist meine Welt.»

Dem Himmel ganz nah rücken Jitka und Vaclav Ourednik – und sind doch unendlich weit weg von ihm. Die beiden Gehirnforscher haben ihre akademischen Kar-

Wanderung

Von der Passhöhe des Stilfserjochs geht es über einen Fahrweg, auf dem Tanklaster Benzin zu den Hotelanlagen bei der Bergstation der Seilbahn transportieren, bis zu einer Wegmarkierung, die den gefahrlosen Aufstieg zum Monte Scorluzzo anzeigt. Auf der rechten Seite des Pfades finden sich nach wenigen Metern die Schützengräben und Granatenkrater aus der Zeit des Ersten Weltkriegs, kurz vor dem Gipfel auch der Eingang zu den kavernenartigen Soldatenunterkünften. Vom Gipfel bietet sich ein herrlicher Fernblick. Der Abstieg auf einer steilen, teils mit Ketten gesicherten Krete erfordert Trittsicherheit und stellenweise auch Schwindelfreiheit. Rund 300 Höhenmeter tiefer passiert man die gut erhaltene erste Stellung der Italiener. Nun geht es deutlich flacher bis zu einer Ansammlung von Ruinen auf einer Anhöhe: dem ehemaligen Basislager der italienischen Truppen, von den Einheimischen «Macciu Piccu» genannt. Heute ist es das Reich einer stattlichen Steinbockkolonie und einer einsamen Gämse, der einzigen Überlebenden eines ausserordentlich strengen Winters. Nach einem einfachen Abstieg geht es über sanfte Matten, durch die sich ein weiterer Schützengraben zieht, hinüber zu den hübschen Laghi di Scorluzzo und dann über eine weitere Krete zurück zur Passstrasse. Am Weg, nur wenige Hundert Meter von der Schweizer Grenze entfernt, bauten die Italiener seinerzeit eine grosse Kaverne, deren Artilleriekanonen sowohl auf österreichische als auch auf schweizerische Stellungen gerichtet waren. Die Wanderung dauert 4 Stunden. Der Verein «Stelvio-Umbrail» bietet vier geführte, militärhistorische Wanderungen am Stilfserjoch an, darunter auch die Tour zum Monte Scorluzzo. Die gut markierten Wanderwege können aber auch individuell begangen werden. Mehr auf den Webseiten des Naturparks www.biosfera.ch und des Vereins www.stelvio-umbrail.ch.

Anreise

Mit der Rhätischen Bahn nach Zernez. Von dort fährt regelmässig, allerdings nicht stündlich, ein Postauto nach Santa Maria und Müstair.

Übernachtung/Essen

Benedikterinnen-Kloster St. Johann
Gästehaus des Klosters
7537 Müstair
Telefon +41 (0)81 851 62 23
www.muestair.ch
Das Kloster Müstair bietet komfortable Zimmer und hervorragendes Essen innerhalb der Mauern der Klosteranlage. Teilnahme an den Andachten ist möglich.

Hotel Münsterhof
7537 Müstair
Telefon +41 (0)81 858 55 41
www.muensterhof.ch
Lokale Spezialitäten in gemütlicher Arvenholz-Atmosphäre. 16 Zimmer mit antiken Ausstattungselementen.

Empfehlenswert

«Museum 14/18»
Chasa Plaz
7536 Sta. Maria
Telefon +41 (0)81 858 53 53,
+41 (0)77 254 38 54
Das «Museum 14/18» präsentiert ein eindrückliches Bild der Zeit um den Ersten Weltkrieg.

Auskunft

Biosfera Val Müstair
Center da Biosfera
Chasa Cumünala
7532 Tschierv
Telefon +41 (0)81 850 09 09
 www.biosfera.ch

Karten

Landeskarten 1:25 000, 1239 Sta. Maria, 1239bis Müstair, 1219 S-charl Landeskarte/ Wanderkarte 1:50 000, 259/259T Ofenpass

Nachmittagsstimmung im Herbst bei Santa Maria im Münstertal.

Das Kloster Müstair zählt zum Weltkulturerbe der Unesco. Seit über 1200 Jahren wird hier gebetet.

Rechte Seite: Am Rom gedeihen schnell wachsende Bäume wie Pappeln, die einen reizvollen Kontrast zur sonst von Nadelbäumen dominierten Landschaft bilden.

rieren in Nordamerika abgebrochen, um sich einen alten Traum zu erfüllen: eine Sternwarte dort, wo der nächtliche Himmel noch weitgehend frei ist von Lichtverschmutzung, wo ein ungetrübter Blick ins Weltall möglich ist. Fündig wurden sie in Lü, das auf 1900 Metern hoch über dem Münstertal thront. Nicht irgendeine Sternwarte sollte es sein, sondern eine, die mit modernsten Instrumenten und ausgeklügelter Elektronik einen Weitblick erlaubt, wie er sonst nur professionellen Astronomen vorbehalten ist. Die beiden möchten ihren Lebensunterhalt mit der Sternwarte verdienen: Sie kann gemietet werden, und in Kursen vermitteln sie auch das nötige Know-how. Denn es braucht mehr als nur ein wenig Fachwissen, um in die Tiefen des Weltalls einzutauchen. Die Zeiten, als Astronomen einfach durchs Fernrohr blickten, sind längst vorbei. Heute tasten vollautomatische Spiegelteleskope den Himmel ab und folgen dessen Verlauf. Drei Teleskope sind im «Alpine Astrovillage» im Einsatz. Sie stehen etwas ausserhalb des Dorfes und sind per Glasfaser mit dem Astrozentrum verbunden. Gesteuert werden sie vom Computerraum aus. Denn das, was es später auf den fantastisch anmutenden Aufnahmen zu sehen gibt, ist das Ergebnis manchmal tagelanger Belichtungen auf den Fotochips hochauflösender Digitalkameras – nur so lässt sich das spärliche Licht von unvorstellbar weit entfernten Galaxien überhaupt einfangen.

Die Hobby-Astronomen seien heute vor allem in Nordamerika ernst genommene Partner der Profis, sagt Vaclav Ourednik. In Europa werde hingegen noch allzu oft eine Trennlinie gezogen. «Das ist reiner Standesdünkel, denn auch die ambitionierten Amateure liefern heute erstklassige Resultate. Und manchmal, wenn es etwa um die Entdeckung von Meteoriten oder neuen Planeten geht, sind sie gar schneller.» Mit dem «Alpine Astrovillage», so hofft Ourednik, soll die Kluft zwischen Profis und Amateuren auch in Europa kleiner werden. Wobei der Begriff Amateur in diesem Falle bereits eine deutliche Trennlinie zieht zum Laien – der angesichts der ausgesprochen komplizierten Materie sehr rasch am Ende seines Lateins ankommt. Für ihn ist die Sternwarte auch nicht gedacht. Der Aufstieg in diesen – realen und doch nur virtuell zu erlebenden – Himmel will erlernt sein. Die Ourednik bieten dazu Kurse an.

Ein echtes Stück näher kommt dem Himmel, wer sich an den Aufstieg zum Monte Scorluzzo (3094 m) macht, dem wohl am leichtesten zu besteigenden Dreitausender der Alpen. Es sind nur gerade 350 Höhenmeter von der Passhöhe des Stilfserjochs aus, dem höchsten Strassenübergang der Alpen. Doch schon nach wenigen Metern lässt sich erahnen, dass hier vor knapp 100 Jahren die Hölle auf Erden geherrscht haben musste. Ein tiefer Graben zieht sich entlang der Krete bis zum Gipfel, der ganze Berghang ist von metertiefen Löchern durchsetzt. Es sind Schützengräben und die Einschussnarben von Granaten aus den Jahren 1915 bis 1918, als sich hier, mitten im Niemandsland des Hochgebirges, einer der absurdesten Kriegsschauplätze der Geschichte befand. Österreichische und italienische Truppen standen sich gegenüber, stets beobachtet von Schweizer Einheiten, die zur Grenzsicherung im damaligen Dreiländereck eingezogen worden waren. Kurz nach Kriegsbeginn hatten österreichische Truppen in einem Handstreich die Italiener überrumpelt und den auf italienischem Staatsgebiet liegenden Monte Scorluzzo eingenommen. Es war der einzige Geländegewinn an diesem Frontabschnitt. Dreissig italienische Versuche der Wiedereroberung scheiterten in den folgenden drei Jahren – der letzte noch einen Tag vor Abschluss des Waffenstillstandes am 4 November 1918 Auf dem Abstieg durch steiles, felsiges Gelände hinunter zu den itali-

Der Rom durchfliesst das Münstertal.

enischen Stellungen begreift man, durch welche Hölle jene Soldaten zu gehen hatten, die hier einen Sturmangriff unternehmen mussten. Bis hinauf in die Eiswüsten am Monte Cristallo (Hohe Schneide) und an der Trafoier Eiswand wurde gekämpft, und selbst auf der Spitze des Ortler (3905 m) waren österreichische Geschütze aufgestellt. Noch schlimmer als die Kämpfe waren die Umweltbedingungen. Im Dezember 1916 kamen nach verheerenden Schneefällen über 6000 Soldaten bei Lawinenniedergängen ums Leben. Das grösste Problem in den Stellungen war die Energieversorgung. Ging das Brennholz aus, war der Tod durch Erfrieren näher als jener durch Verhungern oder eine feindliche Kugel oder Granate. Über 200 000 Mann sind in den Kriegsmonaten an der «Ortlerfront» ums Leben gekommen, als dessen Ergebnis Österreich das Südtirol und weitere Gebiete an Italien abtreten musste. So wurde das einstige Dreiländereck zur Grenze zwischen der Schweiz und Italien.

Ein gutes Jahrhundert später sind die Grenzen zwischen Österreich und Italien dank Währungs- und Zollunion der Europäischen Union so offen wie nie zuvor seit der Einführung von Passkontrollen. Und auch die Schweiz hat mit dem Beitritt zum Schengen-Abkommen als Nicht-EU-Mitglied nachgezogen. Die Eiskletterer, die sich heute die gewaltige Wand des Monte Cristallo hinaufwagen, wissen wohl kaum, dass österreichische Truppen hier einst einen Tunnel durch den Gletscher bohrten, um die Italiener, die auf 3500 Meter Höhe eine Stellung hielten, zu überraschen. Das Vorhaben scheiterte, und es kam zum Stellungskrieg im ewigen Eis – und zu einem internen Burgfrieden. Denn beidseits der Schützengräben war man sich einig: Hier gab es nichts mehr zu gewinnen, hier ging es für alle nur noch ums nackte Überleben. Und so schossen die Soldaten, wenn ein Schiessbefehl kam, stets in den Himmel und verschonten den Feind – ein himmlischer Akt in der Hölle des Krieges.

Die kriegerischen Zeiten sind längst vorbei. Das Interesse für die Gegend hat stark nachgelassen, sodass das Münstertal heute eher gegen die Abwanderung kämpfen muss. Es gibt aber auch gute Gründe, hier zu bleiben. Für Reto Lamprecht ist der

Himmel im Münstertal der schönste der Welt. «Ich war in den Weiten Australiens und Nordamerikas unterwegs. Es war wunderschön, aber dem Vergleich mit meiner Heimat hält es nicht stand.» Lamprecht ist einer der wenigen Jungbauern im Tal. Gemeinsam mit seinem Vater bewirtschaftet er die zusammengelegten Höfe Pütschai Josom und Craistas oberhalb von Santa Maria. Sie packten die Gelegenheit beim Schopf, als Pütschai Josom, dessen Ursprünge bis ins Mittelalter zurückreichen, zu kaufen war. Nun bieten sie dort Ferien auf dem Bauernhof und Schlafen im Stroh an – die ideale Ergänzung zur Mutterkuhhaltung auf den 23 Hektaren des steilen Landes, das sie bewirtschaften.

Noch Ende der 1970er-Jahre gab es im Münstertal über 100 Bauern, die vorwiegend Milchwirtschaft betrieben. Heute sind es noch 53, die mehrheitlich im Nebenerwerb tätig sind. Die Zahl der Milchproduzenten ist gar auf 23 gesunken. Der Rest hat sich auf die Fleischproduktion konzentriert, die weniger arbeitsaufwendig ist. Dieser Strukturwandel der Landwirtschaft hat das Landschaftsbild im Münstertal bisher aber noch nicht nachhaltig verändert. Nach wie vor werden die Alpen bewirtschaftet und das romantische Bild von Kühen, die mit ihren Kälbern weiden, sorgt für einen zusätzlichen Sympathiebonus bei vielen Feriengästen. Für Reto Lamprecht steht die Landwirtschaft dennoch am Scheideweg. «Wir müssen lernen, unsere Produkte selbst zu vermarkten», sagt er. Dazu zählt das Ferienangebot auf dem Bauernhof ebenso wie der Fleisch-Lieferservice in die ganze Schweiz. «Ich könnte das Fleisch auch den Grossverteilern verkaufen. Aber da verschwindet es in der grossen Masse. Wenn ich meine Kunden direkt beliefere, mag mein Aufwand etwas grösser sein. Aber ich erreiche eine Kundenbindung, die mir hoffentlich auch langfristig das wirtschaftliche Überleben sichert.» Mit dem Biosphären-Reservat und dem Naturpark, so die Hoffnung Lamprechts, hätten die Bauern zudem die Chance, sich als Partner stärker zu profilieren. Das gilt auch umgekehrt: Ohne die Bauern hätte der Naturpark nur einen Bruchteil seines Werts. (FI)

Blick von der Alp la Munt am Ofenpass ins Münstertal.

Ela

Der Park im Herzen Europas

Mitten im Kanton Graubünden liegt der Parc Ela, der bei weitem grösste Naturpark der Schweiz. Ein Viertel der Fläche ist weitgehend unberührte Natur, ein Drittel sind besondere Lebensräume: Moorlandschaften, Auen, Trockenwiesen.

Oberhalb von Latsch hat man einen schönen Blick auf den Piz Mitgel (3159 m). Links geht es ins Albulatal, rechts nach Tiefencastel.

Nahe Crap Alv liegt eine der Quellen der Albula.

Ein Naturpark ist kein Museum, sondern ein Lebensraum für Pflanzen, Tiere – und Menschen. Der Parc Ela ist mit 550 Quadratkilometer Fläche fast so gross wie der Kanton Glarus und umfasst die Talschaften von Albula und Surses/Oberhalbstein. In der Region Albula-Bergün und Savognin-Bivio haben sich 19 Gemeinden zum grössten Naturpark der Schweiz zusammengeschlossen. Direkt ans Parkgebiet grenzen die Tourismusregionen von Davos, Lenzerheide und Oberengadin/St. Moritz.

«Savognin rettet den Parc Ela», meldete das Schweizer Fernsehen Ende Oktober 2010. Was war geschehen? Zum Ende der Errichtungsphase mussten die Gemeinden des Gebiets über den Parkvertrag abstimmen. Hätte die Gemeinde Savognin Nein gestimmt, so wäre der Parc Ela in zwei Teile zerschnitten gewesen. Es gab Überlegungen, bei diesem schlimmsten aller Szenarien den Parc Ela nur im Albulatal einzurichten. Die Gefahr wurde gebannt. Auch wenn der Gemeindevorstand von Savognin sich gegen das Projekt ausgesprochen hatte, hiessen die Stimmberechtigten den Park gut. Grund der ablehnenden Haltung der Behörde war das Skigebiet, das nach Ansicht des Vorstandes nicht in den Parkperimeter gehörte, ausserdem waren die Bergbahnen gegen das Projekt. «Das Ja zeigt, dass die Bevölkerung die diffuse Angstmacherei der Kritiker nicht geglaubt und sich an die Fakten gehalten hat: Der Naturpark unterstützt die Weiterentwicklung der Region, und es sind keine zusätzlichen gesetzlichen Auflagen zu befürchten», meinte Dieter Müller, Geschäftsführer des Vereins Parc Ela gegenüber dem Fernsehen.

Die Gefahr ist gebannt, der Parc Ela kann in Betrieb gehen. Nur zwei Gemeinden machen nicht mit: Riom-Parsonz, innerhalb dessen Grenzen das Skigebiet von Savognin liegt, und Tinizong-Rona, das ein Wasserkraftwerk plant. Man sieht: Ein Naturpark steht immer an der Schnittstelle von Wirtschaft und Landschaft.

Den Charakter einer Schnittstelle hatte das Gebiet des Parc Ela seit je, sowohl erdgeschichtlich wie auch geografisch oder verkehrshistorisch. So liegt beim Lunghinpass am südlichen Ende des Parks eine Wasserscheide, von der aus Flüsse drei verschiedenen Meeren zustreben: dem Mittelmeer, dem Schwarzen Meer und der Nordsee. Eine solch dreifache Wasserscheide ist einmalig in Europa. Quer durch den Park von Norden nach Süden verläuft – für Laien nicht einfach zu verstehen – auch der Übergang vom ehemaligen afrikanischen Kontinent zum Ozean, der diesen vor über 100 Millionen Jahren vom europäischen Kontinent trennte. Im heutigen Ozean liegt diese Zone in über 5000 Meter Wassertiefe, während man im Parc Ela auf rund 2000 Meter über Meer stellenweise auf dem einstigen Meeresboden steht. Schnittstellen schliesslich sind auch die Pässe Septimer, Julier und Albula, die von alters her wichtige Verkehrsverbindungen zwischen Norden und Süden darstellen.

Der Parc Ela umfasst die beiden Täler Surses/Oberhalbstein und Albulatal mit den sie flankierenden Gipfeln. In seinem Zentrum liegt der Piz Ela, doch gehört auch das Kesch-Ducan-Gebiet dazu. Savognin ist Hauptort des Surses und seiner Seitentäler. Das Tal erstreckt sich über 23 Kilometer von Tiefencastel bis zum Marmorera-Stausee und wird von der Julia (rätoromanisch Gelgia) durchströmt, die über mehrere Stufen vom Julierpass talwärts fliesst und bei Tiefencastel in die Albula mündet. Durchs Surses führte von der Römerzeit bis in die Neuzeit eine der wichtigsten Routen von und nach Italien. Die direkte Verbindung war dabei vom 4. bis zum 17. Jahrhundert der Weg über den Septimerpass zwischen Bivio und Casaccia im Bergell. Nach dem Bau der Kunststrasse über den Julier von 1820 bis 1840 verlor der Septimer an Bedeutung. Gleichzeitig erwuchs dem Julier Konkurrenz durch die Pässe San Bernardino, Splügen und Gotthard, sodass er im europäischen Transitver-

kehr nur noch eine untergeordnete Rolle spielte. Als regionale und touristische Verbindung zwischen Chur und dem Oberengadin blieben der Julier und das Surses aber nach wie vor wichtig und vor allem an Wochenenden kann der rege Durchgangsverkehr heute in einigen Ortschaften zur Last werden.

Grüsst man einen Menschen im Parc Ela, bekommt man nicht selten ein »Allegra« oder «Bun de» zur Antwort. Surmiran heisst das hiesige Idiom des Rätoromanischen, das nur noch von knapp einem Drittel der Bewohnerinnen und Bewohner gesprochen wird. Deutsch hat sich in den letzten Jahrzehnten zunehmend durchgesetzt, dennoch gibt es einige Gemeinden, in denen mehrheitlich das Rätoromanische gepflegt wird. Eine Besonderheit stellt Bivio dar, die Amtssprache hier ist Italienisch, während das Gemeindeprotokoll auf Deutsch verfasst wird. Der Grund liegt darin, dass der Ort am Septimerpass historisch eng mit dem italienischsprachigen Bergell verbunden ist, dessen Name sich übrigens aus dem lateinischen «Praegallia», also Vorgallien, ableitet, während Bivio Wegscheide bedeutet, da sich hier die Wege zu den Römerpässen Septimer und Julier gabeln. Deutsch spielte in Bivio schon immer im Transitverkehr und im Umgang mit den Walsern des benachbarten Avers eine Rolle. Im Albulatal hingegen sprechen nur noch wenige Leute Romanisch.

Mit dem Motto «Mein Ziel Savognin» setzte Savognin Ende der 1960er-Jahre neue Massstäbe in der damaligen Tourismuswerbung – und hatte Erfolg. Der Werbespruch lockte jahrelang Tausende von Touristinnen und Touristen ins Tal und auf die Skipisten. Neue Skilifte wurden gebaut und 1969/70 die Gondelbahn von Savognin nach Radons, die fast 35 Jahre bestand. Der Sommertourismus lag hingegen im Dornröschenschlaf. Das beginnt sich allmählich zu ändern, denn das reizarme Sommerklima ist stark von der Alpensüdseite geprägt und zeichnet sich durch eine hohe Zahl an Sonnentagen aus. Ziel des Parc Ela ist es, den Sommertourismus zu fördern, und zwar auf nachhaltige Art und Weise. Es gibt neben Weitwanderwegen ein vielfältiges Angebot an Themenwegen, die das Auge auf die kulturellen und landschaft-

Auf 2000 Meter Höhe liegt die Alp Flix. In den 1960er-Jahren gab es Pläne, die Alp grossräumig touristisch zu erschliessen. Heute sind wohl die meisten froh, dass es nicht dazu kam.

lichen Schätze lenken. Zur Nachhaltigkeit gehören auch die Sicherung von Arbeitsplätzen und die Vermarktung lokaler Produkte. So hat der Parc Ela ein Produktelabel, welches nachweist, dass ein Produkt im Gebiet des Parks mit einheimischen Rohstoffen hergestellt wurde. Das gilt für Möbel ebenso wie für landwirtschaftliche Produkte.

Ein Pionier im Parc Ela ist die Ranch Farsox von Cordo Simeon und Gabi Mani, die den Hof 1998 von den Eltern übernommen haben. Nach anfänglicher Skepsis bewirtschaften sie ihn seit dem Jahr 2002 biologisch. 2005 stellten sie von Milchwirtschaft auf Mutterkuhhaltung um. Der Hof in Alvaneu Bad im Albulatal ist schon von Weitem am grossen Tipi erkennbar. Das Rundzelt kann für Apéros und Anlässe gemietet werden, auch mit Übernachtung. Schlafen kann man aber auch im «Bett im Kornfeld». Im Hofladen gibt es eigene Produkte zu kaufen: Fleisch, Würste, Bündnerfleisch. Forellen kommen aus der eigenen Zucht, welche die Eltern aufgebaut haben. Der Alpkäse stammt von einer Genossenschaftsalp. Farsox ist einer von zwei Höfen im Albulatal, die sich bereits im ersten Jahr des Produktelabels zertifizieren liessen. Insgesamt 40 Höfe gibt es hier, da wäre also noch Platz frei nach oben. Konkurrenten untereinander wären sie nicht, meint Cordo Simeon. Im Gegenteil: «Ich hoffe, dass noch mehr Bauern mitmachen.»

Durch den Parc Ela führt eine Bahn, und zwar nicht irgendeine, sondern die Albulabahn, eine der spektakulärsten Schmalspurbahnen der Welt und mit 55 Brücken

Auf 1918 Meter Höhe liegt der Lai da Palpuogna. Ursprünglich ein natürlicher See, wird er seit 1898 als Stausee genutzt.

Wanderung

Nicht nur Menschen sind Pioniere, sondern auch Tiere und Pflanzen. Die thematische Wanderung «Pfad der Pioniere», realisiert mit Unterstützung von Pro Natura Graubünden, führt von Surava nach Alvaneu Bad, kann aber auch als Rundwanderung gemacht werden. Vom Parkplatz in Surava geht es über die Albula und geradeaus weiter, kurz darauf nach links und dann rechts in den Wald und später über die Rüfe Val Gronda. Der Weg ist mit dem Parc-Ela-Signet gekennzeichnet. Kurz nach der Feuerstelle erreicht man nach einer Stunde den markanten Crap Furò (1204 m), auf Deutsch den «löchrigen Fels». Nur wenige Meter neben dieser 60 Meter hohen Felsnadel liegt der geografische Mittelpunkt Graubündens. Im Naturwaldreservat beim Crap Furò darf seit 2008 kein Baum mehr gefällt werden, damit sich der Wald ungestört entwickeln kann. Von Crap Furò führt der Weg nordöstlich durch das Naturwaldreservat hinab. Nahe der Talsohle befinden sich eine Schwefel- und eine Eisenquelle – das «Gold des Albulatals». Nach einer Rast geht es entweder der Albula entlang flussaufwärts nach Alvaneu Bad oder flussabwärts zurück nach Surava. Die Wanderzeit beträgt rund 2½ Stunden. Unter www.parc-ela.ch kann eine Broschüre zum «Pfad der Pioniere» mit den Texten der 13 Informationstafeln und einer Karte mit dem Wegverlauf heruntergeladen werden.

Weitere Wanderungen

Alp Flix – Kinder als Forscher

Für Kinder von 7 bis 12 Jahren gibt es bei den Seen der Alp Flix einen vom Parc Ela entwickelten Forscherparcours, auf dem die Kinder mit einem Forscher-Kit eigene Erkundungen über die Artenvielfalt anstellen können. Der Rundparcours beginnt bei Tgalucas an der Haltestelle des Bus Alpin, führt über Lais da Flix und Lai Neir (1938 m) in 2 Stunden wieder zurück nach Tgalucas. Das Forscher-Kit ist für 32 Franken in Tourismusbüros und Hotels der Region erhältlich.

Heidi-Bergweg

Bei Latsch und der Maiensäss-siedlung Falein wurde 1952 und 1954 der erste Schweizer Heidifilm gedreht. Die leichte Wanderung führt in 2½ Stunden von Stugl/Stuls auf dem Alpweg hinauf nach Runsolas und über den Höhenweg nach Falein. Von dort geht es via Pnez zurück nach Stugl/Stuls. Von Falein ist auch der Abstieg nach Filisur möglich (rund 800 Höhenmeter, Wanderzeit 1 Std. mehr).

Veia Parc Ela

Dieser Weitwanderweg führt als Rundtour in 15 Tagesetappen von je 4 bis 9 Stunden zu den schönsten Orten entlang der Grenze des Naturparks: Grate, Hochebenen, Moorlandschaften und Gletschergebiete. An den Tageszielen befinden sich Übernachtungsmöglichkeiten in Berghütten oder Hotels in den Dörfern. Die Route kann auch in Ein- oder Mehrtagestouren unterteilt werden.

Anreise

Von Chur mit dem Glacier Express oder mit der Rhätischen Bahn nach Tiefencastel. Von dort mit der RhB und/oder mit dem Postauto in die gewünschte Ausgangspunkt-Region Albula-Bergün oder Savognin-Bivio. Einzelne Ausflugsziele im Parc Ela sind auch mit dem Wanderbus oder dem Alpentaxi erreichbar.

Übernachtung/Essen

Hotel Kurhaus Bergün
7482 Bergün
Telefon +41 (0)81 407 22 22
www.kurhausberguen.ch

Das familienfreundliche Hotel Kurhaus Bergün wurde 2002 von langjährigen Stammgästen erworben und seither Schritt für Schritt in denkmalpflegerischem Sinn renoviert. Das beeindruckende Gebäude wurde 1906 im Jugendstil erbaut.

Hotel Piz Platta
Alp Flix
7456 Sur
Telefon +41 (0)81 659 19 29
www.flix.ch

Hotel Restaurant Belfort
7492 Alvaneu Dorf
Telefon +41 (0)81 410 70 70
www.belfort.ch

Auskunft

Info- und Buchungsstelle
Parc Ela
c/o Savognin Tourismus
im Surses
Stradung
7460 Savognin
Telefon +41 (0)81 659 16 18
www.parc-ela.ch

Karten

Landeskarten 1:25 000,
1216 Filisur, 1236 Savognin,
1237 Albulapass, 1256 Bivio
Landeskarten/Wanderkarten
1:50 000, 258/258T Bergün/
Bravuogn, 268/268T Julierpass
Wanderkarte 1:50 000 Parc Ela,
erhältlich in den Tourismusbüros des Parks

und 39 Tunnel Beispiel höchster Ingenieurkunst. Das hat auch die Unesco erkannt und die Albula-Bernina-Strecke 2008 zum Welterbe ernannt. Gebaut wurde die Albulabahn, die von Thusis auf einer Strecke von 65 Kilometern nach St. Moritz führt, zwischen 1898 und 1903. Die Strecke fasziniert bis heute sowohl die Reisenden im Zug als auch die Wandernden auf dem bahnhistorischen Lehrpfad von Preda hinunter nach Bergün. Einer der ersten Höhepunkte ist kurz vor Filisur der 142 Meter lange und 65 Meter hohe Landwasserviadukt, der in einer Kurve von 100 Metern Radius verläuft und an der gegenüberliegenden Felswand direkt in einen Tunnel führt. Es ist die am meisten fotografierte Attraktion der Rhätischen Bahn. Der bahntechnisch anspruchsvollste Teil der Strecke liegt zwischen Bergün und Preda. Hier müssen auf 6,5 Kilometer Luftlinie über 400 Höhenmeter überwunden werden – eine Herausforderung für die Ingenieure. Sie erreichten es durch den Bau von drei Spiral-, zwei Kehrtunnel und vier Viadukten, womit sie die Strecke auf 12 Kilometer verlängern konnten. Dabei überquert die Bahnlinie zweimal sich selbst. Nach Preda folgt der sechs Kilometer lange Albulatunnel, der als Scheiteltunnel die Wasserscheide zwischen Rhein und Inn unterquert und hinüber ins Engadin führt. Tausende Arbeiter, meist aus Italien, legten damals das Bahntrassee an, allein am Albulatunnel waren 1316 Arbeiter beschäftigt. 16 Arbeiter verloren beim Bahnbau das Leben. Historische Fotos aus der Zeit des Streckenbaus sammelt Pierre Badrutt, der in Filisur ein privates Museum betreibt.

Mit der Eröffnung der Albulabahn 1903 verschwanden die Postkutschen. Deren eigentliche Nachfolger, die Automobile, lehnte man in Graubünden aber während langer Zeit ab. Ende des Jahrhunderts tauchten zwar die ersten Automobile in Graubünden auf, doch die Kantonsregierung erliess im Jahr 1900 ein Autofahrverbot auf sämtlichen Strassen. In Savognin beispielsweise gab es nicht einmal für Ärzte eine Ausnahmeregelung. Der Lauf der Zeit liess sich aber nicht aufhalten, nach rund zehn Volksabstimmungen zwischen 1907 und 1925 wurde das Automobil schliesslich auch in Graubünden als Verkehrsmittel akzeptiert. Auf der Julierstrecke unternahm die Post 1920 erste Probefahrten und auf Druck des Bundes, der auch für Autos eine Durchgangsroute ins Oberengadin forderte, rollt seit 1923 hier der Verkehr.

An der Strasse von Filisur nach Bergün zweigt rechts ein unscheinbarer Weg ab, der zu einem ganz besonderen Ort führt: dem Restaurant Bellaluna. Es hat eine lange Geschichte und galt bei vielen als Spukhaus – wurde doch hier 1988 die Wirtin Paula Roth ermordet, deren Geist am Ort zu verweilen schien. Doch blicken wir zurück: Bereits im Mittelalter wurde bei Filisur Eisenerz verarbeitet. Den Höhepunkt erreichte der Bergbau im hinteren Albulatal in der ersten Hälfte des 17. Jahrhunderts. In Bellaluna befanden sich die Hochöfen der Eisen- und Zinkschmelze, von denen heute nur noch Ruinen und Mauerreste zeugen. Einzig das Knappen- und Direktionshaus aus dem 19. Jahrhundert blieb erhalten. Grubenarbeiter sollen es einst gewesen sein, die in einer feuchtfröhlichen Vollmondnacht ihr Haus auf den Namen

Die Pappeln oberhalb von Alvaneu tragen herbstliches Laub.

Bellaluna getauft hätten. Anderen nicht belegten Quellen zufolge sei die Waldlichtung einer der berüchtigtsten Hexenplätze Graubündens gewesen, wo sich die Hexen bei Vollmond zum Tanz versammelt hätten, bevor sie auf ihren Besen Richtung Holland ritten. Der Name Bellaluna heisse nichts anderes als Bal a l'üna, Tanz um eins.

Zu Beginn des 19. Jahrhunderts erlebte der Bergbau im Gebiet nochmals einen Aufschwung, doch blieb der Abbau unrentabel, und 1848 war endgültig Schluss in der Bellaluna. Später wechselte die Bellaluna mehrmals den Besitzer. Zuletzt siedelte sich hier eine Sägerei an, um die Wasserkraft der Albula zu nutzen.

1962 entdeckte Paula Roth das «Hexenhaus» Bellaluna. Sie wollte das alte Haus als Gasthaus zu neuem Leben erwecken. In den langen Wintern verirrte sich wochenlang kaum ein Gast ins abgelegene Wirtshaus. Paula Roth hatte reichlich Zeit zum Dichten und Herstellen von allerlei Kuriositäten. So stellte sie zum Beispiel geschnitzte Köpfe in die Fenster, damit man von aussen den Eindruck hatte, das Gasthaus sei gut besucht. 26 Jahre lang lebte sie in dem Haus und lieferte Stoff für zahlreiche Anekdoten.

Als 1963 eine spiritistische Gruppe, die den Weltuntergang predigte, in der Bellaluna überwinterte, luden sie Paula Roth zu ihren Bibelstunden ein. Sie meinte aber: «Ich han mis Harmonium und mini Gäscht, und predige tarf, wer will, und s'Geischtige tömmer trinke.» Am besten aus dem mitgebrachten Glas, denn mit dem Spülen hatte Paula nicht viel am Hut. Die Wirtin fand es praktischer und die Gäste hygienischer, wenn die Flaschen ohne Glas serviert wurden. Im Januar 1968 schneite es extrem. Die Bellaluna steckte haustürhoch im Schnee, als aus Filisur der Befehl zur Evakuierung kam. Schafe und Zwerggeissen wurden auf zwei Jeeps verladen, Paulas 22 Hennen, 3 Pfaue, 4 Katzen und 2 Hunde wurden von ihr eigenhändig in Strohsäcke verschnürt. Inmitten dieser Bündel platzierte sie sich selbst auf dem dritten Jeep, einen schweren, mit Münzrollen gefüllten Koffer auf den Knien, ihrem ganzen

Mit ihrer Artenvielfalt ist die Alp Flix eine Schatzinsel der Natur.

Vermögen von einigen Tausend Franken. Sie zahle ihre Schulden immer bar, den Halunken der Bank vertraue sie keinen roten Rappen an. Diese Gewohnheit wurde Paula Roth wahrscheinlich zum Verhängnis, denn am 18. April 1988 fiel sie einem Raubmord zum Opfer. Die Täter wurden gefasst und verurteilt, doch die Erinnerung an diese schillernde, merkwürdige Person blieb in vielen Köpfen wach. Unter dem Titel «Bal a l'üna» hat der Ostschweizer Filmemacher Kuno Bont 20 Jahre nach ihrem Tod einen Film über sie gedreht.

Nach Paula Roths Tod wurde die Bellaluna erneut verkauft, doch sie blieb leer und unbewohnt. Während 13 Jahren wurde alles, was nicht niet- und nagelfest war, gestohlen und geplündert. Schliesslich erwarben im Jahr 2001 Bruno und André Brazerol die baufällige, unter Denkmalschutz stehende Bellaluna und renovierten und erweiterten sie mit viel Idealismus zusammen mit zahlreichen freiwilligen Helfern. Am 12. Juli 2003 – dem 85. Geburtstag von Paula Roth – konnte die Gesamteröffnung der Bellaluna gefeiert werden. Die Bellaluna ist ein mystischer Ort. Ist sie auch ein Spukhaus? Bruno Brazerol erzählt, dass eine beklemmende Atmosphäre im leer stehenden Haus geherrscht habe. Mancher freiwillige Helfer habe sich geweigert, alleine darin zu arbeiten. Immer wieder geschahen seltsame Dinge. «Das endete erst, als mein Bruder jemanden mit dem Ausräuchern der Räume beauftragte.»

Im Parc Ela spielt das Wasser eine wichtige Rolle. Erlebnispädagogisch wird dies am Wasserweg Ansaina dargestellt, der in zwei Stunden von Alvaneu Bad sieben Kilometer entlang der Albula, des Landwassers und des Schaftobelbachs an den Ausgangsort zurückführt. Wasser ist im Gebiet des Parks ein wirtschaftlich wichtiger Faktor. Die Nutzung von Wasserkraft bringt Wertschöpfung in die Region, hat aber, wie das Beispiel von Marmorera zeigt, auch Konsequenzen für Landschaft und Bevölkerung. Vor dem Bau des Stausees von 1948 bis 1954 stand an der Stelle des Sees ein Dorf. Die Leute waren arm und deshalb schnell bereit, ihre Güter zu verkaufen. Das alte Dorf wurde vor der Flutung abgerissen, nur den Friedhof mit den Gebeinen der Toten verlegte man. Die Julierpassstrasse kam vom Talboden auf die Ostseite des Stausees zu liegen. Das neue Dorf Marmorera wurde oberhalb des Stausees und der Strasse errichtet. Doch viele Einwohnerinnen und Einwohner zogen aus wirtschaftlichen und emotionalen Gründen in ein anderes Dorf. In Neu-Marmorera leben heute keine Bauern mehr, die Alpen sind an Auswärtige verpachtet.

Nicht weit von Marmorera, oberhalb von Sur, liegt die Alp Flix, eine vorwiegend als Alp genutzte Hochebene auf ca. 2000 Meter Höhe. Durch Verlandung entstand hier vor einigen Tausend Jahren ein grosses Moor. Ursprünglich war das Hochplateau bewaldet. Vor rund 600 Jahren wanderten deutschsprachige Walser aus dem Avers hier ein und rodeten die Alp, um sie als Weide zu nutzen. Nach einer Pestepidemie und einer Klimaveränderung zogen die Überlebenden ins Tal und assimilierten sich mit den Rätoromanen. In den fortschrittsgläubigen 1960er-Jahren bestanden Pläne, die Alp touristisch zu erschliessen. Geplant war eine umfassende Infrastruktur mit 10 000 Betten und zahlreichen Bergbahnen bis hinüber ins Engadin. Das Vorhaben scheiterte jedoch am Widerstand von Natur- und Heimatschutzorganisationen. Heute sind die meisten Ansässigen froh, dass die Pläne nicht umgesetzt wurden. Inzwischen ist die Alp Flix zum Symbol für die Artenvielfalt geworden. Hier wurden über 2000 verschiedene Tier- und Pflanzenarten gezählt. Auf relativ kleinem Raum entfaltet sich hier ein vielfältiges Mosaik an Lebensräumen für Pflanzen und Tiere: Fett- und Trockenwiesen, Bergwald, Hoch- und Flachmoore, Bergseen. (RD)

Von der Novembersonne angestrahlt, spiegelt sich der Piz Ela im Lai da Palpuogna.

Beverin

Der Park – Ein wetterfestes Haus

Der Steinbock, Graubündens Wappentier, ziert auch das Logo des Naturparks Beverin. Neben dem Steinwild bietet die Region auch spektakuläre Natur wie die Viamala-Schlucht oder kulturelle Schätze wie die Deckengemälde der Kirche von Zillis.

Pascuminersee beim Heinzenberg. Blick Richtung Piz Beverin.

«Nenn mich Floh», sagt Martin Bienerth. Der Name passt. Der wirblige Deutsche könnte auch der Manager einer Popgruppe sein. Dann würde er allerdings kaum in Andeer wohnen, wo die meisten Autos auf dem Weg nach Süden vorbeibrausen. Der wirblige Deutsche Bienerth verkauft keine Musik, sondern Käse. Unter den Käseproduzenten ist er aber so etwas wie Sir Elton John. Was er zu kosten anbietet, hat wirklich Klasse. Und dies sagt nicht nur ein wohlwollender Schreiber. Dies fand auch eine hochkarätige Jury in Madison (USA), die dem Käse von Martin Bienerths Frau Maria Meier weltmeisterliche Weihen in der Kategorie geschmierter Hartkäse verlieh. 2300 Käse aus der ganzen Welt wurden bewertet. Die 80 Kategoriensieger traten noch einmal gegeneinander an, um den Weltmeister unter den Weltmeistern zu küren. Der Sieger aus der Schweiz war ein «Le Gruyère AOC» aus La Brévine, gefolgt vom «Andeerer Traum». «Wir wurden Vizeweltmeister», frohlockt Martin Bienerth. Dass ein anderer Käse aus der Schweiz noch besser bewertet wurde, freut ihn trotzdem. Die zwei besten Käse des Jahres 2010 stammten aus einem Land, das die Alpwirtschaft hochhält und auch das Recht der Kühe auf regelmässigen Weidegang beachtet. «Milch ist nicht gleich Milch. Bergmilch ist wertvoller als Talmilch. Denn die Gräser und die Kräuter, die erheblichen Einfluss auf die Milchqualität haben, sind vielseitig und nährstoffreich», sagt Martin Bienerth. Das trifft besonders auf die Höhenlagen der Umgebung von Andeer zu. Die Kühe finden ihr Futter an den südöstlichen Flanken des Piz Beverin, der dem regionalen Naturpark den Namen

Wanna im Safiental mit Blick Richtung Alperschällihorn. Der Bergfrühling wird hier zu einer Sinfonie der Farben.

Rund zweihundert Felszeichnungen finden sich bei Sils im Domleschg in der Nähe von Thusis.

verleiht. Das Parkgebiet umfasst Teile des Safientals, das Gebiet um den Piz Beverin, das Val Schons (Schams) am Hinterrhein mit Andeer und der für ihre Decke berühmten Kirche von Zillis. Es ist 370 Quadratkilometer gross.

Ein touristisches Highlight des regionalen Naturparks ist die Viamala-Schlucht. Sie hat die Menschen seit je fasziniert. «Ich empfinde die düstere Grossartigkeit der Viamala als Widerschein meines eigenen Wesens», sagte Friedrich Nietzsche. Mit ihrem tosenden Wasser und ihrer Schönheit zieht die Schlucht noch heute die Besucherinnen und Besucher in ihren Bann. Sie erschreckt und berührt gleichzeitig die Menschen. Die Römer, die auf ihrem Weg nach Norden hier durchzogen, gaben dem engen Durchgang zwischen Zillis und Thusis nicht von ungefähr den Namen Viamala, «schlechter Weg». Seither haben Millionen von Reisenden, wenn sie die Alpen überqueren wollten, in dieser finsteren und unbewohnten Klamm mit den dichten Wäldern und den steilen, überhängenden Felsen das Fürchten gelernt. Denn hier öffnet sich gleichsam der Hades. Noch 1875, als es bereits eine für Kutschen befahrbare Strasse gab, schrieb Theodor Fontane: «Ich hätte niemals geglaubt, nach allem was ich gesehen habe, dass ich noch so mächtig von Dingen dieser Art bewegt werden könnte.»

Auf dem Weg durch die Viamala erzählen die Wanderer einander gern schaurige Geschichten. Etwa jene, die sich an Weihnachten 1705 zugetragen haben soll. Ein Pfarrer hatte ein Bauernmädchen geschwängert, dem er am Heiligen Abend die Ehe versprach. Gleich am kommenden Tag sollte die Hochzeit sein. Dazu mussten sie am Abend noch durch die Viamala-Schlucht, um am nächsten Morgen pünktlich in der Kirche zu sein. Auf der Brücke, wo weit unten der junge Rhein unbändig donnerte, erstach der Pfarrer das Mädchen und warf den leblosen Körper in die Schlucht.

Düster ist auch die Geschichte von Ritter Cuno, der einst hoch oben in der Burg Hohen Rätien thronte und sein Volk tyrannisierte. Als er ein schönes Bauernmädchen in seine Festung verschleppte, war das Fass voll. Die Bauern stürmten die Anlage. Aber bevor sie den Ritter zu fassen bekamen, stürzte dieser sich in die Schlucht.

Doch es gibt auch historische Fakten. Die Bewohner der 1156 erstmals erwähnten Ortschaft Thusis begannen im Mittelalter selber den Weg auszubauen. Dafür erhielten sie 1473 von der Obrigkeit das Recht, als einzige Waren durch die Viamala-Schlucht nach Zillis zu befördern – ein über vier Jahrhunderte einträgliches Geschäft. Thusis blühte auf, es gab zahlreiche Geschäfte und Wirtshäuser. Doch auch das Laster hatte Hochkonjunktur und Gott strafte prompt, wie gläubige Zeit-

Steinzeitliche Kultstätte

1965 wurden bei Sils im Domleschg, 90 Gehminuten von Thusis entfernt, beim Bau einer Hochspannungsleitung etwa 200 Felszeichnungen entdeckt. Zuerst fand man zehn Felsen mit Bildern. 1984 und 1996 wurden in der näheren Umgebung noch einmal zwei bearbeitete Felsen gefunden. Der im Namen des Fundorts Carschenna enthaltene Begriff «Carschen» bedeutet auf Rätoromanisch «Aufgehender Mond» – ein Hinweis darauf, dass der Ort eine kultische Bedeutung gehabt haben könnte. Die Felsritzungen sind auf einem markierten Wanderweg gut erreichbar. Sie liegen auf einer Anhöhe südöstlich von Sils i.D., am Rand eines mehrere Hundert Meter tiefen Abgrundes. Die konzentrischen Ringmuster und Tierdarstellungen stammen vermutlich aus verschiedenen Epochen. Die ältesten dürften in der Bronzezeit, rund 1500 v. Chr., entstanden sein.

Die Hochmoore auf dem Heinzenberg sind für verschiedene Vogelarten von grosser Bedeutung.

genossen vermuteten. Nicht weniger als 18-mal in seiner Geschichte brannte Thusis. Heute sind die Häuser aus Stein, und mit dem Warentransport lässt sich kein Geld mehr verdienen. 9000 Autos fahren täglich auf der 1967 eröffneten Autobahn Richtung Chur oder Bellinzona und nur die wenigsten machen Halt bei der Viamala. Doch noch immer zieht die Schlucht viele Menschen. Ein Halt ist kein Muss mehr, sondern die Lust auf Gänsehaut, wenn der Blick in den Abgrund gleitet.

Die Wildheit der Natur, die einem in der Viamala-Schlucht so hautnah entgegentritt, ist auch auf dem fast 3000 Meter hohen Piz Beverin spürbar. Für Unbändigkeit steht aber auch der Steinbock. Für das Wappentier des Parks wurde in Wergenstein am Schamserberg oberhalb von Zillis ein kleines Museum eingerichtet, das auch als Parkzentrum dient. Wildhüter Hans Gartmann freut sich darüber. Für ihn bietet der Naturpark eine willkommene Chance, die Region um den Schamser- und den Heinzenberg touristisch naturnah zu entwickeln. «Denn die Natur ist der Ast, auf dem wir sitzen.» Vor allem möchte er den Park, aber auch das Besucherzentrum in Wergenstein dazu nutzen, die Leute auf das Ruhebedürfnis der Natur aufmerksam zu machen. «Es gibt auch ohne Park schon grosse Konflikte mit Besuchern, welche die Natur wie einen Konsumartikel betrachten. Sie nutzen sie, wie es ihnen beliebt, und gönnen ihr keine Ruhe.» Um seine Aussagen zu belegen, zitiert Hans Gartmann eine Untersuchung über die Winterbesteigungen des Piz Beverin. Noch vor 50 Jahren bestiegen während des Winters etwa 50 bis 100 Touristen in höchstens vier

Wanderung

Die attraktivste Variante, um die Viamala-Schlucht kennenzulernen, ist die Wanderung von Thusis nach Zillis. Die sogenannte Veia Traversina benutzt die Wege der Via Spluga, die als Weitwanderweg bis nach Chiavenna führt. Ausgangspunkt ist der Bahnhof von Thusis, wo ein Wanderwegweiser mit den grünen Via-Spluga-Signeten den Weg nach Sils i.D. anzeigt. Von dort führt die Wanderung via Burg Ehrenfels und Burg Hohenrätien nach Sant Albin. Hier beginnt der eigentliche, sieben Kilometer lange Schluchtweg. Der schmale, gut unterhaltene Pfad schlängelt sich ins Innere der Schlucht. Bevor man beim Kiosk und damit beim Zentrum der Schlucht ankommt, führt der Traversinersteg, eine spektakuläre Hängebrücke, über das rauschende Wasser des Traversiner Tobels. Nach dem Kiosk, wo man gegen Eintritt tiefer in die Schlucht absteigen kann, führt der Wanderweg kurz der Strasse entlang, bis er erneut hinabführt, dem Hinterrhein folgt und diesen über eine zweite Hängebrücke, Punt da Suransuns, überquert und danach wieder weniger unwirtliches Gelände erreicht. Darauf wandert man durch einen märchenhaften Wald und gelangt nach Unterquerung der Schnellstrasse und Überwindung einer Steigung auf landwirtschaftlichen Wegen nach Zillis. Die Wanderung dauert gut 5 Stunden. Sie kann aber auch abgekürzt werden, denn beim Kiosk an der Viamala-Schlucht gibt es eine Postautohaltestelle.

Anreise

Viamala-Schlucht: Mit der Rhätischen Bahn von Chur nach Thusis.
Wergenstein: Von Thusis mit dem Postauto nach Andeer. Von dort mit dem Postauto über Zillis nach Wergenstein.
Safiental: Mit der Rhätischen Bahn von Chur nach Versam-Safien und von dort mit dem Postauto nach Safien.

Übernachtung/Essen

Hotel Fravi
Veia Granda 1
7440 Andeer
Telefon +41 (0)81 660 01 01
www.fravi-hotel.ch
Komfortables Bade- und Kurhotel.

Hotel Piz Vizàn
7433 Wergenstein
Telefon +41 (0)81 630 71 72
www.capricorns.ch
Gruppenunterkunft und gute, regionale Küche.

Einkaufen

Maria Meyer und Martin Bienerth
Sennerei
7440 Andeer
Telefon +41 (0)81 661 13 15
www.sennerei-andeer.ch
Der Käse hat Weltklasse.
Sonntag und Dienstagnachmittag geschlossen.

Auskunft

Naturpark Beverin
Center da Capricorns
7433 Wergenstein
Telefon +41 (0)81 630 70 83
www.naturpark-beverin.ch
Auf der Homepage der Geschäftsstelle sind vielfältige Informationen über den Park zu finden.

Gästeinformation
Splügen/Rheinwald/Andeer etc.
Viamala Ferien

Bodenplatz
7435 Splügen
Telefon +41 (0)81 650 90 30
www.myviamala.ch

Karten

Landeskarte 1:25 000,
1215 Thusis, 1235 Andeer
(für Safiental: 1234 Vals)
Landeskarte/Wanderkarte
1:50 000, 257/257T Safiental

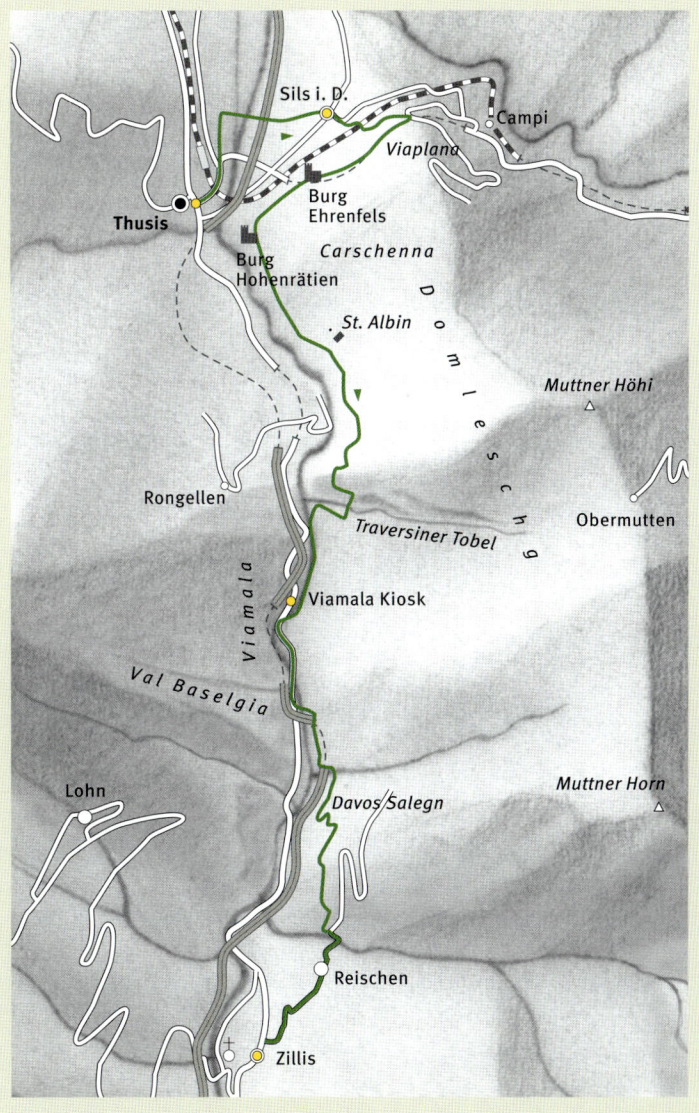

Ein eindrucksvolles Wappentier

Der Steinbock gehört zum klassischen Alpenwild. Er war so lange nicht bedroht, wie die Jagd ein Privileg des Adels war und als Waffen noch keine Gewehre eingesetzt wurden. Die Überbevölkerung des Alpenraums, die Armut und die Verbreitung von Schusswaffen führten schnell zur Dezimierung des gesamten Wildbestandes. Bereits 1550 waren die Steinböcke fast ausgerottet. Neue Schutzbestimmungen kamen zu spät. Die letzten Tiere lebten Ende des 19. Jahrhunderts im Grenzgebiet zwischen dem Aostatal und dem Piemont. 1821 wurde der Steinbock unter Schutz gestellt. Der jagdbegeisterte König Vittorio Emanuele II. verhinderte mit einer Reihe weiterer Massnahmen die verbreitete Wilderei. Die Steinbockpopulation erholte sich und stieg bis zum Ende des 19. Jahrhunderts auf 3000 Tiere.

Damals engagierten sich auch in der Schweiz Naturfreunde für die Wiederansiedlung der Steinböcke. Die in Tierpärken gehaltenen Steinböcke hatten sich häufig mit Hausziegen gekreuzt und kamen für eine Aussiedlung nicht mehr infrage. Rein-blütige Steinböcke gab es nur im Gebiet des Gran Paradiso in Italien. Doch der König wollte keine Tiere hergeben. So begann die Wiederansiedlung der Tiere in der Schweiz illegal. Interessierte bezahlten zwischen 800 und 1200 Franken pro Kitz, welches Wilderer im Aostatal ihren Müttern entwendet hatten. Verschiedene Wildpärke scheiterten beim Versuch, die Tiere grosszuziehen und einen guten Tierbestand aufzubauen. Doch im Tierpark Peter und Paul in St. Gallen und im Wildpark Harder in Interlaken glückte dies. Der Tierpark Peter und Paul wurde 1882 sogar eigens «zur Gründung einer Kolonie echten Steinwilds und zum Baue einer dem Bewegungsbedürfnisse der Steinbocktiere entsprechenden Felsgruppe» geschaffen. Zwischen 1906 und 1931 kamen 50 Steinböcke aus Italien hierher. Bereits 1909 wurde das erste Kitz in Gefangenschaft geboren. 1911 wurden die ersten Steinböcke im Weisstannental im südlichen Teil des Kantons St. Gallen zur Eingewöhnung in ein Wildgehege gebracht, das sie schon nach wenigen Tagen übersprangen. Doch die mit der Flasche aufgezogenen Tiere kamen auf der Suche nach Futter immer wieder zurück. Die Auswilderung gestaltete sich schwierig. 1920 wurden die ersten Tiere aus den beiden Wildpärken im Nationalpark und im Gebiet Albris im Kanton Graubünden ausgesetzt. Beide Kolonien entwickelten sich positiv. Es war ein Durchbruch.

In der Region des heutigen Naturparks Beverin begann die Wiederansiedlung 1954 mit Tieren aus der Aufzucht des Wildparks Peter und Paul. Der «Capricorn» – wie er auf Rätoromanisch genannt wird – entwickelte sich gut. Heute schätzt der Wildhüter Hans Gartmann den Bestand auf 300 bis 400 Tiere. Der Capricorn, das Symbol des Naturparks Beverin, steht für Kraft, Schönheit und Freiheit. Vor allem die männlichen Tiere faszinieren mit ihren eindrucksvollen Hörnern, die bis zu einem Meter lang werden können. Während die weiblichen Tiere bis zu 50 Kilogramm schwer werden, können die Männchen auch das Doppelte auf die Waage bringen. Die Steinböcke fressen Gräser, Kräuter, Knospen, Weichhölzer und im Winter auch Moos. Sie leben im gesamten Alpenbogen vorwiegend oberhalb der Waldgrenze.

Winterstimmung bei Zillis im Schams. Auf dem Talgrund sind die Winternächte manchmal extrem frostig.

Gruppen den Berg. Heute sind es 1000 Personen, und sie verteilen sich auf wesentlich kleinere Gruppen als damals. Mit anderen Worten: Die Wildtiere werden täglich mehrfach gestört. «Dieser Stress ist lebensbedrohlich, denn sie haben in der kalten Jahreszeit einen reduzierten Stoffwechsel, äsen nur dann und wann und sind in der übrigen Zeit in einer Art Winterschlaf. Zu den problematischen Gästen gehören auch Schneeschuhwanderer, die glauben, einem naturnahen Hobby zu frönen.»

Im Sommer werden überall in den Alpen die Mountainbiker mit ihren spezialisierten Downhill-Bikes zum Problem, weil sie mit hohem Tempo durchs Gelände talwärts brausen und nicht nur Wandernde, sondern auch das Wild erschrecken. Für Hans Gartmann ist es deshalb wichtig, dass die Parkbesucher, ob zu Fuss oder auf dem Velo, auf den Wegen bleiben, den Pflanzen im Park sorgsam und den Wildtieren mit Abstand begegnen. «Sie sollten äsende Tiere mit dem Fernglas beobachten und sie grossräumig umgehen.» Wildzählungen belegen, dass die Zahl der Tiere seit dem Spitzenwert im Jahr 1998 kontinuierlich abnimmt. Damals gab es ein paar milde Winter und eine gute Nahrungssituation. Die härteren Winter der vergangenen Jahre, die Gämsblindheit und vermutlich auch die zunehmenden Störungen haben zu

Deckengemälde von Zillis

Wer im Gebiet des Naturparks Beverin unterwegs ist, darf einen Besuch der Kirche St. Martin in Zillis nicht versäumen. Sie wird 831 erstmals als «ecclesia plebeia» urkundlich erwähnt, ebenfalls der Ortsname Zillis als «Ciranes». Verschiedene Funde deuten allerdings darauf hin, dass die Kirche schon zur Römerzeit bestand. Anfang des 12. Jahrhunderts wurde sie neu aufgebaut. In dieser Zeit wurde auch die bemalte Decke geschaffen. Dieses Kunstwerk aus der romanischen Epoche ist weltweit das einzige Werk dieser Art, das nahezu vollständig und ohne Übermalung erhalten ist. Die Kirchendecke besteht aus 153 quadratischen Bildtafeln von je 90 Zentimeter Sei-

tenlänge. Die meisten sind aus Tannenholz und wurden zuerst mit einer dünnen Schicht Gips grundiert, dann aufrecht bemalt und erst dann in die Decke eingesetzt. Der Malermeister stammte wahrscheinlich aus Graubünden. Die Besucher können die bunte Bilderwelt, die an einen frühzeitlichen Comic erinnert, bequem mit den angebotenen Spiegeln betrachten, ohne sich den Hals zu verrenken. Mit drastischen Darstellungen präsentierte der Künstler Fabelwesen als Sinnbild des Bösen, aber auch die Hinrichtung Johannes des Täufers. Die Decke ist verschiedenen Themen aus dem Alten und Neuen Testament gewidmet. Die letzte Bilderreihe berichtet aus dem Leben des heiligen Martin.

Die Kirchendecke von St. Martin in Zillis: 153 quadratische Bildtafeln zeigen mehrheitlich Szenen aus dem Alten und Neuen Testament.

einem Rückgang der Populationen geführt. Dennoch spricht Hans Gartmann von guten Beständen bei Steinböcken, Gämsen, Hirschen und Rehen. Der Naturpark Beverin ist auch Lebensraum für die selten gewordenen Birk-, Schnee- und Haselhühner. Auch Vogelarten wie der Neuntöter brüten hier. Ausserdem wachsen im Park bedrohte Lilien- und Orchideenarten.

Wergenstein ist ein geeigneter Ausgangspunkt, um der unverfälschten Natur nahezukommen. Seit im ehemaligen Naturfreundehotel in Wergenstein hoch über dem Hinterrheintal die Fundaziun Capricorn eingezogen ist, hat der Park einen Treffpunkt bekommen. Dort wurde 2004 im Rahmen eines Pilotprojektes zur Regionalförderung die Parkidee geboren. Heute nehmen alle 12 Gemeinden des Parkperimeters am Parkprojekt teil. Sie bekommen dadurch ein zusätzliches Gesicht. Werner Tischhauser, Projektleiter für Tourismus und Kommunikation, freut sich, dass sich die Bevölkerung Ende 2008 deutlich für den Park ausgesprochen hat. «Die Menschen erhoffen sich natürlich wirtschaftliche Impulse, auch wenn ihnen der Naturschutz ein echtes Anliegen ist», gibt er unumwunden zu.

Einer, der sich im Parkgebiet auskennt, ist Wolfgang Josché. Er arbeitet als Strahler, führt Kristallsuch-Exkursionen durch und verarbeitet seine Funde zu Schmuck. Ihm bietet der Park die Chance, seine wirtschaftliche Existenz besser abzustützen. Der filigrane Schmuck, den er in seinem kleinen Laden präsentiert, ist gleichsam eine schöne und edle Hommage an die Reichtümer der Gegend. Andere tun dies auf kulinarischem Weg. Viele Käse- und Fleischproduzenten haben sich für eine umweltverträgliche Produktionsweise entschieden und profitieren nun genauso vom Parklabel wie jene Kleinfirmen, die sich der Produktion von erneuerbarer Energie verschrieben haben.

Von Wergenstein führt ein Weg über den 2605 Meter hohen Carnusapass zwischen dem Piz Beverin und dem Piz Tarantschun ins Safiental. In dieses Tal wan-

derten um 1300 deutsch sprechende Walser über den Safierberg aus dem Rheinwald ein und siedelten sich vorwiegend im oberen Talabschnitt an. Seit je waren die Dörfer im Safiental von der Entvölkerung betroffen. Im 17. Jahrhundert traten viele einheimische Burschen in Söldnerdienste ein. Ab etwa 1830 begann die Auswanderung nach Übersee, zunächst nach Amerika, später auch nach Neuseeland. Heute leben in den vier Talgemeinden Safien, Tenna, Valendas und Versam noch gut 1000 Personen. Auch ihnen bietet der Park eine Chance, die weitere Abwanderung zu stoppen und wenigstens die Schulen zu retten. Denn das Tal hat einiges zu bieten, etwa das unter Mitwirkung von Pro Natura Graubünden aufgebaute Naturwaldreservat Aclatobel.

Nur wenn es in den Randregionen genügend Arbeitsplätze gibt, bleiben die Menschen auch hier. Manchmal braucht es dazu Impulse von aussen – Einwanderer wie Martin Bienerth und seine Frau. Er sagt: «Der Park ist eine Investition in die Zukunft. Er ist wie ein Haus, das wir bauen und beziehen können, wenn es notwendig wird. Jetzt wird die Landwirtschaft vom Bund noch unterstützt. Aber es wird sich ändern. Wir werden stärker auf eigenen Füssen stehen müssen. Plötzlich wird so ein Park überlebenswichtig. Dann sind wir froh, wenn dieses Haus wetterfest ist.» (MA)

Die Viamala-Schlucht war einst eine gefürchtete Passage auf dem Weg nach Süden, den Bewohnern von Thusis brachte sie aber Wohlstand.

Adula

Überzeugungs-
arbeit steht an

Der Nationalpark Adula hat mit
den zugesagten Finanzhilfen des
Bundes für die Errichtungsphase
in den Jahren 2010 bis 2014 eine
wichtige Hürde genommen. Unab-
hängig davon ist unbestritten:
Das Parkgebiet zählt zu den landschaftlich und kulturell attraktivs-
ten Regionen der Alpen.

Blick vom Muot la Greina auf die Greina-Hochebene. Der sanft mäandrierende Rein da Sumvitg
wird sich bald in tiefe Abgründe stürzen.

Eine schmale, mit einem dicken Drahtseil gesicherte Brücke führt über den Rein da Sumvitg, gerade an der Stelle, wo er sich anschickt, über 700 Höhenmeter durch die Camonaschlucht ins Sumvitg hinabzustürzen. Eben noch ein lieblich mäandrierendes Gewässer, wird er nun zum Wildbach, eine Naturgewalt, wie es sie derart ungebremst in der Schweiz nur noch sehr selten zu sehen gibt. Dabei war alles schon auf dem Tablett bereit gewesen: Eine 80 Meter hohe Mauer sollte just an dieser Stelle das Wasser zurückhalten. Der Stausee mit einem Fassungsvermögen von 63 Millionen Kubikmetern hätte bis ins Quellgebiet des Rein da Sumvitg in sechs Kilometer Entfernung gereicht. In den Fluten verschwunden wäre der Plaun la Greina, die ein Kilometer breite, vom Wasser und den herabgespülten Sedimenten der umliegenden Berggipfel geformte Hochebene auf rund 2200 Meter über Meer. Schon 1958 war die Konzession erteilt worden, für 1991 war die Einweihung geplant.

Es wäre wahrscheinlich auch so weit gekommen, hätte sich nicht breiter, hartnäckiger Widerstand in der Bevölkerung formiert. Mit der definitiven Schubladisierung der Baupläne im Jahr 1986 war eines der letzten Schweizer Fliessgewässer in den Alpen gerettet. Die finanziellen Einbussen der betroffenen Gemeinden, die auf die potenziell erklecklichen Wasserzinsen verzichteten, wurden mit der Einführung des sogenannten Landschaftsrappens gebührend wettgemacht. Die Greina geniesst heute eine Art Kultstatus. Mehrere Tausend Besucherinnen und Besucher kommen jeden Bergsommer hierher. Allein die Terrihütte, eine von vier SAC-Hütten im Ge-

Wollgras in seiner ganzen Pracht.

biet, zählte im Sommer 2009 über 6000 Gäste. Dabei ist schon der Aufstieg zur Greina kein Kinderspiel. Drei bis vier Stunden Wanderzeit müssen je nach Zustieg einkalkuliert werden, aus dem Sumvitg gilt es zusätzlich einen stattlichen Steilhang zu erklimmen. Das Wandern durch die Greina ist demgegenüber ein Spaziergang. Es gibt kaum Steigungen, der weiche, zuweilen etwas sumpfige Boden hat mehr von einem Kuschelfell denn von einem mit Felsen durchsetzten Gebirgsrasen. Der Rein da Sumvitg mäandriert in engen Schlaufen, aus den Seitentälern mehren teils stattliche Bäche sein Wasser. Und selbst wenn Nebel und Regenwolken über der Greina liegen, wird die Weite, von der viele Besucher so schwärmen, spürbar. Die Abgeschiedenheit ohnehin.

Oft wird der Plaun la Greina die Tundra der Alpen genannt. Tatsächlich handelt es sich um ein Flachmoor, die Vegetation ähnelt subpolaren Gebieten. Die Einzigartigkeit der Greina und des Sumvitger Rheins ist die Folge der Wasserkraftnutzung in den Schweizer Alpen. 95 Prozent der Schweizer Fliessgewässer werden heute entweder für die Stromgewinnung genutzt oder sie sind durch Verbauungen gezähmt. Der Mensch hat indes auch die Greina geprägt. Bereits die Römer durchquerten die Hochebene. Später wurde die Greina als Alp genutzt, und heute ist sie vor allem ein touristisches Erholungsgebiet. Dass an schönen Sommertagen die Grenze zum Massentourismus gestreift wird, hat auch mit dem Mythos der Greina zu tun, deren Bewahrung als einer der grössten Siege der Naturschutzbewegung gilt – auch wenn das Projekt eines Stausees 1986 primär aus wirtschaftlichen Gründen gestrichen worden war. Allerdings hiess es damals in der Begründung, verschärfte Umweltauflagen hätten die Kosten-Nutzen-Rechnung negativ beeinflusst.

Ein Vierteljahrhundert nach der Rettung soll die Greina nun zum Herzstück des zweiten Schweizer Nationalparks werden: Adula, benannt nach dem Massiv des 3402 Meter hohen Rheinwaldhorns im Süden der Greina. Das Gebiet des rund 1000 Quadratkilometer umfassenden Nationalparks reicht von den Hängen auf der Südseite

Die Greina erinnert an die arktische Tundra. Solch unberührte Landschaften sind in der Schweiz sehr selten geworden.

Blick auf den Zervreilasee. Das Innere der Staumauer inspirierte den Architekten Peter Zumthor
beim Bau der Alpentherme in Vals.

des Vorderrheintals zwischen Disentis und Trun über die Greinaebene zum Hinterrheintal und dessen Umland bis hinunter ins Misox und Calancatal sowie das Bleniotal im Tessin. Die nach heutiger Planung rund 200 Quadratkilometer grosse
Kernzone setzt sich neben der Greina und zwei kleineren Flächen im Calancatal vor
allem aus abgelegenen, von Landwirtschaft und Jagd kaum genutzten Bergregionen
zusammen. Und es werden drei Sprachen, Italienisch, Romanisch und Deutsch, gesprochen. Entsprechend gross ist der kulturelle Reichtum der Region. Die Südhänge
des Val Malvaglia mit Ackerbauterrassen und ehemals permanent besiedelten Wei-
lern (Ville), deren Bausubstanz bis ins Mittelalter zurückreicht, zeugen von der einst
intensiven Landwirtschaft im ganzen Parkgebiet. Das alte Badehotel in Tenigerbad
im Sumvitg erzählt vom Tourismus des frühen 20. Jahrhunderts, als Gäste aus ganz
Europa den Weg bis in dieses abgelegene Tal fanden. Das Hotel, seit Jahren nicht
mehr genutzt, harrt einer Wiederauferstehung. Und die 1979 errichtete Kapelle
St. Jacobus der Ältere, ein moderner, nach einem katastrophalen Lawinenniedergang
1975 entstandener Bau mit einem grossem Lawinenkeil, ist ein eindrückliches Mo-
nument, das an die stets lauernden Naturgefahren erinnert.

Der Managementplan des Nationalparks listet eine riesige Fülle an Kulturdenk-
mälern, aber auch landschaftlichen Reizen auf. Denn nicht nur die Greina-Hochebene bietet landschaftliche Höhenflüge. Wer etwa die rund 1500 Höhenmeter vom
Greinapass (2357 m) ins Bleniotal nach Olivone (900 m) absteigt, wird von einer
wildnisähnlichen Landschaft überrascht, in welcher der Mensch nur sehr zaghaft an-
mutende Spuren hinterlassen hat: riesige Alpen, wo nur aus der Ferne das Gebimmel
von Kuhglocken zu hören ist, schmale Wege und Strassen, da und dort eine Bach-
verbauung. In Campo Blenio schliesslich das erste Dorf, das heute weitgehend vom
Tourismus lebt. Auch der rund einstündige Abstieg von hier nach Olivone lohnt sich
sehr. Wohl führt der Pfad die ersten paar Hundert Meter unmittelbar entlang der
Strasse, doch vor einem Tunnel zweigt der Weg auf die alte Verbindungsstrasse ab,

Wanderung

Die Greina, das Herzstück des geplanten Nationalparks Adula, ist weder auf der Strasse noch mit einer Bergbahn zu erreichen. Es gibt vier Zugänge, zwei aus dem Tessin, zwei aus Graubünden. Am einfachsten lässt sich die Greina von Vrin im Val Lumnezia aus erreichen. Der Aufstieg zum Pass Diesrut ist auch mit Kindern problemlos machbar. Auch vom Luzzone-Stausee auf der Tessiner Seite aus ist der Anstieg vergleichsweise leicht. Wesentlich anspruchsvoller sind die Zugänge von Campo Blenio und aus dem Val Sumvitg. Während es auf der Tessiner Seite vor allem die vielen Höhenmeter sind, verlangt im hinteren Sumvitg eine mächtige Steilwand dem Bergwanderer einiges an Stehvermögen und Trittsicherheit ab. Vereinfachen lassen sich alle Zugänge mit dem Alpentaxi, das in der Hochsaison nach Fahrplan, in der Nebensaison auf Bestellung fährt. Rund um die Greina gibt es drei SAC-Hütten: die Terrihütte (2170 m), die Capanna Motterascio (2172 m) und die Capanna Scaletta (2205 m). Die dreitägige Wanderung führt von Sumvitg über die Greina-Hochebene und den Greinapass nach Olivone. Den Aufstieg zur Terrihütte erleichtert das Alpentaxi, das bis Runcahez fährt. Danach geht es für eine Stunde beschaulich bergan, das Rauschen des ungestört fliessenden Rein da Sumvitg stets im Ohr. Dann führt der Weg in engen Serpentinen, die mächtige Camonaschlucht immer zur Linken, steil hinauf. Die Vegetation wird allmählich immer karger, Bäume werden zu Sträuchern und Büschen, schliesslich bleiben nur Blumen, Gräser, Moose und Flechten. Man ist froh, wenn die Terrihütte, das Ziel der ersten Etappe, ins Blickfeld rückt. Sie thront erhaben auf einem Hügel und bietet eine für Berghütten-Verhältnisse komfortable Unterkunft. Eine Reservation ist vor allem in der Hochsaison und an Wochenenden dringend zu empfehlen.

Für den nächsten Tag sollte man den kleinen Umweg zum Ausgangspunkt der Camonaschlucht in Kauf nehmen. Allein der – gefahrlose – Blick in den Abgrund lohnt sich. Und die Vorstellung, dass genau an dieser Stelle sich eine 80 Meter hohe Staumauer erhoben hätte, lässt erahnen, welche Naturschätze durch den Ausbau der Wasserkraft in der Schweiz unwiederbringlich verloren gegangen sind. Danach wird die Wanderung zum gemütlichen Spaziergang. Die Greina-Hochebene stellt keine hohen Anforderungen, die rund dreistündige Durchquerung bis zum Greinapass geht leichten Fusses über die hochalpine Bühne, die von einigen stattlichen Dreitausendern gekrönt wird. Ein beliebtes, allerdings nicht ganz einfach zu erreichendes und nur für geübte Bergwanderer zu empfehlendes Ziel ist der Piz Terri (3045 m). Die Greina ändert derweil, je näher man der Passhöhe kommt, allmählich ihr Gesicht. Die sanften Hügel, welche die Landschaft mitformen, werden kantiger, die Hänge steiler. Der Greinapass bestimmt den Lauf des Wassers. In östlicher Richtung geht es zum Alpenrhein, in westlicher zum Po. Und während der Sumvitger Rhein es sich nach einem fulminanten Auftakt rasch gemütlich macht, kriegt es der westliche Abfluss, der Brenno, gleich mit steilen Berghängen zu tun, in die er sich in Jahrtausenden eingearbeitet hat.

Der Wanderer wendet sich derweil der Capanna Scaletta zu, die zu Rast und/oder Übernachtung einlädt. Der Abstieg nämlich wird happig. Steil geht es los auf einem gut zu begehenden Weg hinunter zur Pian Geirett zuhinterst im Val Camadra. Hier wartet für die Spaziergänger das Alpentaxi. Doch wer den Rest des Weges nach Olivone auf vier Rädern rollt, verpasst einiges: zum Beispiel die Höhenstufen nach Campo Blenio, die den Vegetationswechsel sinnlich erfahrbar machen. Wenn die ersten Selven auftauchen, hat man das Ziel erreicht: Olivone.

Die Wanderung lässt sich in zwei oder drei Etappen bewältigen. Für den Aufstieg zur Terrihütte sind 3½ Stunden zu veranschlagen, der Weg von der Terri- zur Scalettahütte beansprucht weitere 3 Stunden, der Abstieg nach Olivone ist in 4 Stunden zu machen. Gutes Schuhwerk und geeignete Schlechtwetterkleidung sind unbedingt zu empfehlen – der Autor weiss nach einer siebenstündigen Wanderung im Dauerregen ein Lied davon zu singen.

Anreise

Mit der Rhätischen Bahn von Chur nach Rabius-Surrein. Von dort Bus Alpin nach Runcahez.

Übernachtung/Essen

Terrihütte
Telefon +41 (0)81 943 12 05
www.terrihuette.ch
Die junge Crew auf der Terrihütte kocht ausgezeichnete, bodenständige Kost – unbedingt Halbpension buchen (70 Franken pro Person).

Capanna Scaletta
Telefon +41 (0)91 872 26 28
www.capanneti.ch
Möglichkeit, selber zu kochen, oder vom Hüttenwart zubereitetes Essen.

Auskunft

Parc Adula
c/o Regione Mesolcina
Centro regionale dei Servizi
6535 Roveredo
Telefon +41 (0)91 827 45 47
www.parcadula.ch

Greina-Touren:
Schweizerische Greina-Stiftung (SGS)
Sonneggstrasse 29
Postfach
8033 Zürich
Telefon +41 (0)44 252 52 19

Karten

Landeskarte 1:25 000,
1233 Greina, 1253 Olivone
Landeskarte/Wanderkarte
1:50 000, 256/256T
Disentis/Mustèr,
257/257T Safiental

Als Alphirt auf der Greina

Alpwirtschaft wird in geringerem Ausmass als früher auch heute noch auf der Greina betrieben. Doch die stattliche Herde mit über 1000 Schafen, dazu einige Dutzend Rinder, hinterlassen zusammen mit den Tritten Tausender Wanderer so manche Erosionsspur im empfindlichen Untergrund. Leo Tuor, der früher seinen Lebensunterhalt als Alphirt auf der Greina verdiente, erzählt in seinem 1988 erschienenen Buch «Giacumbert Nau» (deutsch 1994) auf beeindruckende Weise von der Einsamkeit eines Schafhirten, eines nachdenklichen Zeitgenossen und Einzelgängers, der im steten Konflikt zwischen seiner einfachen Alphütte und der modernen Welt lebt. Auf die Alp bringt ihn ein Helikopter, andere Alphirten bieten ihm das Boulevardblatt zur Lektüre an. Er aber lebt mit einem einfachen Gasherd in einer in eine Felsspalte gebauten Hütte und hütet, zusammen mit Hund und Katze, seine Schafe, erzählt vom kulturellen Reichtum der Gegend, von Schutzheiligen und von alten Geschichten. Er berichtet von der Pferdesömmerei auf der Greina, die zwei Brüdern gehörte. Sie verkauften die Alp und wurden über den Tisch gezogen. Der Käufer aber spukt zur Strafe seit seinem Tod auf einem schwarzen Hengst durch die Ebene und jeder, der ihn sieht, stirbt innert eines Jahres. Doch Wanderer schreckt man mit solchen Geschichten schon lange nicht mehr ab.

Blick vom Pass Diesrut auf die Greina. Der Aufstieg von Vrin zum Pass Diesrut ist weniger beschwerlich als jener aus dem Somvitg.

ein in die Felswand geschlagenes Bauwerk mit Kopfsteinpflaster, das noch heute erahnen lässt, mit welcher Kühnheit, aber auch Mühsal unsere Vorfahren die ersten befahrbaren Strassen gebaut haben.

Die Idee zum geplanten Nationalpark Adula entstammt einem Wettbewerb, den Pro Natura im Rahmen ihrer Kampagne «Gründen wir einen neuen Nationalpark!» lanciert hatte. Eine Million Franken versprach die Naturschutzorganisation im Jahr 2000 jener Region, die einen neuen Nationalpark begründen würde. Acht Nationalpärke hatten den Naturschützern ursprünglich vorgeschwebt. Absichtserklärungen kamen aus sechs Regionen, von denen vier nicht über den Status eines Papiertigers hinauskamen. So blieben zwei übrig: Locarnese und Adula. Ursprünglich hatte es einmal danach ausgesehen, dass das Parkprojekt aus dem Locarnese die Nase vorn haben würde. Doch mit dem Nein aus der Exekutive der für den Park zentralen Gemeinde Cevio und dem Interesse verschiedener anderer Gemeinden, dem Park beizutreten, wird die Entwicklung verzögert.

Anders im Nationalpark Adula. Hier gelang es in einem mehrere Jahre beanspruchenden Prozess, 20 Gemeinden in vier Regionen, zwei Kantonen und drei Sprachgebieten für das Projekt zu gewinnen. Ein Managementplan wurde ausgearbeitet, ein 280 Seiten starkes, sehr spannend zu lesendes Dokument. Mit dem nach einer Vorprüfung erteilten Plazet der Bundesbehörden vom 29. August 2010 wird es nun richtig ernst. Versprochen sind aus dem Bundestopf für die Jahre 2010 und 2011 bislang 686 000 Franken. Fünfeinhalb Millionen Franken sind für die sogenannte Errichtungsphase bis 2014 insgesamt budgetiert, davon sollen zwei Millionen Franken vom Bund, je eine Million von den Anliegerkantonen Tessin und Graubünden sowie eine weitere halbe Million von den beteiligten Gemeinden und Regionen kommen, der Rest von Sponsoren und Donatoren. Geplant sind neben administrativen Vorbereitungsarbeiten auch über 30 einzelne Projekte, von Umweltbildung über Tourismusförderung bis zu Forschungsarbeiten. Ziel dieser Errichtungsphase ist die Ausarbeitung und Verabschiedung einer gemeinsamen Charta, die dann zehn Jahre Gültigkeit haben wird.

Auch die Million Franken von Pro Natura werde nun ausbezahlt, verspricht die Präsidentin der Naturschutzorganisation, Silva Semadeni. Dass von sechs erhofften nun zwei, noch längst nicht definitiv gesicherte Nationalpärke übrig geblieben sind, sei schade, räumt Semadeni ein. «Ich bin nach wie vor überzeugt, es hat in der Schweiz genug Platz für mehrere Nationalpärke. Doch zwei Projekte sind schon ein Erfolg.» Das seien eben langfristige Prozesse. «Die Zeit arbeitet für die Nationalpärke. Denn deren Entwicklungspotenzial wird heute von der betroffenen Bevölkerung noch unterschätzt.» Wichtig sei, dass künftige Nationalpärke «einen im europäischen Vergleich hohen Stand erreichen». Daran müssten die Regionen selbst am allermeisten interessiert sein. Nicht restlos überzeugt ist Silva Semadeni vom Parkkonzept des Bundes. Ein Dorn im Auge sind ihr jene Naturpärke, bei welchen Verpackung und Inhalt nicht übereinstimmen. «Es geht bei manchen Naturpärken mehr um Ökonomie als um Ökologie. Aber: Wo Natur draufsteht, muss auch Natur drin sein.» Im Übrigen stehe das Millionen-Angebot nach wie vor. «Wenn im Locarnese oder in einer anderen Region der Schweiz ein weiterer Nationalpark zustande kommt und vom Bund anerkannt wird, werden wir eine zweite Million finden.»

Die Auflage, die auch für den Nationalpark Adula gilt: Das Geld muss auch in der Errichtungsphase zwingend der Natur zugutekommen, «weil das Nationalparkprojekt ja am Widerstand der Bevölkerung doch noch scheitern könnte». Das ist

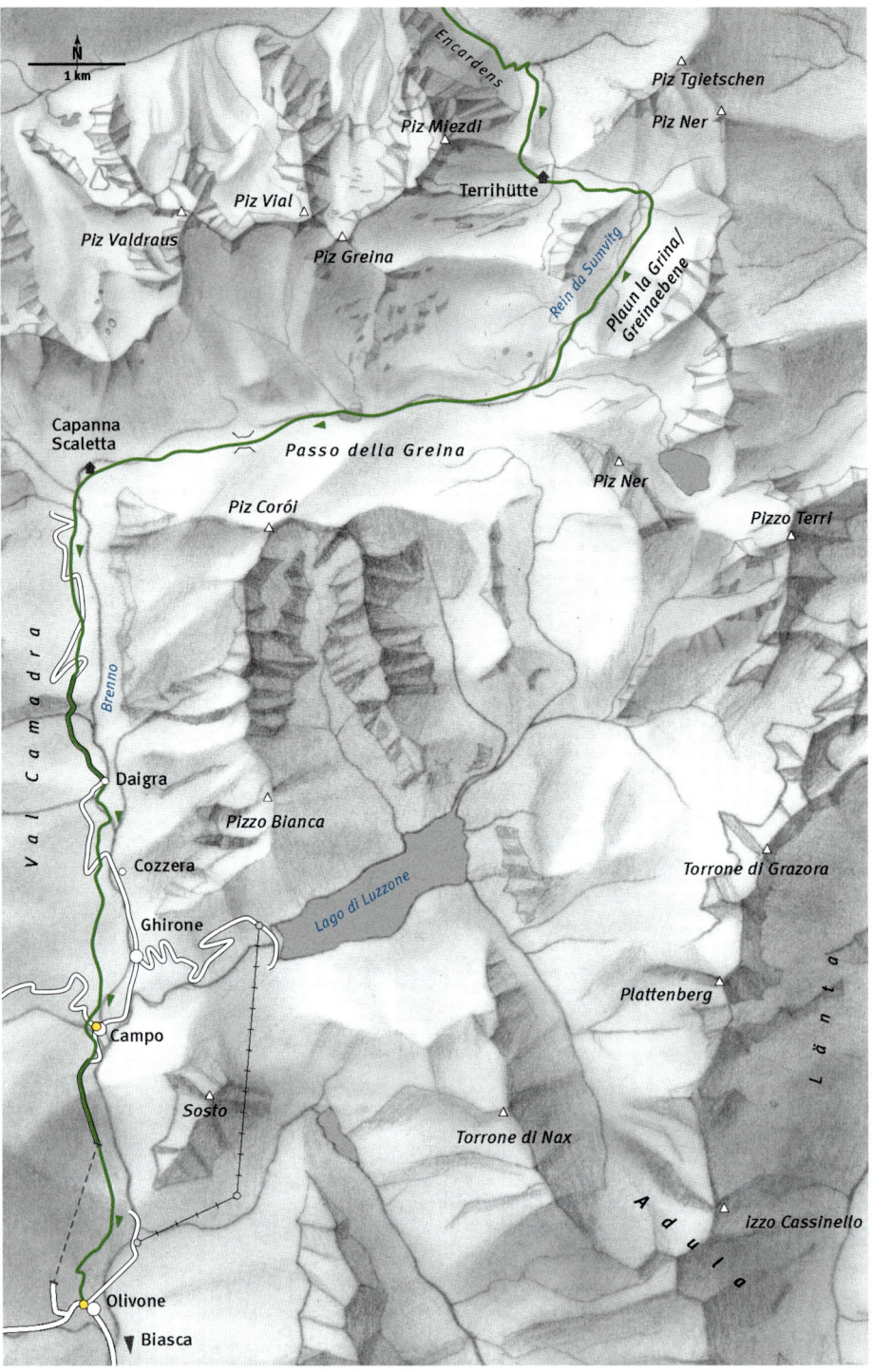

auch beim Nationalpark Adula durchaus möglich. Denn in allen Gemeinden hat das Stimmvolk das letzte Wort. «Die Arbeit geht jetzt erst richtig los», sagt Sep Cathomas, Mitglied des Leitungsausschusses. Es wird in erster Linie Aufklärungsarbeit sein. Denn in vielen Köpfen dominiert das Bild vom bestehenden Schweizerischen Nationalpark, wo sich die menschlichen Aktivitäten auf das Wandern auf dem bestehenden Wegnetz beschränken. Das wird im Nationalpark Adula, der ein anderes Konzept verfolgt, nur in der Kernzone der Fall sein – und auch dort wird es Ausnahmen geben. So wird auf der Greina auch in Zukunft Alpvieh weiden, und auch die Helikopter-Versorgungsflüge zu den SAC-Hütten werden weiterhin gestattet sein. Doch auch so wird es nicht leicht sein, die Leute davon zu überzeugen, etwa auf das Strahlen oder das Wandern abseits der markierten Wege in der Kernzone zu verzichten – Aktivitäten, die heute uneingeschränkt möglich sind. Projektkoordinator Martin Hilfiker und der technische Leiter Marco Torriani werden zusammen mit den Mitgliedern des Leitungsausschusses und des Vereines Parc Adula viel unterwegs sein in der Region, um Vorträge zu halten und die Skeptiker zu überzeugen. Die entscheidenden Abstimmungen sind für das Jahr 2014 geplant.

Ein einstimmiges Gemeindemehr ist nicht nötig, aber ein Nein aus zentralen Nationalparkgemeinden der Surselva, des Bleniotals oder in der Kernzone liegender Gemeinden des Calancatals könnte sehr wohl das Aus bedeuten. Die Unterzeichnung einer gemeinsamen Charta und die eigentliche Eröffnung des Nationalparks sind für 2015 vorgesehen. Sep Cathomas könnte auch damit leben, wenn es etwas länger dauert oder die eine oder andere Gemeinde aus der Umgebungszone des Parks verzichtet. «Wir arbeiten hier an einem Jahrhundertprojekt für die Region. Und wenn dieses gute Ding allenfalls noch etwas Weile haben muss, dann geht das für mich in Ordnung.» Denn, davon sei er überzeugt, «mittel- und langfristig bietet dieser Nationalpark für die ganze Region enormes Entwicklungspotenzial. Und vor allem die Option, dass die Menschen in einer Randregion ihr Schicksal wieder vermehrt in die eigenen Hände nehmen. Das ist ganz im Sinne schweizerischer Regionalpolitik».

Martin Hilfiker gibt sich mit Verweis auf bisherige Erfahrungen optimistisch, dass das Vorhaben gelingt. Skeptische Gemeindeoberhäupter hätten sich ebenso überzeugen lassen wie die Betreiber eines Steinbruchs im Calancatal. Sie hatten grosse Auflagen befürchtet. Das Gegenteil sei der Fall, sagt Hilfiker. «Der Nationalpark bietet die Chance, mit einem Label die Produkte aus der Region aufzuwerten.» Und auch jene Besitzer von – teils zerfallenden – Alphütten, die befürchten, sie dürften diese nicht mehr nutzen, weiss Hilfiker zu beruhigen. «Warum nicht eine attraktive Ferienunterkunft in der Umgebungszone des Nationalparks? Auch das ist möglich.» Diese Verheissungen dürfen indes über eines nicht hinwegtäuschen: Der Nationalpark Adula wird einiges an Veränderungen mit sich bringen. Ohne eine breit abgestützte Aufbruchstimmung wird das nicht zu machen sein. Profitieren würden Natur und Mensch. «Ich habe meine Landsleute auf der Südseite des Lukmaniers bisher kaum gekannt, weil uns nur wenige gemeinsame Interessen verbunden haben», sagt Sep Cathomas, der in Brigels lebt. «Die gemeinsame Arbeit am Projekt Nationalpark Adula hat uns einander nähergebracht – und gestärkt.» (FI)

Blick von der Greina-Passhöhe, die gleichzeitig die Wasserscheide zwischen Mittelmeer und Nordsee bildet.

Das malerische Dorf Vrin ist einer der Ausgangspunkte zur Greina-Hochebene.

Locarnese

Heimat mit Dornen – und eine mögliche Zukunft

Das nordwestliche Hinterland von Locarno ist eines der wildesten und unzugänglichsten Gebiete der Schweiz. Deshalb soll hier ein Nationalpark entstehen. Obwohl die Gemeinde Cevio dem Projekt im Mai 2009 eine Absage erteilte, werden die anderen Gemeinden weitermachen.

Schafherde bei Sabbione im Bavonatal.
Viele Häuser in Sabbione stehen im Schutz
von enormen Felsbrocken.

Obwohl im Bavonatal viel Elektrizität produziert wird, gibt es im Dorf Foroglio keinen Strom.

Im Centovalli, im Valle Maggia und in den benachbarten Tälern reihen sich die Siedlungen mit schlanken Kirchtürmen, stattlichen Häusern, blumengeschmückten Balkonen, Blumentöpfen, aus denen Hortensien blühen, mit an Durchgängen rankenden Rosen und Friedhöfen, wo selbst die Toten noch einen Logenplatz besetzen. Die Dörfer schmiegen sich wie Adlerhorste an die steilen Talflanken. Die Idylle ist perfekt, aber nicht ungetrübt. Heute leben in der Region Locarnese noch halb so viele Menschen wie vor 200 Jahren. Das ist der Modernität und einem gewachsenen Realitätssinn zuzuschreiben. Früher waren die Dörfer hoffnungslos übervölkert. In den engen Häusern ohne Rauchabzug lebten nicht selten Familien mit bis zu 15 Kindern eng gedrängt. Es war ein Leben in Armut und Elend. Von Romantik keine Spur. Tausenden blieb nur das Verlassen der Heimat – einer Heimat mit Dornen. Die Emigration begann bei den Buben schon mit acht Jahren. Die kleinen Spazzacamini, die Kaminfeger, sind die Tessiner Version der Verdingkinder und der Schwabenkinder, wie man sie in den katholischen Gebieten nördlich der Alpen kannte. Während sich dort Achtjährige als Hirtenkinder bei Grossgrundbesitzern in Oberschwaben verdingten, kletterten die Tessiner Buben als lebende Besen durch enge und verrusste Kamine, die in den Städten der Lombardei auch in den Bürgerhäusern in Mode gekommen waren. Intragna im Centovalli war das Kaminfegerzentrum und die Einwohner dort hiessen einfach: die Kaminfeger.

Viele Spazzacamini wurden nach ihrer Pubertät, wenn die Schultern für den Einstieg in die Kamine zu breit wurden, selber Kaminfegermeister. Sie erhielten in den lombardischen Städten die Genehmigung, ihren Geschäften nachzugehen, wozu sie aber Nachschub an kindlichen Arbeitskräften benötigten. Sie beschafften sich diesen in der Heimat, wo es jederzeit genügend Kinder gab. Manchmal waren die Kinder schwächlich und der Russ beschädigte ihre Atemwege. Doch was zählte damals schon ein Menschenleben? In der Heimat herrschte der nackte Hunger. Die Wälder waren abgeholzt, die Holzkohle in die Lombardei verkauft, der Boden ausgelaugt. Eines der ersten Gesetze des jungen Kantons Tessin verbot daher Anfang des 19. Jahrhunderts den Export von Holz aus dem Tessin.

Um zu überleben, bebauten die Leute auch die steilsten Hänge. Noch heute stösst man überall in den steilen Wäldern auf Mauern, die zur Terrassierung angelegt wurden. Jedes Fleckchen ebener Erde war wertvoll. Im Val Bavona bedeckten sie sogar grosse Steine und kleinere Felsen mit Erde und pflanzten darauf Gemüse und Gras für ein wenig Heu an. Die Idee ist genial, denn die Steine erwärmen sich tagsüber und wirken für die Pflanzen wie eine Bodenheizung – heute würde man von «Permakultur» sprechen. Inzwischen ist das Locarnese wieder stark bewaldet, wobei die Kastanie dominiert. Das hat während der beiden Weltkriege immerhin geholfen, die Bevölkerung mit Kastanien zu ernähren. Diese ist ein Universalprodukt. Das Holz wurde für den Hausbau gebraucht, die Blätter verwendete man als Stroh und die Früchte, die Marroni, waren ein vitaminreiches, stärkehaltiges Grundnahrungsmittel.

Ab Mitte des 19. Jahrhunderts suchten viele Bewohner der Tessiner Täler ihr Glück in Amerika. Der Bau der Eisenbahnstrecke von Omaha am Missouri bis an die Westküste löste einen wahren Boom aus. Viele Tessiner gingen nach Kalifornien, ins Napa Valley beispielsweise. Im Gepäck hatten sie Kerne von Merlot-Trauben. Eines der traditionellsten Weingüter im Napa Valley heisst nicht von ungefähr «Nichelini». Es wurde 1884 von Antonio Nichelini aus dem Centovalli gegründet. Ebenfalls aus dem Centovalli stammt Giovanni Battista Monaco, ein Fotograf, dessen Aufnah-

men vom grossen Erdbeben 1906 in San Francisco um die Welt gingen. Die Studios Monaco gibt es noch heute. Zu einigem Ruhm brachte es auch Gottardo Piazzoni, der 1886, als er in Kalifornien ankam, 14 war. In San Francisco besuchte er die Kunstschule und entwickelte sich um die Jahrhundertwende zu einem der bekanntesten Maler der USA.

Viele Tessiner wählten auch die deutsche Schweiz als Emigrationsziel. Von der Alpennordseite kehrten manche Auswanderer ebenfalls nicht mehr zurück. Die Heimat fand und findet – wenn überhaupt – in der Fremde an Tessinerabenden bei Boccalino und Tanz statt. Längst müssen die Täler heute nicht mehr so viele Menschen ernähren. Jene, die geblieben sind, finden meist ein Auskommen in Locarno. Die Dörfer sind überaltert. Nonna und Nonno sind zurückgeblieben oder gestorben. Die Jungen wohnen in der Stadt und kommen nur an Wochenenden oder in den Ferien zurück. Die Betten im Dorf sind erkaltet. Poststellen, Schulen und Dorfläden schliessen, und irgendwann wird es zu teuer, die Strassen in diese fast unbewohnten Dörfer zu unterhalten. Vielleicht sind Rosina und Renzo Vairos daher so etwas wie Vorreiter zur Rückkehr in eine Zeit, wo alles noch zu Fuss in die Dörfer geschleppt werden musste.

Die beiden sind die letzten Einwohner von Piazz, einem Weiler, der zu Borgnone im Centovalli gehört. Ihr Haus ist stattlich. Es strahlt Noblesse mit Patina aus. «Osteria del Buon Umore» steht in grossen Lettern über dem Eingang. «Den Humor haben wir uns bewahrt», lächelt Rosina Vairos. «Aber die Osteria gibt es nicht mehr.» Wie lange schon? «Ich bin hier aufgewachsen, und selbst meine Grossmutter erinnert sich nicht mehr an einen Herbergsbetrieb.» Einst führte hier die Marktstrasse durch. Es war der wichtigste Weg, den alle Bewohner der oberen Gemeinden des Centovalli nehmen mussten, wenn sie auf den Markt nach Intragna, Ascona oder Locarno wollten. Die Strasse unten im Tal gibt es erst seit Mitte des 19. Jahrhunderts. Die Markttage waren jeweils der Höhepunkt einer Arbeitswoche. Sie wurden

Wie einige andere Tessiner Flüsse legt auch das Wasser der Maggia auf kurzer Distanz viele Höhenmeter zurück. Dabei graben sich die Flüsse oft tief ins Gestein, wie hier die Maggia bei Ponte Brolla.

gut vorbereitet, und der Weg dauerte seine Zeit. Die Bewohner waren sehr fromm und sehr katholisch, am Wegrand zeugen noch heute viele Kreuze und Kapellen davon.

Der Marktweg war aber auch die Route der Spazzacamini, und so mancher Bub dachte, er würde mit dem Vater nur auf den Markt gehen. Um den Abschiedsschmerz gar nicht erst aufkommen zu lassen, erfuhren die Kleinen erst in Intragna, welches Schicksal ihnen bevorstand. Der Markt- oder Kaminfegerweg auf der Sonnenseite des Tals ist noch gut erhalten. Aber auch hier wohnen wenige Menschen, obwohl die meisten Dörfer einen direkten Zugang zur Eisenbahn und zur Kantonsstrasse haben, welche Locarno und Domodossola miteinander verbinden. Während früher das Locarnese unter der Übervölkerung litt, ist nun das Gegenteil eingetreten. In den überalterten Dörfern der wirtschaftlich schwachen Regionen scheinen die Jungen kaum mehr eine Zukunft zu haben.

Rosina und Renzo Vairos beunruhigt dies nicht mehr wirklich. Trotzdem befürworten sie den Aufbau eines Nationalparks Locarnese, der seit bald zehn Jahren geplant wird. «Er wäre eine Chance für die Region, auch wenn ich nicht glaube, dass wir davon noch profitieren werden», meint Rosina Vairos. 20 Gehminuten später in Richtung Intragna sagt der Wirt Daniele Blum im Ristorante Al Pentolino in Verdasio: «Wir wollen hier kein Verkehrschaos mit Reisebussen. Wir lieben unser ruhiges und gemächliches Leben.» Er fürchtet sich beinahe vor den Touristenströmen, die

Die Römerbrücke (Ponte Romano) bei Intragna besticht mit ihrer kühnen Bogenform. Die Brücke wurde auch von den Kaminfegerkindern benutzt, die einst von Intragna aus in die Städte Norditaliens aufbrachen.

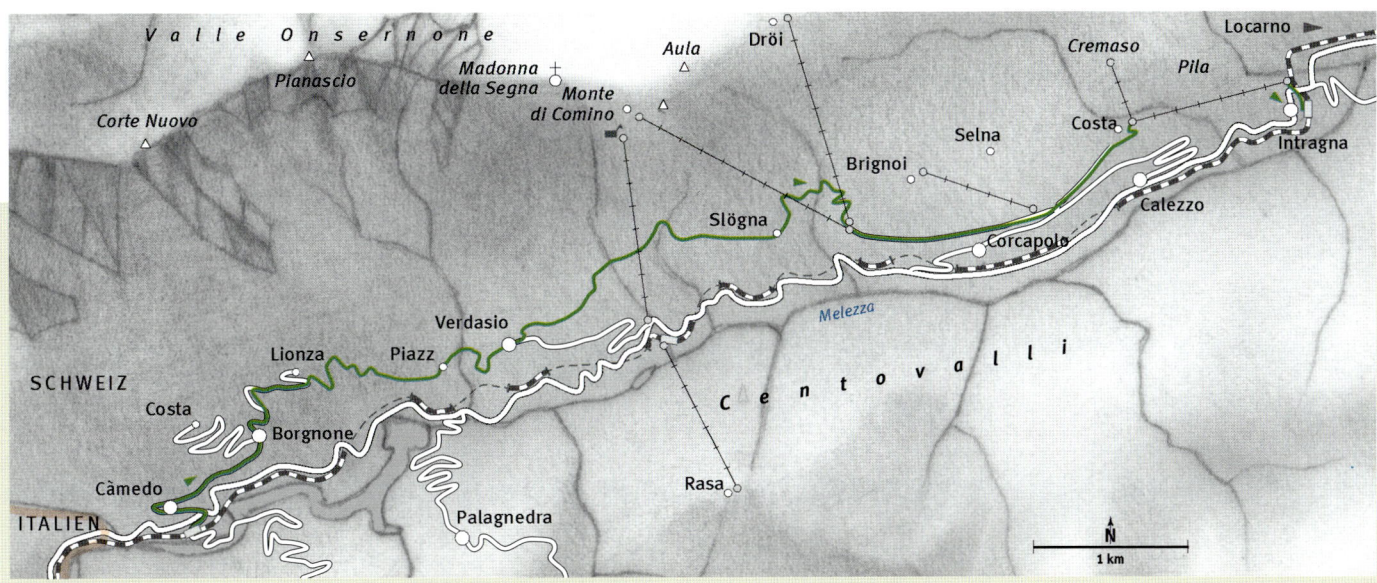

Wanderung

Die Wanderung beginnt im Centovalli unweit der italienischen Grenze. Am besten fährt man mit der Centovallibahn an den Ausgangspunkt Càmedo (550 m) und geniesst dabei die einzigartige Landschaft mit ihren Schluchten und Viadukten. Vom Bahnhof Càmedo weg ist der Wanderweg nach Borgnone, Lionza, Verdasio, Corcapolo, Costa bis nach Intragna gut ausgeschildert. In Càmedo kann man der Strasse folgen oder durch die Dorfgassen bergan schlendern, um dann wieder auf die Strasse zu gelangen. Auf dieser geht es nun in Kurven bergan nach Borgnone. Bald wird weit unten ein Stausee sichtbar, der smaragdgrün in der Sonne aufscheint. Nach dem Dorfkern von Borgnone geht es weiter in Richtung Lionza, wobei man am restaurierten Mühlenpark (Parco dei Mulini) mit alter Mühle, Brotofen und Waschhaus vorbeikommt. Kurz danach zweigt rechts ein Saumpfad von der Strasse ab. Es ist der Sentiero del Mercato, der alte Markt- und Kaminfegerweg, der sich auf der Sonnenseite des Tales den Hängen entlangzieht,

während tief unten die Melezza rauscht.

Unterhalb von Lionza liegt die Kapelle in Cioss. Wer das Dorf besichtigen will, folgt links einem gut sichtbaren Pfad. Ansonsten geht man weiter entlang dem ausgeschilderten Weg über Piazz nach Verdasio. Hier gibt es ein Restaurant der gehobenen Klasse, das Ristorante Al Pentolino. Der weitere Weg führt durch Mischwälder mit Buchen, Eichen und Kastanien. Viele überwachsene Terrassen erinnern daran, dass hier einst kein Wald stand, sondern auf den Terrassen Nahrungsmittel angebaut wurden. Am Endpunkt der Wanderung in Costa gibt es zwei Möglichkeiten: Entweder man nimmt die kleine Luftseilbahn, die nach Intragna hinunterführt, oder man steigt in einer Dreiviertelstunde zu Fuss nach Intragna ab.
Wanderzeit: 5 Stunden. Der Weg bietet keinerlei Schwierigkeiten.

Anreise

Mit den SBB über Bellinzona nach Locarno. Von dort mit der Centovallibahn in Richtung Domodossola bis Càmedo.

Übernachtung/Essen

Ristorante Hotel Tentazioni
Via Cantonale
6664 Cavigliano
Telefon +41 (0)91 780 70 71
www.ristorante-tentazioni.ch
Nomen est omen: Hier wird man mit kreativen Leckerbissen aus Produkten der Region verführt.

Essen

Ristorante Al Pentolino
6655 Verdasio
Telefon +41 (0)91 780 81 00
www.alpentolino.ch
Gehobene regionale Küche.

Ristorante Centovalli
6652 Ponte Brolla
Telefon +41 (0)91 796 31 59
www.centovalli.com
Bekannt für seinen Risotto.

Sehenswert

Museo Regionale Centovalli e Pedemonte
6655 Intragna
Telefon +41 (0)91 796 25 77
www.museocentovalli.ch

Auskunft

Ticino Turismo
Via Lugano 12
6501 Bellinzona
Telefon +41 (091) 825 70 56
www.ticino.ch

Ente turistico Lago Maggiore
Via B. Luini 3
6600 Locarno
Telefon +41 (0)91 791 00 91
www.ascona-locarno.ch

Parco Nazionale del Locarnese
www.parconazionale.ch

Karten

Landeskarte 1:25 000,
1291 Bosco/Gurin, 1292 Maggia,
1312 Locarno
Wanderkarte 1:25 000 Locarno-Ascona, Orell Füssli Verlag
Landeskarte/Wanderkarte
1:50 000, 276/276T Val Verzasca,
275/275T Valle Antigorio

Wertvolle Weisstannen

Das Gebiet des möglichen zukünftigen Nationalparks Locarnese ist mit oder ohne Gemeinde Cevio und das dazugehörende Val Bavona stark bewaldet. Besonders interessant ist die mit Hilfe von lokalen Initianten von Pro Natura aufgebaute «Riserva forestale dell'Onsernone», die seit 2003 auch die finanzielle Unterstützung von Pro Natura geniesst. In dem 781 Hektaren grossen Waldschutzgebiet im Onsernonetal spielen die Weisstannen eine ganz besondere Rolle. Die Nadelbäume bilden hier nicht nur einen bedeutenden Bestand im Tessin, sie unterscheiden sich auch genetisch von jenen auf der Alpennordseite. Denn während der letzten Eiszeit zogen sich die Weisstannenbestände nach Süditalien zurück. Nach der Klimaerwär-

mung breiteten sie sich von dort wieder aus und kamen vor 9000 Jahren erneut ins Tessin. Ins schweizerische Mittelland gelangten sie, indem sie den Alpenbogen auf einem Umweg über Frankreich überwanden. Dabei verloren sie unterwegs einen Teil ihres genetischen Erbgutes. Die Weisstannen im Süden sind also genetisch gesehen differenzierter und älter als jene auf der Nordseite der Alpen. Solche Unterschiede im Genmaterial können für das Überleben der Tannen bei sich verändernden Umweltbedingungen wichtig sein. So hat man herausgefunden, dass die Weisstannen je nach Erbsubstanz unterschiedlich mit erhöhter Ozonbelastung fertig werden: die einen sterben ab, die andern ertragen das Ozon besser und überleben. Deshalb ist der Weisstannenbestand im Onsernonetal schützenswert.

Dank der Schutzzone ist der Wald nun 50 Jahre lang jeder forstwirtschaftlichen Nutzung entzogen.

Trotz der starken Bewaldung ist das Locarnese auch reich an Nischen, die eine grosse Artenvielfalt aufweisen. Sie sind in der Nähe von Flussläufen und auf den zahlreichen Alpen zu finden. So existieren auf dem Parkgebiet 1421 Pflanzenarten. Das entspricht 45 Prozent aller in der Schweiz vorkommenden Arten. 15 Prozent davon sind mehr oder weniger bedroht. Diese erstaunliche Artenvielfalt ist darauf zurückzuführen, dass es innerhalb des Parkgebietes vom mediterranen bis zum alpinen Klima fünf Klimazonen gibt. Das begünstigt auch eine reiche Tierwelt, von der über 1560 Arten registriert wurden.

Puntid im Val Calnègia oberhalb von Foroglio. Das Tal spielte als Sömmerungsalp eine wichtige Rolle.

ein Nationalpark anziehen könnte. Daniele Blum ist ein guter Koch. Er hat 14 Gault-Millau-Punkte erhalten. Seine Küche ist saisonal und regional. In seinem Weinkeller lagern über 120 verschiedene Weine allein aus dem Tessin. Der Reis für seinen Risotto wächst bei Ascona. Es ist das nördlichste Reisanbaugebiet der Welt. Daniele Blum hat seine Stammgäste, die ihn regelmässig besuchen. Deshalb überwiegen bei ihm nicht wirtschaftliche Gründe, die ihn zum Parkbefürworter machen. «Es geht um den Schutz der Natur. Sie muss bei einem Nationalpark den Vorrang haben.»

Tatsächlich wäre ein Nationalpark Locarnese für die Artenvielfalt, aber auch für Forscher im Bereich der Naturwissenschaften sehr interessant, denn er reicht vom mediterranen Lebensraum bei Brissago bis hin zur alpinen Landschaft bei Bosco/Gurin. Der künftige Nationalpark bildet gewissermassen eine Brücke zwischen Palmen und Eis. An seinem südlichen Ende grenzt er fast an den italienischen Nationalpark Val Grande. Zusammen würden die beiden Nationalpärke ein Schutzgebiet von über 500 Quadratkilometer Fläche bilden. Der Parco Nazionale Val Grande gilt zudem als das letzte Wildnisgebiet im gesamten Alpenraum.

Samantha Bourgoin ist jene Frau, die dem Nationalpark, der vorerst nur auf den Planungsskizzen existiert, ein Gesicht gibt. Die Direktorin des Projekts Parco Nazionale del Locarnese reist viel in die Dörfer und leistet Überzeugungsarbeit. Obwohl die politischen Gremien von zehn Gemeinden dafür sind, bildet sich in der Bevölkerung Widerstand. Die Befürchtung wird laut, dass der jahrelange illegale Ausbau der Rustici Konsequenzen haben könnte und dem Weidenlassen von Rindern in den Wäldern ein Riegel vorgeschoben würde. Dieses Unbehagen wurde in Campo/Vallemaggia, Cerentino und vor allem in Cevio so gross, dass die Gemeinden nicht mehr in die dritte Phase der Projektierung einsteigen. Dies, nachdem eine

Wie ein Adlerhorst im Gebirge: das denkmalgeschützte Boschetto bei Cevio im Maggiatal.

Machbarkeitsstudie für die Region zu einem positiven Ergebnis gekommen war und der Bundesrat die gesetzlichen Grundlagen für einen neuen Nationalpark geschaffen hat. Im Falle von Cevio ist dies bitter, denn fast die Hälfte der ursprünglich geplanten Parkfläche liegt auf dem Gemeindegebiet von Cevio.

Das Parkgebiet liegt westlich von Locarno und reicht bis zur italienischen Grenze. Die östliche Begrenzung bildet das Maggiatal, wobei der Talgrund nicht im Parkperimeter liegt. Im Norden hätte der Park auch das Bavonatal umfasst und hätte bis an die Leventina gereicht. Nach dem Ausscheren von Cevio bildet nun Bosco/Gurin die nördliche Grenze. Mit dabei sind das Centovalli, das Valle Onsernone, das Val Vergeletto, Bosco/Gurin und Linescio. Offen ist noch die Frage der Kernzonen, jener Gebiete, in denen es keine menschlichen Aktivitäten geben darf. Ihre Lage und Grösse ist einer der umstrittensten Punkte. Im ursprünglich geplanten Parkgebiet leben auf 370 Quadratkilometern nur 1400 Menschen. Allein dies zeigt, wie geeignet das Locarnese für einen Nationalpark wäre. Immerhin interessieren sich nun auch sieben weitere Gemeinden, darunter Ascona, Brissago, Ronco s. Ascona und Losone dafür, in einen Park integriert zu werden. Wenn diese Gemeinden hinzukommen, kann der Park damit einen Teil seines Verlustes im Norden kompensieren.

Die verbliebenen Gemeinden werden nun unter neuen Vorzeichen an die Detailplanung gehen. Auch die vom Bundesamt für Umwelt (Bafu) erlassene Verordnung über die Pärke von nationaler Bedeutung ist noch nicht auf das letzte Komma fixiert. Es besteht Gestaltungsspielraum, den Samantha Bourgoin auch nutzen will. Sie betont: «Die Tür bleibt offen für die Gemeinden, die doch noch zum Park stossen wollen.» Um sie von den positiven Impulsen eines Nationalparks zu überzeugen, versucht Samantha Bourgoin mit Informationen Ängste zu beseitigen. «Es gibt im ursprünglichen Parkgebiet rund 4700 Rustici. Selbstverständlich können diese weiter genutzt werden wie bisher. Was den Ausbau betrifft, müssen sich die Eigentümer an die ohnehin schon geltenden Gesetze halten.»

Es fällt auf, dass die Leute, die im Parkgebiet wohnen und hier ihr Auskommen haben, zu den Befürwortern eines Nationalparks gehören. Wie der Deutsche Matthias Althof, der seit 21 Jahren in Tessin lebt und das neu eröffnete Hotel Tentazioni in Cavigliano betreibt. Das violette Haus befindet sich an der Kreuzung, wo die Strasse in das verträumte Onsernonetal abzweigt. Auch Matthias Althof unterstützt den Park, und wie um dies zu beweisen, verwendet er Produkte, die mit Hilfe der Parkverwaltung entwickelt und vermarktet werden. Dazu gehört der leckere, an Nutella erinnernde Brotaufstrich «Bonella» aus Farina Bóna, der als Basis aus Popcorn gewonnenes Mehl hat. Die Verwertung von im Ofen zu Popcorn verarbeiteten Maiskörnern erlebt zurzeit eine Renaissance. Verschiedene Produkte sind bereits erhältlich, darunter eine Eisspezialität, aber auch ein Likör. Matthias Althof sagt: «So ein Park bietet Arbeitsplätze, und er bringt Impulse in die ganze Region.» Um Menschen wie Matthias Althof nicht den Elan zu nehmen, lässt Samantha Bourgoin den Nationalpark Mosaikstein für Mosaikstein Wirklichkeit werden. «Er soll eine Seele bekommen. Das tut er, wenn er fassbar wird.»

Einer, der sich dafür einsetzt, heisst Stefan Früh. Sein Centro Rustici liegt mitten in Intragna, am Hauptplatz, der heute wie eine Filmkulisse wirkt. Dabei wurde sein Boden einst von Tausenden kohlschwarzen Spazzacamino-Tränen benetzt. Es war ein Ort der zerstörten Träume, aber auch ein Ort der Wiedersehensfreude. Stefan Früh möchte möglichst viele Rustico-Besitzer dazu bringen, ihre meist kalten Betten einem nachhaltigen Parktourismus zur Verfügung zu stellen. Diese Angebote vernetzt er. Stefan Früh weiss, dass auch im Centovalli Jäger, Fischer und Rustico-Besitzer gegenüber einem Nationalpark skeptisch eingestellt sind. «Die Leute brauchen noch mehr Zeit, um sich darüber eine Meinung zu bilden, obwohl das Projekt schon bald zehn Jahre alt ist.» Mit kleinen Schritten möchte er das Dorf und das ganze Centovalli in den Park integrieren. «Wenn Metzger, Bäcker und Handwerker Produkte kreieren, die eine Beziehung zum Park haben, wird er so Stück für Stück zur Wirklichkeit.» Es geschieht schon einiges. In Auressio im Onsernonetal gibt es einen Infopoint mit Prospekten.

Die Parkverwaltung fördert private Initiativen, die den künftigen Nationalpark attraktiv machen. Es werden Wege errichtet und kleinere historische Objekte und Terrassierungen restauriert. In Bosco/Gurin wurde ein Alpengarten angepflanzt, und im Valle Onsernone soll der wunderschöne Palazzo Gamboni erweitert werden. Zudem möchte die Parkverwaltung auch eine ökologische Landwirtschaft unterstützen und die noch verbliebenen Landwirte mit dem Ziel vernetzen, gemeinsam Produkte zu vermarkten. Auch Stefan Früh plant, das Parkgebiet um eine weitere Attraktion zu bereichern: «Wir wollen im hohen Glockenturm der Kirche von Intragna ein Glockenmuseum einrichten.» Mit solchen Unternehmungen wird das Parkprojekt zur Realität, auch wenn es politisch noch nicht so weit ist. Samantha Bourgoin: «Wir bekommen jetzt schon viele Anfragen von Leuten, welche die Region bereisen wollen. Allein der Umstand, dass das Locarnese das Potenzial für einen Nationalpark hat, lockt Interessierte hierher. Sie wissen, die Natur hat hier eine hohe Qualität.» (MA)

Der Wasserfall Cascata di Foroglio ist fast 110 Meter hoch. Oben liegt das Val Calnègia.

Binntal

Geborgenheit in lebendiger Heimat

Das Binntal war einst ein Tal der Tränen, der Auswanderung und der Armut. Das hat sich geändert. Der Landschaftspark Binntal ist ein Ort der Lebenslust und der Artenvielfalt. Auf ihrem Weg zu einem regionalen Naturpark hat die Region viele Trümpfe in ihrer Hand.

Auf dem Weg zum Grampielpass nach Italien: der Geisspfadsee.

Der Geisspfadsee mit dem Rothorn vor weitem Horizont.

Sollte man sich nicht fernhalten von einem Gebiet, wo es Rottu und Cholera gibt? Keinesfalls! Was nach Ratten klingt, ist nichts anderes als der Name für die Rhone im Goms, aber auf Wallisertiitsch. Und Cholera ist hier keine ansteckende Krankheit, sondern ein mit Teigstreifen bedeckter Gemüsekuchen mit Kartoffeln, Lauch, Käse und Äpfeln als Füllung.

Im unteren Teil des Goms zweigt das nach Süden ausgerichtete Binntal ab, welches den Kern des gleichnamigen Landschaftsparks bildet. «Binn hat eine ruhige Seele. Das Tal bietet Geborgenheit, ohne ein Ballenberg zu sein. Es ist ein Stück lebendige Heimat. Viele Familien leben ganzjährig im Tal. Wir haben einen Dorfladen, eine Kirche und eine Schule. Mehr braucht es doch nicht, oder?» Ursula Hilfiker-Tenisch ist Binntalerin mit Leidenschaft. Deshalb setzt sie sich auch für den Landschaftspark Binntal ein.

Schon seit 1964 ist das Binntal ein Schutzgebiet. Damals verpflichteten sich die Taleinwohner in einem Vertrag mit Pro Natura, nicht auf die Pläne der Energiewirtschaft für den Ausbau der Wasserkraft einzutreten. Zusammen mit der Sektion Monte Rosa des SAC schloss Pro Natura mit den Gemeinden den Binntalvertrag ab. Mit dieser wegweisenden Abmachung stellte die Binner Bevölkerung den hinteren Talabschnitt unter Schutz. 1977 wurde das Gebiet ins Bundesinventar für Landschaften und Naturdenkmäler von nationaler Bedeutung (BLN) aufgenommen. 2001 wurde das Binntal eine Pilotregion des Bundesamtes für Umwelt (damals noch Buwal), das vier Regionen für das Projekt «BLN-Land Schweiz» auswählte, um Synergien zwischen Tourismus, Landwirtschaft, regionalem Gewerbe einerseits und dem Natur- und Landschaftsschutz andererseits zu erzielen. Im Jahr darauf wurde der «Landschaftspark Binntal» gegründet, dessen Trägerverein von Anfang an das Ziel eines regionalen Naturparks formulierte. Im September 2008 gab der Bund grünes Licht zur Errichtung eines Regionalen Naturparks von nationaler Bedeutung in den Gemeinden Binn, Ernen und Grengiols und sicherte seine finanzielle Beteiligung zu.

Nach anfänglicher Skepsis ist inzwischen auch der weitaus grösste Teil der Bevölkerung ohne Vorbehalt für den Park.

In dem engen Tal auf der Höhe von 1400 Meter über Meer bestimmen die Jahreszeiten das Leben der Menschen. Im Winter ist die Sonne nicht oft zu sehen und an einigen Tagen im Jahr sind die Binner auch heute noch von der Umwelt abgeschnitten. Dabei reicht die Besiedlung, wie keltische Funde zeigen, bis in die jüngere Eisenzeit zurück. Schon früh wurde der 2409 Meter hohe Albrunpass als alternativer Übergang zum Simplon genutzt. Römische Gräber und andere Zeugnisse weisen darauf hin, dass auch die Römer ins Binntal kamen. Der Albrunpass als relativ bequemer Übergang Richtung Süden war bis zum Beginn des 15. Jahrhunderts von grosser Bedeutung für die Einheimischen und die Handel treibenden Oberwalliser. Das Binntal grenzt auf einer Länge von 15 Kilometern an Italien.

Das grosse Hindernis, um ins Tal zu gelangen, ist die Twingischlucht, die den Autofahrern mit dem 1965 eröffneten zwei Kilometer langen Tunneldurchstich erspart bleibt. Die erste Strasse wurde zwischen 1930 und 1938 unter schwierigen Bedingungen in die Felsen geschlagen, sie verläuft hoch über der Binna durch Naturtunnel und gefährlich nah am Abgrund. Nun wird diese verkehrshistorisch bedeutende Strasse wieder instand gesetzt. Die Sanierungsarbeiten zeigen, dass wider Erwarten noch viele ursprüngliche Bauelemente vorhanden sind. An der engsten Stelle liegt unten in der Schlucht im August noch meterhoch der Schnee – das Ergebnis von Lawinenabgängen auf der gegenüberliegenden Talseite.

Wenn man von Ernen, dem wunderschönen Tor ins Tal, in Richtung Binn geht, die Twingischlucht durchquert (und nicht den Tunnel benützt), ist es fast wie eine Offenbarung, wenn sich das Tal öffnet, wenn es wieder heller wird, die Farben zurückkehren und die ersten Häuser von Binn auftauchen. Das mag vielleicht übertrieben wirken, doch der Kontrast ist überaus reizvoll und lässt den Ort besonders lieblich erscheinen. Die Matten um das Dorf herum sind fruchtbar, im Sommer son-

Das im Juli blühende Wollgras schafft im satten Gras ein Bild wie von der Hand eines Künstlers.

Binn mit seiner 1564 erbauten Steinbrücke strahlt auch in der Abenddämmerung noch Charme aus.

nenbeschienen und trocken. Nicht selten wird das Wasser hier knapp – ein im ganzen Kanton bekanntes Problem. Ernen seinerseits ist ein gut erhaltenes, sehenswertes Dorf, das sich als Musikdorf profiliert. Den Grundstein dazu legte 1974 der Pianist György Sebök mit Meisterkursen für Klavier und Kammermusik. Diese wurden jeweils begleitet von öffentlichen Konzerten in der Barockkirche St. Georg. Der professionelle Anspruch ist geblieben. Das Musikdorf Ernen sorgt mit einer Klavier- und einer Barockmusikwoche alljährlich im Juli für den kulturellen Höhepunkt in der Region. Besonders sehenswert sind neben dem Ortsmuseum auch die Tellfresken am Tellenhaus aus dem Jahr 1578. Es sind die ältesten Tellfresken der Schweiz und sie belegen, dass die Sage damals bis ins Wallis vorgedrungen ist.

In jener Zeit war die Gegend stärker bevölkert als heute. Das Klimaoptimum wurde sogar zwei Jahrhunderte vorher erreicht, es war warm und fruchtbar wie nie zuvor. Die Täler konnten an immer höheren Orten besiedelt werden. Die Leute waren sehr katholisch, und die Familien hatten alle zahlreiche Kinder. Aus einigen wurden bedeutende Persönlichkeiten. Als es wieder kälter wurde und es sogar eine kleine Eiszeit gab, wanderten viele Menschen aus. Einige verschlug es bis nach Argentinien, wo in der Nähe von Santa Fé die Kolonie San Jerónimo Norte liegt. Dort trägt noch heute jeder zweite Einwohner einen Oberwalliser Namen. Die im Oberwallis Zurückgebliebenen blieben katholisch und fruchtbar.

Ursula Hilfiker-Tenisch lacht, wenn sie an ihre Familie denkt. Ihre hochbetagte Grossmutter Margrit Julier hat 18 Kinder auf die Welt gebracht. Die Zahl der Enkel und Urenkel liegt bei über 100. Das ist wohl Schweizer Rekord, und Ursula Hilfiker-Tenisch hat Mühe, den Überblick über die ganze Verwandtschaft zu behalten. Doch die Zeiten ändern sich. Die 34-Jährige hat erst drei Kinder und diese sind ihr Stolz. Wegen der Kinder hat sie auch ihre Stelle in der Parkverwaltung aufgegeben. Weiterhin betreut sie die rund 1000 Genossenschafterinnen und Genossenschafter, die gemeinsam das Traditionshotel Ofenhorn gekauft und so vor dem langsamen Untergang bewahrt haben.

Das Hotel Ofenhorn wurde zu der Zeit gebaut, als der Reiseverkehr der englischen Gäste vor seinem Höhepunkt stand. Die Initianten, Josef Schmid aus Ernen und Josef Speckly aus Fiesch, begannen 1881 mit dem Bau. 1883 eröffnete Josef

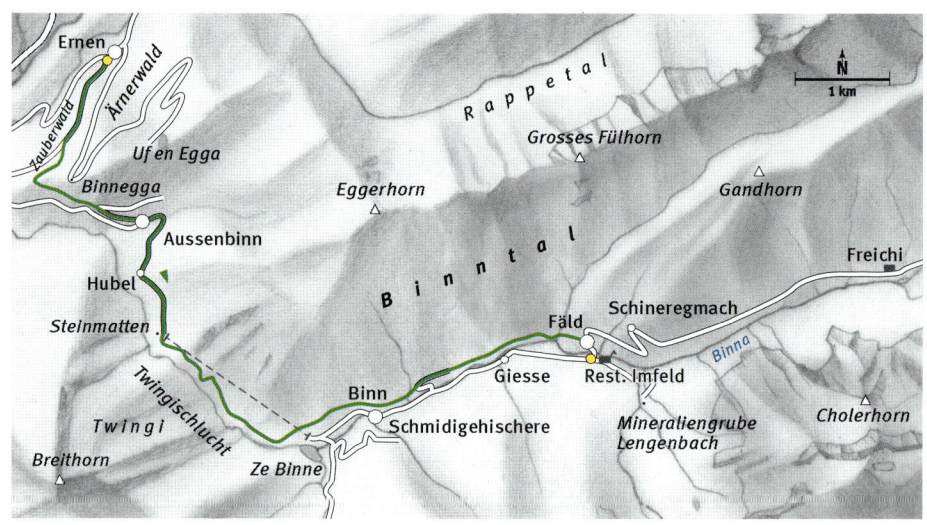

Wanderung

Ausgangspunkt ist das malerische Dorf Ernen. Der gut ausgeschilderte Weg nach Binn verläuft parallel zur Strasse. Nach einer Dreiviertelstunde kommt man auf der Lichtung Am Wasen zum Zauberwald (www.zauberwaldernen.ch). Dieser Abenteuerweg und -spielplatz ist für sich alleine schon einen Ausflug wert, vor allem wenn man mit Kindern unterwegs ist. Danach führt der Weg weiter, nahe und teilweise entlang der Strasse, bis diese im Tunnel verschwindet. Hier beginnt die attraktive Strecke durch die Twingischlucht. Nach einer Stunde sind die ersten Häuser von Binn zu sehen. Bis hierher sind es von Ernen aus rund 3 Stunden. Wer eine weitere Stunde anhängen mag, geht auf Wegen über die grünen Matten Richtung Fäld, wo im Restaurant Bärgkristall ein kühles Getränk oder ein Imbiss zu haben ist (www.baergkristall.ch).

Anreise

Mit der Matterhorn-Gotthard-Bahn MGB von Brig nach Fiesch. Von dort mit dem Postauto ins Binntal. Im Sommer sorgt der Bus Alpin für die Feinerschliessung des Binntals, www.busalpin.ch.

Übernachtung

Hotel Ofenhorn
3996 Binn
Telefon +41 (0)27 971 45 45
www.ofenhorn.ch

Essen

Restaurant zur Brücke
Dorfstrasse 30
3996 Binn
Telefon +41 (0)27 971 46 97
Der Ziegenhamburger mit Spätzli ist ein Genuss!

Besonderes

Mineraliengrube Lengenbach. Von Mitte Juli bis Mitte September kann die Grube in einer Führung besichtigt werden, jeweils am Mittwochnachmittag um 14 Uhr. Besammlung vor Ort. Kein Eintritt.
www.grube-lengenbach.ch

Mineralienexkursionen
Ewald Gorsatt
Ze Binne 6
3996 Binn
Telefon +41 (0)27 971 03 10
www.gorsatt.ch

Auskunft

Landschaftspark Binntal
Dorfstrasse 29
Postfach 20
3996 Binn
Telefon +41 (0)27 971 50 50
www.landschaftspark-binntal.ch

Die Gemeinde Ernen hat nicht nur eine wunderbare Lage, sondern auch ein aktives Kulturleben.

ValaisTourisme
Rue Pré-Fleuri 6
Postfach 1469
1951 Sion
Telefon +41 (0)27 327 35 70
www.valais.ch

Karten

Landeskarte 1:25 000,
1269 Aletschgletscher,
1270 Binntal
Landeskarte/Wanderkarte
1:50 000, 264/264T Jungfrau,
265/265T Nufenenpass

Schmid, nun alleiniger Inhaber, das Hotel, das er später erweiterte. Über drei Generationen hinweg war es ein ausgesprochener Familienbetrieb. Anfang der 1970er-Jahre wurde das Hotel Ofenhorn von der Pro Unter- und Mittelgoms AG erworben, die es bis 1987 betrieb. Die Betriebsergebnisse verschlechterten sich jedoch zunehmend und die Zukunft des Hotels war in Gefahr. Deshalb gründeten Einheimische und Nostalgiker 1987 die Genossenschaft Pro Binntal mit dem Zweck, das Hotel zu kaufen, es sanft zu renovieren und mit kostengünstigen Tarifen den Genossenschaftern und einem weiteren Publikum zugänglich zu machen. Das Äussere wurde ganz erneuert, im Erdgeschoss wurde der ursprüngliche Dekor freigelegt und aufgefrischt, und auch die Küche wurde saniert. Mehr als die Hälfte der Zimmer sind bereits dem heutigen Standard angepasst, wobei es gelungen ist, den ursprünglichen Charakter zu bewahren. Heute gehört das Hotel zu den «Swiss Historic Hotels» und ist mit seinem Belle-Epoque-Stil und den Nostalgiezimmern ein Bijou und zudem der grösste Betrieb im Tal.

Auch wenn der Horizont im Binntal eng ist und die Berge den Blick nach allen Seiten begrenzen, so lassen sich daraus keineswegs Schlüsse auf den Charakter der Menschen ziehen. Sie sind weltoffen und haben Unternehmergeist, wie das Beispiel des Hotels Ofenhorn zeigt. Und sie sind lebensfreudig. Das beweist Margrit Julier, die ab 1935 das Gasthaus Jägerheim in Ausserbinn führte, das noch heute ein Familienbetrieb ist. 1936 kam das erste ihrer 18 Kinder zur Welt. Trotz ihres arbeitsreichen Lebens tauchen in ihren Erzählungen angenehme Erinnerungen auf. Die Sonntagnachmittage, vor allem im Sommer, waren der Höhepunkt der Woche. Dann legte sie Schallplatten auf. Aus dem ganzen Tal strömten die Leute herbei und tanz-

Der Weg über den Albrunpass nach Italien war einst ein belebter Pfad. Die Wanderer werden mit dieser Aussicht auf das Ofenhorn belohnt.

ten. Heute haben sie natürlich Fernseher, Stereoanlagen und Internet und sind nicht mehr so häufig auf der Strasse anzutreffen. Doch für ein Schwätzchen hält jeder Binner und jede Binnerin unterwegs an.

Früher waren häufig die neuesten Kristallfunde Thema der dörflichen Unterhaltung. Das ändert sich allmählich, denn die meisten grossen Brocken im mineralienreichen Tal sind inzwischen wohl gefunden. Trotzdem gibt es kaum einen anderen Ort in der Schweiz, wo die Vielfalt an Kristallen so gross ist wie in den Felsschründen des Binntals. Davon zeugt die Auswahl in den Läden von Binn und seiner Umgebung. Das Binntal ist ein wahres Eldorado für Mineralienliebhaber. Fast 200 verschiedene Mineralien kommen hier vor, mehr als ein Dutzend davon wurden nirgendwo sonst auf der Welt entdeckt. Einige der Mineralien tragen Namen aus der Region, wie Lengenbachit, Wallisit oder Cervandonit.

Ewald Gorsatt kletterte schon als Kind auf der Suche nach Kristallen in den Bergwiesen und Felsen der Umgebung herum. Heute sind seine wertvollsten Funde in einer Vitrine zu sehen. Sein besonderer Stolz ist ein gleichmässiger, perfekt ausgebildeter Magnetit, der mit seltsam dunklen Kristallspitzen wie eine zurückhaltende Schönheit wirkt. Die Fundorte von wertvollen oder besonders schönen Kristallen bleiben Ewald Gorsatt in besonderer Erinnerung, doch kann er nicht jedes Jahr zurückkehren, um neue Schätze zu heben. Heute führt Gorsatt Exkursionen in die mineralienreichen Gebiete durch. Wer möchte, kann seine Fundstücke bei ihm auch

Bei Touristen beliebt: die Suche nach dem funkelnden Kristall wie hier bei der Mineraliengrube Lengenbach.

Eldorado für Steinesammler

Die Grube Lengenbach im Binntal zählt zu den zehn berühmtesten Mineralfundstellen der Welt. Bekannt ist die Fundstelle seit dem 18. Jahrhundert. Hier kommen im Gestein über 100 verschiedene Mineralien vor. Der geologische Lehrpfad erklärt die Entstehung der einzigartigen mineralogischen Situation im Binntal. Direkt bei der Grube gibt es eine «Klopfstelle» für jedermann. Hammer und Meissel können in Fäld beim Kiosk am Anfang des Lehrpfades ausgeliehen werden. Das Unterfangen macht vor allem Kindern grossen Spass. Die Grube ist von Fäld aus zu Fuss in einer halben Stunde erreichbar und kann zu gewissen Zeiten auch besichtigt werden.

Im mineralstoffreichen Boden des Binntals sind nicht nur seltene Steine versteckt, sondern er nährt auch seltene Pflanzen. Die Artenvielfalt ist gross, wozu auch das Klima beiträgt, das stark vom Süden geprägt wird. So wächst beispielsweise in der Twingischlucht auch die seltene Walliser Levkoje, eine schöne, lilafarbene Blume, die sonst nur in südlichen Gefilden vorkommt. Einzig im Simplongebiet konnte sie nach den Eiszeiten die Alpenbarriere überwinden und sich im Wallis einige Standorte sichern. Die Levkoje versinnbildlicht auch das Zusammenspiel zwischen dem Binntal und den italienischen Nachbarn. Denn auch dort besteht mit dem Naturpark Veglia-Dèvero ein Schutzgebiet. Es ist durch verschiedene Übergänge mit dem Binntal verbunden. Einer davon ist der Albrunpass. Auf dem Weg dorthin, noch unterhalb der Binntalhütte, befindet sich das Ochsenfeld, eine Moorlandschaft von nationaler Bedeutung, deren Schutz ebenfalls im Fokus von Parkverwaltung, Kanton und Pro Natura liegt.

Da der Landschaftspark Binntal mit 159 Quadratkilometern und 1160 Einwohnern im Vergleich zu anderen regionalen Naturpärken relativ klein ist, strebten der Vorstand und das Parkmanagement eine Vergrösserung in Richtung Goms an. Inzwischen gehören die Gemeinden Bister, Niederwald und Blitzingen ebenfalls zum Landschaftspark Binntal, der nun auf 180 Quadratkilometer angewachsen ist. Es sind ebenfalls kleine Dörfer in einer von der Natur geprägten Umgebung. «Die Dörfer passen deshalb hervorragend zu uns», meint Klaus Anderegg. Ein Ökovernetzungsprojekt verbindet nun die verschiedenen Aktivitäten in der Region. Einerseits gehören kulturelle Aktivitäten wie eine Sagenwanderung oder eine Landart-Ausstellung dazu, andererseits wird auch die Kartografierung der artenreichen Landschaft an die Hand genommen. Sowohl im Vorstand als auch bei der Finanzierung von Projekten wie etwa einem Biotop oder Trockenmauern ist Pro Natura engagiert. Das Renaturierungsprojekt der Binna, bei dem unterhalb von Fäld ein Auengebiet renaturiert wurde, ist bereits abgeschlossen. Natürlich geht es der einheimischen Bevölkerung nicht nur um den Naturschutz. Viele Gewerbetreibende hoffen auf ein Label, das ihnen beim Absatz ihrer Produkte hilft. Sie möchten vom guten Image profitieren, das ein Naturpark in der Bevölkerung hat. Zudem motiviert ein solches Label auch zur Entwicklung neuer Produkte. Das könnte sich durchaus lohnen. Denn Ursula Hilfiker-Tenisch sagt: «Das Tal zieht immer mehr Besucherinnen und Besucher an. Wir merken, wie das Interesse an uns steigt. Das erfüllt uns mit Stolz.» (MA)

bearbeiten. Die dazu nötigen Maschinen stehen in seiner Werkstatt. Die Suche nach Kristallen und seltenen Steinen wird immer populärer, während gleichzeitig die Schätze abnehmen. Von einem Gold Rush wie am Klondike River Ende des 19. Jahrhunderts kann hier aber nicht die Rede sein. Damit es nicht so weit kommt, plädiert Gorsatt für eine Regulierung. «Die Strahler dürfen bei uns suchen, aber es sollten nicht alle überall herumkraxeln dürfen.» Diese Meinung vertritt auch Klaus Anderegg, Präsident des Landschaftsparks Binntal. Er sagt: «Wer sich rücksichtslos in der Landschaft bewegt, bedrängt auch das Wild.» Auch wenn man rücksichtsvoll vorgeht, kommt man auf seine Kosten. Es liegen überall in der Binna Steine in allen Farbtönen herum. Ausserdem führt ein geologischer Lehrpfad von Fäld zur Abbauhalde der Grube Lengenbach, wo man ungestört stöbern kann. (MA)

Pfyn-Finges

Von Geistern und schauderhaften Schlangen

Der Regionale Naturpark Pfyn-Finges besticht nicht nur durch seine grosse Artenvielfalt. Er hat in seinem Kernstück, dem Pfynwald, auch einen Ort voller Mythologie und Geschichten.

Im Gebiet des Pfynwalds wird die Rhone wild. Sie nutzt ihre Freiheit und formt wunderschöne Flussabschnitte.

Wenn nördlich der Alpen der Herbst längst Einzug gehalten hat, fühlen sich die Besucherinnen und Besucher im Pfynwald um eine Jahreszeit zurückversetzt. Begeistert planschen Kinder in einem der zahlreichen Tümpel, welche die Senken einnehmen. Naturschutzgebiet? Manchmal wiegt eine Verlockung stärker als ein Verbot. Der Pfynwald liegt bei Salgesch, unweit von Sierre im Kanton Wallis. Er ist die Perle des neuen, gleichnamigen Regionalen Naturparks. Das besonders Reizvolle an ihm: Er ist so ganz untypisch für die Schweiz. In ihm ist es trockener und wärmer als anderswo. Daher wähnt man sich auch eher in einem Pinienwald an der ligurischen Küste als in der Schweiz. Durch das Schutzgebiet führt die Sprachgrenze zwischen Deutsch und Französisch – eine weitere Besonderheit des Parks.

Der Naturpark Pfyn-Finges, der 2005 gegründet wurde, ist weitaus grösser als eben dieses Waldstück an der Rhone, wo der Fluss auf sieben Kilometern Länge ein breites Schotterbett besitzt und sich zwischen den Steinen durchschlängelt, wie es ihm passt. Dabei formt er auf 350 Hektaren zahlreiche Inseln. Sie bilden eine der letzten unverbauten Flusslandschaften der Schweiz mit Auenwäldern, trockenen Buschlandschaften und vielen Tümpeln, die je nach Wasserstand des Flusses mal mehr, mal weniger Wasser haben und die Heimat von zahlreichen Fisch-, Insekten- und Libellenarten sind. René-Pierre Bille, Pfynwald-Bohème, Landwirt und Naturfotograf, schrieb über diesen Flussabschnitt: «Diese Rhone im Pfynwald! Niemals hat ein Fluss lustvoller seinen Weg durch jahrtausendalte Hügel gesucht, und niemals je hat ein Fluss mehr Freude daran gehabt, sein Bett immer wieder zu verändern.»

Wilde Rhone heisst der Fluss hier, und wild sind auch andere Gegenden des Parks. Denn er reicht von rund 3500 Meter über Meer im Norden hinunter bis in die Ebene und im Süden wieder hoch bis auf 4000 Meter. Neben dem lichten Föhrenwald gibt es hier Eiswüsten, schroffe Felswände und grüne Teichlandschaften. Im Perimeter, der von Gletscher zu Gletscher reicht, liegen natürlich auch dicht besiedelte Gemeinden wie Salgesch mit seiner Industrie- und Gewerbezone und vor allem den

Rechts: Üppiger Bewuchs im Turtmanntal.
Die Wälder sind sehr artenreich.
Links: In der regenarmen Region des Pfynwalds
wächst sogar Steppengras.

Zeugen eines trockenen Klimas: Steppengras
in der Rhone-Ebene.

intensiv bewirtschafteten Rebbergen. Denn für seine guten Weine ist der Ort landesweit bekannt. Trotz der intensiven Landwirtschaft ist die Artenvielfalt im Park sehr hoch. Bei den Vögeln ist sie gar so hoch, dass die Vogelwarte Sempach hier vor zehn Jahren ihre bisher einzige Aussenstation eröffnet hat. Hier wachsen seltene Orchideen und andere Pflanzenarten. Pfyn-Finges ist aber auch die Heimat für bedrohte Insektenarten wie die Gottesanbeterin, für die Smaragdeidechse, den Biber, die Nachtigall, den Steinadler und viele andere Pflanzen- und Tierarten. Das erkannte auch Vladimir Nabokov, der sich als passionierter Lepidopterologe zu erkennen gab und nach dem sechs Schmetterlinge benannt sind. Mit seinem Kescher ging er auch im Pfynwald auf Jagd. Noch erfolgreicher war er als Schriftsteller. In seinem Roman «Lolita» setzte er einem jungen frühreifen Mädchen und in «Ada oder Das Verlangen» dem Pfynwald ein literarisches Denkmal.

27 000 Personen leben verteilt auf demnächst 14 Gemeinden im Naturpark. Zu den Perlen des Parks gehören neben dem Pfynwald das Turtmanntal, das mittelalterliche Städtchen Leuk und bald auch Leukerbad, das mit seinen Mineralquellen Besucherinnen und Besucher aus der ganzen Welt anzieht. Für die stark vom Tourismus abhängige Gemeinde bietet der Park eine ideale Ergänzung im Angebot. Allerdings kommen mit dem Kurort und den industrialisierten Talgemeinden auch Themen wie Übernutzung des Bodens und Zersiedelung der Landschaft in die Parkdiskussion hinein, die sonst nicht mit regionalen Naturpärken in Verbindung gebracht werden. «Niemand ist selbstlos. Die Leute wollen im Park auch eine Chance für sich sehen», sagt Niklaus Grichting, Koordinator des Naturparks Pfyn-Finges. Deshalb ist es für die Mitarbeitenden des Naturparks wichtig, die Herzen der Bewohner zu gewinnen.

Mitten in Salgesch, in einer ehemaligen Johanniter-Komturei, befindet sich die Parkverwaltung. Hier sind auch Wechselausstellungen zu Naturthemen zu sehen. Damit wird das Schutzgebiet schon in der Anfangsphase auch für die Bevölkerung

Das abgeschiedene Turtmanntal ist einen Besuch
wert. Blick auf den Turtmanngletscher.

fassbar. «Das ist wichtig. Die Menschen sehen so, dass es langsam zur Realität wird.»
Hier können sie sich aber auch informieren, welche Projekte, die dem Park sein eigenes Gesicht geben sollen, in Bearbeitung oder in Planung sind. Vieles ist schon aufgegleist, das vor allem auch touristischen Wert hat.

Das Gebiet des Naturparks verfügt über eine aussergewöhnliche Artenvielfalt. Deshalb engagiert sich Pro Natura mit zwei Artenförderungsprojekten für den Eselsdistel-Dickkopffalter und die Walliser Levkoje. Auch mit anderen Projekten möchte die Parkverwaltung den Besuchern und den Einheimischen den Wert der Natur näherbringen. Möglich ist dies beispielsweise auf dem Smaragdeidechsen-Weg mit Trockenmauern und einem mediterranen Klima. Hier sind seltene Pflanzen wie die violette Berg-Küchenschelle, die Steinnelke oder das Federgras zu sehen. Auch für den Geruchssinn gibt dieser Weg um den Salgescher Kapellenhügel etwas her, zum Beispiel wenn an einem heissen Tag der würzige, wilde Thymian ins Schwitzen kommt. Der neue Pfyfoltruweg (Schmetterlingsweg) rund um Varen führt über Steppenrasen, an Rebhängen, Waldrändern und Hecken entlang, wo die Artenvielfalt der Pflanzen besonders gross ist und zahlreiche Schmetterlinge angelockt werden. Typisch für die sonnenbeschienenen Rebberge ist natürlich die Trockenheit. Deshalb sind die Suonen hier ebenfalls ein wichtiges Thema. In ornithologischen Wochen oder auf geführten thematischen Exkursionen können Interessierte ihr Wissen über die Tier- und Pflanzenwelt vertiefen. Auch die höher gelegenen Regionen sind für den Park von Bedeutung. Einen Besuch wert ist der Sortengarten in Erschmatt in der Nähe von Leuk, wo aussterbende Kulturpflanzen wie die Gommer Suppenerbse, der Walliser Roggen in zahlreichen Ausprägungen, aber auch Gerste, Weizen, Mais und Bohnensorten angepflanzt werden. Selbstverständlich sind hier auch die sie begleitenden Blumen und Wildgräser vertreten.

Käseliebhaber statten der Schaukäserei beim Bahnhof Turtmann einen Besuch ab und kaufen sich ein Stück des Walliser Raclettekäses, der mehrfach den Swiss

Wanderung

Zum Besuch des Regionalen Naturparks Pfyn-Finges gehört selbstverständlich eine Tour im Pfynwald. Ihn zu durchstreifen ist ein besonderes Erlebnis. Es gibt aber noch andere Wanderungen, etwa jene von Susten über den mächtigen Schuttkegel dem wilden Illgraben entlang bis zur Bhutanbrücke. Der Aufstieg ist nicht besonders steil und die Ausblicke in die weisse Illschlucht lassen erahnen, welche Kräfte hier entstehen, wenn der Bach zur Schlamm- und Gerölllawine anschwillt und zu Tal stürzt. Der Gang über die Buthanbrücke, die in Zusammenarbeit mit Ingenieuren aus dem Königreich Bhutan erstellt und 2005 eingeweiht wurde, ist ein besonderes Erlebnis. Sie schaukelt sanft über dem Flussbett, wirkt vertrauenerweckend und lädt deshalb zu einem meditativ langsamen Gang ein. Gebetsfahnen und ein Denkmal erinnern an die Zusammenarbeit mit den fernöstlichen Bauexperten. Hoch über dem tief eingefressenen, meist trockenen Bachbett wird die Schlucht leicht schaukelnd überquert. Der Aufstieg bis zur Brücke dauert selbst bei gemütlichem Tempo höchstens eine Stunde. Mit einem ausgiebigen Genuss dieses Bauwerks und einem gemütlichen Abstieg durch den Pfynwald auf der anderen Seite des Illgrabens dauert die Rundwanderung höchstens 2½ Stunden.

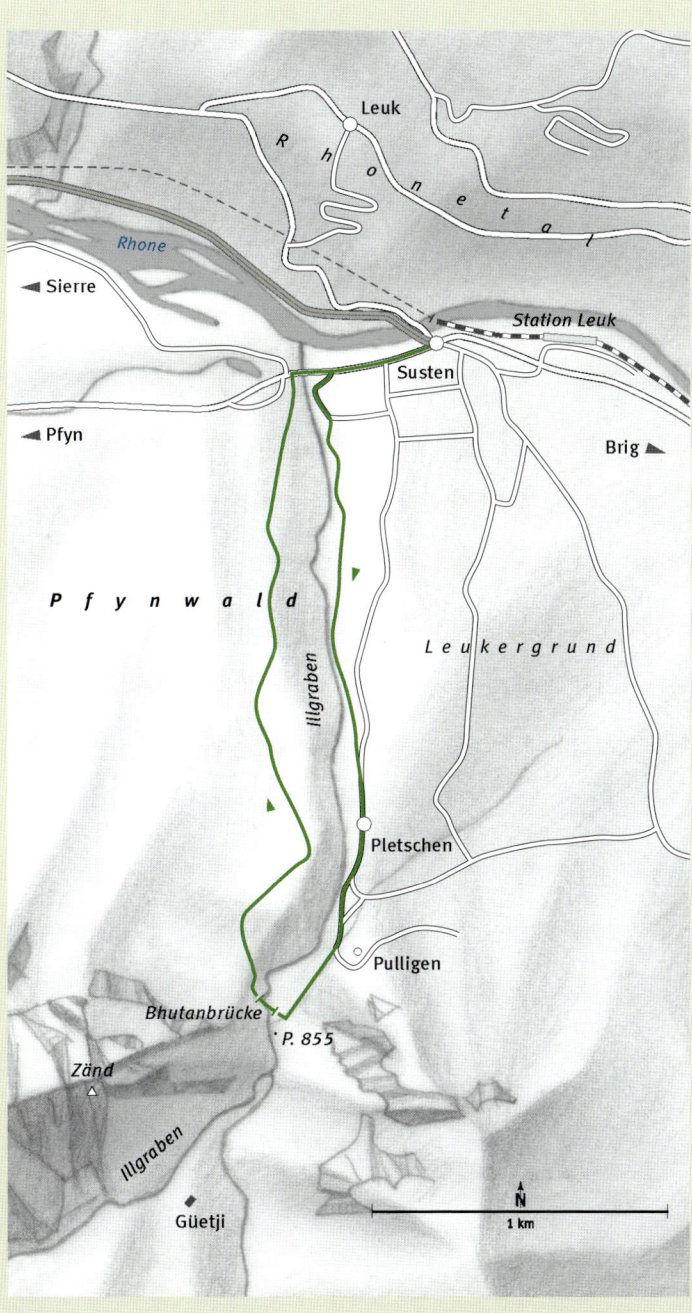

Anreise

Mit den SBB nach Leuk-Susten oder Sierre. Zum Restaurant Ermitage als Ausgangspunkt für den Pfynwald fährt vom Bahnhof Leuk-Susten nur am Sonntag der Rufbus LLB (Telefon +41 (0)79 748 15 16).

An den westlichen Rand des Waldes gelangt man mit dem Postauto (Linie Sierre–Vissoie) vom Bahnhof Sierre aus (Haltestelle Parc des Finges). Man kann den Pfynwald aber auch leicht zu Fuss von Sierre oder Leuk-Susten aus erreichen.

Susten, wenige Minuten zu Fuss vom Bahnhof Leuk-Susten, ist der Ausgangspunkt für die Wanderung über die Bhutanbrücke.

Übernachtung

Hotel Arkanum
Unterdorfstrasse 1
3970 Salgesch
Telefon +41 (0)27 451 21 00
www.hotelarkanum.ch

Essen

Restaurant L'Ermitage
Route Cantonale de
Sierre-Loèche
3960 Sierre
Telefon +41 (0)27 456 38 48

Auskunft

Valais Tourisme
Rue Pré-Fleuri 6
Postfach 1469
1951 Sion
Telefon +41 (0)27 327 35 70,
www.valais.ch

Natur- und Landschaftszentrum
Parkverwaltung Pfyn-Finges
Postfach 65
3970 Salgesch
Telefon +41 (0)27 452 60 60
www.pfyn-finges.ch

Karten

Landeskarte 1:25 000,
1287 Sierre
Landeskarte/Wanderkarte
1:50 000, 273/273T Montana
Wanderkarte 1:60 000 Val
d'Anniviers, Val d'Herens-
Montana. Kümmerly + Frey.

Cheese Award gewonnen hat. Der Fonds Landschaft Schweiz (FLS) unterstützt den Naturpark Pfyn-Finges mit dem Projekt «Grenzkulturen», das aus vier Teilbereichen besteht. Zum einen wird die Kulturlandschaft inventarisiert und in einem GIS-System digitalisiert. Zum anderen werden die traditionellen, von Menschen geschaffenen Grenzen wie Hecken, Kopfweiden, Alleen, Steinwalme und Holzzäune gepflegt. Den dritten Eckpfeiler bildet das Forträumen von Stacheldrähten und Ar-

mierungsgittern, an denen sich das Wild oft verletzt. Als Letztes werden die kulturellen Aspekte wie mündliche Überlieferungen, Sagen oder Bräuche dokumentiert und archiviert, und es wird eine aktive Umweltbildung und Öffentlichkeitsarbeit betrieben.

Doch zurück zum Pfynwald selbst. Ein ausgedehnter Spaziergang im grössten Föhrenwald Mitteleuropas, der 1998 ins Inventar der Landschaften und Naturdenk-

Der Illgraben beim Pfynwald in der Morgendämmerung. Er ist wegen seiner Murgänge gefürchtet.

Blick von Varen auf den ausgedehnten Pfynwald.

mäler von nationaler Bedeutung aufgenommen wurde, beginnt idealerweise beim Restaurant Ermitage. Hier weist eine kleine Ausstellung auf den bevorstehenden Bau der Autobahn A9 hin, die im Schutzgebiet in Tunnel und Galerien geführt und von zahlreichen Kompensationsmassnahmen zugunsten der Natur begleitet wird. In Zusammenarbeit mit Pro Natura wurden beispielsweise im Pfynwald zwei neue Seen geschaffen. Wer in den Wald hineingeht, staunt, wie hügelig er ist, obwohl von aussen und vor allem aus der Höhe betrachtet, alles flach erscheint. Der Pfynwald ist nicht das Produkt eines Bergsturzes, obwohl am Pfynberg anscheinend ein entsprechendes Stück fehlt. Er wurde vom sich zurückziehenden Rhonegletscher geformt. Durch das Abschmelzen des Gletschers verloren die am Südhang des Tals parallel zur Hangneigung verlaufenden Kalkschichten ihren Halt, rutschten ab und blieben auf dem Gletscher liegen. Er ist mystisch, dieser Wald, wenn die Sonne zwischen den Föhren durchschimmert und über den Teichen ein leichter Dunst liegt, als wolle er etwas verschleiern. Es kann hier mucksmäuschenstill sein, und wenn es windet, ächzen manche Föhren, als wollten sie ein Klagelied anstimmen. Einige Teiche haben seltsame Namen wie Muggotolo oder Pfafforetsee. Sie sind meist mit Geschichten verbunden – unheimlichen Legenden.

In seinem Buch «Hexenplatz und Mörderstein» hat sich der Historiker Wilfried Meichtry dem Pfynwald als Angstort literarisch angenommen. Sein 2010 erschienenes Buch mit dem Untertitel «Die Geschichten aus dem magischen Pfynwald» basiert auf Erzählungen von Meichtrys Grossmutter Maya, die beim Pfynwald lebte. Er nimmt seine Leser auf eine Wanderung zum Richtplatz Leuk beim gefährlichen Illgraben mit, zum Galgenwald, wo Mörder und Hexen hingerichtet wurden, und eben in den Pfynwald. Eine zentrale Rolle spielt aber der Illgraben am östlichen Ende des Pfynwaldes. Heute stehen hier alle paar Meter Warntafeln und Sirenen. Denn der Graben bildet die Rutschbahn für Murgänge, die hier in schöner Regelmässigkeit ein Riesenspektakel bieten. Meichtry schreibt in seinem Buch, als Kind sei für ihn der

Abgrund des Illgrabens das Ende der Welt gewesen. «Auf der anderen Seite des Wildbachs, der im dunklen Illloch entsprang, sich tief in den Waldboden eingefressen hatte und bei Unwettern Tonnen von Schlamm und Gestein ins Tal donnern liess, lag der weite und verrufene Pfynwald, den wir nicht betreten durften.» Eine weite und sehr gefährliche Wildnis sei dort, erklärten die Erwachsenen dem Buben. In der unwegsamen Gegend wimmle es von Geistern und schauderhaften Schlangen, von Lindwürmern, welche harmlose Bauern und ganze Herden verschlängen. Auch der Schriftsteller Rainer Maria Rilke, der in Raron begraben liegt, schrieb hier über eine Winterwanderung: «Ein Weg, wie fortwährend ins Innere von Bildern sich einlassend, ja, als mache man immerzu Fortschritte ins eigentlich Unbetretbare.»

Die alten Einwohner beklagten sich über Monster und andere Ungeheuer, wie man heute über den Autolärm oder Vandalen schimpft. Sie waren ein Übel, aber sie waren halt da. Das war auch 1946 so. Damals wanderten sogar zwei Monster auf je vier Pfoten ein – in Form von zwei Panthern, die angeblich aus einem Turiner Wanderzirkus entlaufen waren. Jedenfalls wurden im Pfynwald Spuren gefunden, die so aussahen und auch die medialen Spuren darüber waren gross. Sie reichten bis nach Frankreich, wo die «Paris Presse» vom «Monstre du Valais» schrieb. Im September mutierten die Panther im «Walliser Boten» im Artikel «Die Bestie vom Meretschi» zu einem tibetanischen Tiger. Dies zumindest habe ein Augenzeuge bestätigt. Im gleichen Herbst schlich der Grosswildjäger Fernando mit einem Gendarmeriekommandanten und einer Schar Polizisten durch den Pfynwald. Dieser vermeinte tatsächlich den Schrei eines jungen Panthers zu hören, der seine Mutter ruft. In Windeseile wurden Fallen gebaut und Journalisten und Fotoreporter aus der ganzen Schweiz lagen auf der Lauer. Was sie in der Falle vorfanden, erinnerte sie an die Bremer Stadtmusikanten. Lauter Hühner und ein Esel, der herzzerreissend schrie. Kein Panther ging jemals in die Falle. Der Panther vom Pfynwald zeigt, dass der Wald nicht nur den besten Humus für Pflanzen und Tiere, sondern auch für die Fantasie der Menschen bietet. Von der Pantherpsychose der Walliser war bald die Rede. Doch das kümmerte die Menschen hier wenig. Sie lebten noch Jahrzehnte später in einer Welt von Wölfen, Schätzen und Räubern. Allerdings ist der Wald heute nach dem Eintritt ins 21. Jahrhundert ein wenig entzaubert. Doch wer hineingeht, sich ein wenig Zeit lässt, die Baumwipfel betrachtet und an den tiefgrünen Weihern sinniert, hört vielleicht in seinen Ohren die Verse René-Pierre Billes, der 1936 schrieb:

«Von der Sonne und vom Wind
Vom Himmel und grünen Nadeln
Und ich suche nach einem Menschen
Der nach Erde riecht
Und den Gesang der Vögel kennt.»

Diese Worte beschwören Bilder herauf, die auch Amédée Mathier als Kind erlebt hat. Der Pfynwald war sozusagen seine Spielwiese. Er streifte hier umher, wann immer es ging – und dennoch schaffte er es eines Nachts, sich komplett zu verirren. Die Abenteuergeschichte erzählt er heute noch gerne. Noch lieber aber spricht er über den Parkwein, den er selber produziert. Der Parkwein ist ein Beispiel für die wachsende Anzahl von Produkten, die ebenfalls dazu beitragen, dem Park ein eigenes Gesicht zu geben. Doch für Amédée Mathier und viele Einwohner der Gegend hat der Pfynwald seine geheimnisvolle Seele bewahrt. Und als regionaler Naturpark sind die Chancen gross, dass es so bleibt. (MA)

Der Parkwein

Die Rebberge haben die beinahe unaussprechlichen Namen Milljere und Turriljini. Sie werden seit 100 Jahren bebaut und liegen nun mitten im Parkperimeter. Beim Kauf einer Flasche des Parkweins mit einem Wiedehopf auf dem Etikett fliessen fünf Franken an die Förderung der Biodiversität im Weinberg. Der Pinot Noir wird seit 2009 als Biowein angebaut und von der Firma Albert Mathier et Fils gekeltert, wo Amédée Mathier als Geschäftsführer arbeitet. Auf den Rebberg ist er besonders stolz. Er kennt die Besonderheit seiner Umgebung. «Vor dem Weinberg wächst sogar Steppengras. Das ist in der Schweiz aussergewöhnlich.»

Mit dem deutschen Frauenhofer-Institut sucht er neue Wege, um naturnah zu keltern. Dazu muss die Steuerung der natürlichen Wildhefen verbessert werden. Aus Georgien hat sich Amédée Mathier bereits riesige Amphoren liefern lassen, die er bei seinem Betrieb im Boden vergraben hat. Bald möchte er so weit sein, dass er den Wein sich in diesen Gefässen natürlich entwickeln lässt, bis er trinkbar ist. Damit kehrt Amédée Mathier zu den Wurzeln des Weins zurück, denn im Südkaukasus wurden schon vor mehr als 6000 Jahren die Trauben in solchen Gefässen vergraben. Die Firma arbeitet mit 26 Traubensorten, was allein schon aussergewöhnlich ist. Doch die notorische Wasserknappheit lässt es auch ratsam erscheinen, mit Traubensorten zu arbeiten, deren Wasserbedarf unterschiedlich ausgeprägt ist. www.mathier.ch

Val d'Hérens

Hier regiert Königin Kuh

Der Naturpark Val d'Hérens glänzt mit weissen Bergflanken und den dunklen Flanken der kämpferischen Eringer-Kühe. Doch der Park hat noch mehr zu bieten: eigenwillige, die Traditionen pflegende Menschen und die Grande Dixence, eine der höchsten Staumauern der Welt.

Wildblumen bei La Forclaz im Val d'Hérens. Klappertopf (gelb) mit weisser Trichterlilie im Vordergrund.

Stolz ragt der 3637 Meter hohe Mont Collon in den blauen Walliser Himmel. Seine Flanken glänzen weiss. Die Szenerie erinnert an das Matterhorn, doch dieser Vergleich beeindruckt die Einwohner im Val d'Hérens nicht sonderlich. Sie haben es nicht nötig, mit anderen verglichen zu werden, denn sie und ihr Tal sind unverwechselbar, ein wenig anders als der Rest des Wallis.

Eine Besonderheit im Tal sind die Eringer-Kühe. Bei ihnen lassen die Leute einen Vergleich gelten. Sie erinnern an spanische Toros, die Kampfstiere, die in den blutigen Auseinandersetzungen mit dem Torero meist den Kürzeren ziehen. Auch die Eringer-Rinder kämpfen, allerdings nur die weiblichen Tiere. Doch sie kämpfen untereinander und nicht gegen einen bewaffneten Menschen. «Sie können richtig aufeinander losgehen», sagt Raymond Pannatier, Metzger in Les Haudères im hinteren Eringertal, wo die Luft auf 1500 Meter über Meer eine wohltuende Frische hat. Sion, die Kantonshauptstadt, ist nur 30 Kilometer weit weg – und doch so fern.

Um die Kraft der Eringer-Kühe zu demonstrieren, lässt Raymond Pannatier seine kräftige rechte Faust in die linke Handfläche krachen. «Die Tiere sind untersetzt und kräftig. Sie sind perfekt für die Gegend. Aber wenn im Sommer die Sennen ihre Herden auf die Alpen treiben, geben die Kühe keine Ruhe, bis sie ihre Chefin erkoren haben. Während des Sommers ist meist Ruhe, aber es kann vorkommen, dass die Hierarchie wieder gestürzt wird.» Auffallend gute Kämpferinnen werden in den Ring geschickt. Es gibt im Frühsommer und im Herbst an verschiedenen Orten grosse Kämpfe, die Touristenscharen und Fernsehstationen aus aller Welt anlocken. Die Siegerkuh hat dann schnell einen Wert, der das Zehnfache ihres Fleischpreises übersteigt. Kein Wunder, wollen viele Bauern ihre Kühe lieber in der Arena als auf der Schlachtbank sehen. Denn mit Glück kann man an einem gut verlaufenen Match – wie ein Kuhkampf heisst – weit mehr Geld verdienen. Und ausserdem winkt Ruhm. «Deshalb gibt es oft nicht genug Fleisch», klagt Pannatier. Denn das fettarme, zarte Muskelfleisch ist beliebt, aber meist nur in der Region erhältlich.

Rechts: Blick von der Sömmerungsalp bei La Sage in Richtung Val d'Arolla. Die Alpwirtschaft hat im Wallis auch heute noch eine gewisse Bedeutung. Links: Ein Spiel der Farben in Blautönen: Der Lac Bleu mit Zufluss.

Das Eringertal ist trocken. Der Talgrund der Borgne, wie der Hauptfluss des Val d'Hérens heisst, und die unten gegen das Rhonetal hin anschliessenden Gebiete machen 20 Prozent der Walliser Trockenflächen aus. Die herausragenden topografischen Eckpunkte des fast 440 Quadratkilometer grossen Regionalen Naturparks Val d'Hérens sind ein Auengebiet mit Flachmoor an der Rhone sowie die weissen Gipfel um die Dent Blanche, die Dent d'Hérens, den Mont Collon, deren Gletscher sich noch im 19. Jahrhundert zu einem einzigen gefrorenen Strom vereinigten. Zum Park gehören auch das Val d'Hérémence im Westen mit dem Stausee Lac des Dix und das wilde Vallon de Réchy im Nordosten, eine fast unberührte Landschaft, die schon lange unter Schutz steht. Das Tal wurde und wird einzig als Maiensäss benutzt und ist im Winter unbewohnt. Einen interessanten Kontrast zum Rest des Parks bildet der tiefe Einschnitt des Vallon de la Borgne oberhalb von Bramois mit seinem trockeneren, fast mediterranen Wald.

Der Naturpark Val d'Hérens reicht von 500 bis auf 4357 Meter über Meer. Es gibt innerhalb des Parks praktisch sämtliche Klimazonen, die man in Europa kennt – vom Steppen- bis zum Alpenklima. Entsprechend gross ist deshalb auch die Artenvielfalt. Rund 500 von Aussterben bedrohte Arten leben hier. Darunter 14 Fledermausarten, von denen praktisch alle bedroht sind. Von den 165 Schmetterlingsarten sind 70 bedroht. Das Gleiche gilt für unzählige Pflanzenarten, vor allem solche, die ein trockenes Klima bevorzugen. Viele Gebiete im Park sind bereits längere Zeit geschützt. So zum Beispiel die Trockenwiesen bei Mase, die mit Unterstützung von Pro Natura aufgewertet wurden. Für die Vogelwelt und als Amphibienlaichgebiet von grosser Bedeutung ist das Schutzgebiet von Poutafontana an der Rhone, das ebenfalls von Pro Natura unterstützt wird. Das Feuchtgebiet ist eher untypisch für die sonst von hohen Bergen geprägte Parklandschaft.

Bei der Parkentwicklung gilt es ein ausgewogenes Verhältnis zwischen dem Naturschutz und dem Bedürfnis der lokalen Bevölkerung zu finden. Diese erhofft sich

Die sonnenverwöhnte Alp Louché bietet eine atemberaubende Aussicht ins Arollatal.

Gebirgsbach bei La Tour. Im Vordergrund blauer Wiesensalbei.

Rechte Seite: Die Felsbrocken auf den Spitzen der Erdpyramiden wiegen bis zu zwanzig Tonnen. Sie sind das Ergebnis eines langen Erosionsprozesses.

vom Park wirtschaftliche Impulse – vor allem im Bereich des Tourismus, der das ganze Jahr über eine wichtige Rolle spielt. Besonders bekannt und ein markanter Einstieg in den oberen Talabschnitt des Val d'Hérens sind die Erdpyramiden von Euseigne. Als wollten sie Bälle jonglieren, balancieren die teilweise 10 bis 15 Meter hohen, hellen Pyramiden dunkle Felsbrocken auf ihren Spitzen. Die Erdpyramiden sind nach dem Rückzug der Gletscher bei der letzten Klimaerwärmung durch Erosion entstanden. Denn das abgelagerte Moränenmaterial war steter Witterung ausgesetzt. Niederschläge und Schmelzwasser, das oberflächlich über die Moräne rieselte, legten nach und nach die grossen widerstandsfähigen Felsbrocken frei. Diese drückten das darunterliegende Material zusammen und schützten es davor, durch Wind und Wasser abgetragen zu werden. Die ungeschützte Moräne ringsum zerbröckelte hingegen und wurde allmählich davongeschwemmt respektive wegge-

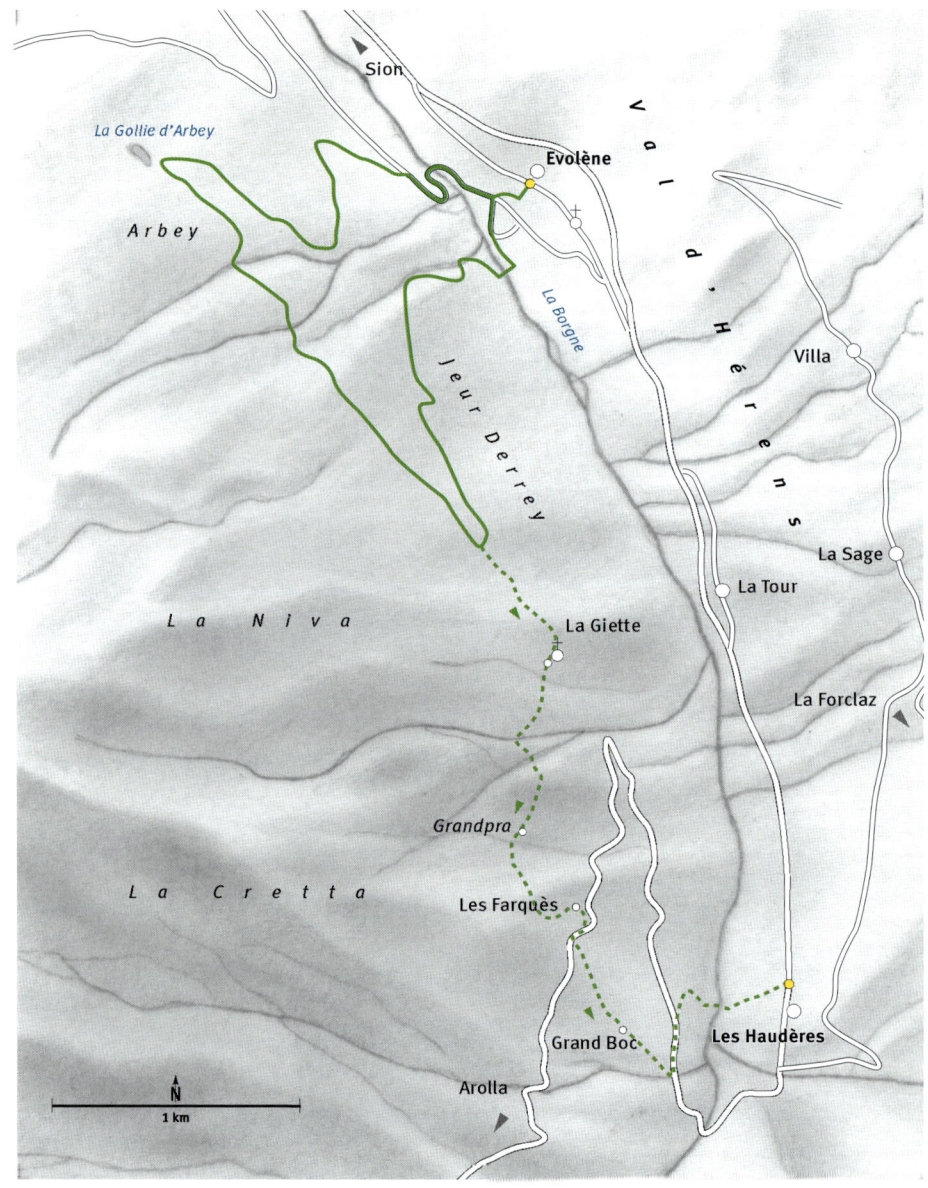

Grosse Wanderung

Eine besondere Herausforderung bietet die sechstägige Rundwanderung von Thyon nach Nax, die das Vallon de Réchy, das Val d'Hérens und den Stausee von Grande Dixence umfasst. Die «Tour pédestre du Val d'Hérens» verlangt einige Kondition. Am fünften Tag geht es auf gut 3000 Meter hinauf. Das Gepäck muss man allerdings nicht selber tragen, denn im Arrangement ist ein Gepäckdienst zwischen den Unterkünften inbegriffen. www.biosphere-valdherens.ch; Information und Buchung: Tourismus Val d'Hérens, Euseigne, www.valdherens.ch.

Kleine Wanderung

Wer weniger Zeit zur Verfügung hat und doch im Val d'Hérens wandern möchte, kann von Evolène aus zu einer schönen Rundwanderung aufbrechen.

Der Ausgangspunkt liegt am nordwestlichen Ortsrand, wo die Strasse nach Lanna und zum Sessellift hinaufführt. Nach einer scharfen Rechtskurve zweigt der Wanderweg ab und weist nach La Gollie d'Arbey, einem kleinen Bergsee. Der Weg führt im Zickzack durch einen schönen Nadelwald hinauf. In ca. 1¼ Stunden lädt eine Buvette zur Einkehr. Wer darauf verzichten möchte, lässt sich am kleinen See nieder und geniesst die herrliche Aussicht auf die strahlend weisse Bergkulisse, die sich Richtung Süden ausbreitet. In diese Richtung führt dann auch der Höhenweg, von dem aus man nach 45 Minuten zurück nach Evolène abzweigen kann. Wer noch rund 1¼ Stunden weiterwandern möchte, bleibt auf dem Höhenweg und nimmt dann die Abzweigung hinunter nach Les Haudères. Beide Routen führen

als Serpentinen zurück ins Tal. Wanderzeit: Rundwanderung Evolène ca. 2¾ Stunden; Wanderung von Evolène nach La Haudères: 3½ Stunden.

Anreise

Mit den SBB nach Sion. Von Sion mit dem Postauto in die Täler des Naturparks.

Übernachtung

Hotel La Montanara
Sonville
1983 Evolène
Telefon +41 (0)27 283 12 26
www.lamontanara-evolene.ch
Das Hotel verfügt über wenige traditionell eingerichtete Walliser Zimmer mit allem modernen Komfort.

Essen

Café Restaurant Le Refuge
1983 Evolène
Telefon +41 (0)27 283 19 42
www.lerefuge.ch

Das Restaurant bietet hervorragende lokale Spezialitäten. Besonders empfehlenswert: ein Entrecôte vom Eringer Rind.

Auskunft

Parc naturel régional
Val d'Hérens
Association Biosphère
Val d'Hérens
Tourismusbüro Val d'Hérens
Rte de la Vallée
1982 Euseigne
Telefon +41 (0)27 281 28 15
www.biosphere-valdherens.ch
und www.valdherens.ch

Karten

Wanderkarte 1:25 000
Val d'Hérens. Edition mpa,
Orell Füssli
Landeskarte 1:25 000, 1306 Sion,
1307 Vissoie, 1326 Rosablanche,
1327 Evolène
Landeskarte/Wanderkarte,
273/237T Montana,
283/283T Arolla

Die Grande Dixence

Die Grande Dixence ist die höchste Gewichtsstaumauer der Welt. Die Betonmauer ist 285 Meter hoch und kann es damit beinahe mit dem Eiffelturm in Paris aufnehmen. Sie liegt im Val des Dix, das südlich des Val d'Hérémence beginnt. Der Wildbach im Tal ist die Dixence. Einer Legende nach soll der Flurname vom Kampf gegen zehn (französisch «dix») Sarazenen stammen. Die rund 700 Meter lange und 15 Meter breite Mauerkrone auf 2365 Meter über Meer bildet eine riesige Aussichtsterrasse, von der aus der Blick bis ins über 20 Kilometer entfernte Rhonetal reicht. Die Staumauer Grande Dixence ersetzte 1965 die nunmehr überflutete frühere Dixence-Staumauer. Der Bau der neuen Staumauer, die Teil einer grossangelegten, hydroelektrischen Anlage ist, dauerte beinahe 15 Jahre. Während dieser Zeit waren bis zu 3000 Arbeiter vor allem aus Italien und der Schweiz hier beschäftigt. Sie verarbeiteten das Baumaterial vor Ort und benötigten dabei derart viel Beton, dass damit auf dem Äquator eine 10 Zentimeter breite und 1,5 Meter hohe Mauer um die Erde gezogen werden könnte. Der Stausee ist fast 230 Meter tief und fasst 400 Millionen Kubikmeter Wasser. Er hat ein Einzugsgebiet von 420 Quadratkilometern, das zu zwei Dritteln von Gletschern bedeckt ist. Diese 35 Gletscher speisen mit Hilfe von 75 Wasserfassungen, 4 Pumpstationen und einem 100 Kilometer langen Stollennetz den Lac des Dix. Weil das Wasser vieler Gletscher unterhalb der Seehöhe austritt, muss es hochgepumpt werden.

Um die Wasserkraft des Lac des Dix optimal auszunutzen, wird das Wasser zweimal turbiniert: zunächst auf 1490 Meter über Meer im Kraftwerk Fionnay und anschliessend 1000 Meter weiter unten auf der Höhe der Rhone, im Kraftwerk Nendaz. Die Anlagen von Grande Dixence werden ergänzt durch die Kraftwerke Bieudron und Chandoline. Die 2000 Megawatt, die im gesamten Wasserkraftwerkkomplex von Grande Dixence erzeugt werden, dienen der Stromversorgung von 17 Kantonen und entsprechen 20 Prozent der speicherbaren Energie der Schweiz.

Innerhalb von 200 Sekunden kann hier die Energieleistung eines Kernkraftwerks erreicht werden. Dies entspricht dem durchschnittlichen Jahresverbrauch von 400 000 Haushaltungen.

Die Grande-Dixence-Staumauer ist für die Öffentlichkeit zugänglich, es gibt geführte Besichtigungen im Innern der mit unzähligen Stollen versehenen Mauer. Die Führung mit einem kurzen Film über die Bauphase dauert eine Stunde. Warme Kleidung ist zu empfehlen, denn im Innern ist es das ganze Jahr über sechs Grad warm.

Das Val des Dix dient aber nicht nur der Stromerzeugung, es ist auch ein ausgedehntes Naturschutzgebiet. In Zusammenarbeit mit Pro Natura Wallis hat das Kraftwerkunternehmen den Steinbock-Höhenweg geschaffen, einen Naturlehrpfad, der einem die Tier- und Pflanzenwelt des Val des Dix oberhalb der Staumauer der Grande Dixence näherbringt. Es gibt eine Rundwanderung von ca. 4 Stunden. www.grandedixence.ch

---

schliffen und weggeblasen. Dieser natürliche Erosionsprozess ist nach wie vor in Gang. Die Felsbrocken auf den Spitzen der Pyramiden haben mehrere Meter Durchmesser und sind bis zu 20 Tonnen schwer. Es handelt sich entweder um Gneis oder um dunkelgrünen Fels (Serpentinit).

Im Park wächst Präriegras, und dennoch liegt hier der Stausee von Grand Dixence, der 20 Prozent aller in der Schweiz mit Wasserkraft produzierten Energie liefert. Ein Widerspruch? Nicht unbedingt, denn die hier extrem hohen Berge fangen die meisten Regenwolken ab, quetschen sie aus, und für den Talgrund bleibt nichts übrig. Deshalb war man auch hier wie an so vielen anderen Orten im Wallis gezwungen, die Wiesen und Äcker zu bewässern. Mittels eines Systems von Kanälen (den sogenannten Suonen oder Bisses) leitete man das Wasser von den Gletscherbächen zu den tiefer gelegenen Kulturen. Die Anlage dieser teils mehrere Kilometer langen Kanäle im steilen Gelände und entlang von Felswänden erforderte viel handwerkliches Geschick, damit das Wasser kontinuierlich floss. Heute sind die meisten dieser Bisses nicht mehr in Betrieb, doch sie stellen ein kulturelles Erbe dar, das es zu schützen gilt. Die Kantonsregierung strebt deshalb an, die Suonen, deren Ursprünge zum Teil bis ins Mittelalter zurückreichen, als Weltkulturerbe erklären zu lassen.

Der Kontrast zwischen dem warmen, trockenen Talklima und den vergletscherten Bergen hatte schon zu Beginn des 20. Jahrhunderts die ersten englischen Touristen hierher gelockt. Sie suchten starke, romantische Emotionen und fanden sie etwa beim Anblick des Mont Collon auf der Terrasse des Hotels Kurhaus in Arolla. Wenn dann der Gentleman seiner Angebeteten noch einen entsprechenden Text aus einer Novelle vorlas und sie überwältigt in Ohnmacht fiel, war dies der perfekte Augenblick, sich als galanter Kavalier zu erweisen. Noch heute strahlt das in vierter Generation geführte Hotel distinguierte Gepflegtheit aus.

Trotz Hotels und Touristen im ganzen Tal haben die Menschen im Val d'Hérens ihre Eigenheiten in stärkerem Masse bewahrt als anderswo. Viele Einheimische sprechen noch Patois, einen franko-provenzalischen Dialekt, den manche für unkultiviert und bäurisch halten. In Evolène ist Patois noch heute die zuerst erlernte Muttersprache, die man am Familientisch spricht. Auswärtige, auch Walliser wie Pascal Charlet, Verantwortlicher für die Entwicklung des touristischen Programms im Naturpark Val d'Hérens und wohnhaft in Sion, verstehen kein Wort, wenn Patois gesprochen wird.

Genauso wie die Menschen im Val d'Hérens an ihrer Sprache festhalten, pflegen sie auch ihre traditionelle Kleidung. Man sieht hier weit häufiger Frauen in Alltagstrachten als in anderen Landesregionen. Selbst die herkömmliche Bauweise der Walliser Holzhäuser unterscheidet sich hier ein wenig. In Evolène, dem wichtigsten Ort im oberen Talabschnitt, fallen einige hochaufgeschossen wirkende Holzhäuser auf. Sie scheinen gegen den Himmel zu streben, als wollten sie mit den übermächtigen

Ein beliebtes Ausflugsziel im Naturpark Val d Hérens: der Lac Bleu oberhalb der Strasse nach Arolla.

Bergen konkurrieren. Der Grund für die mehrgeschossigen Bauten liegt darin, dass früher jede Generation ein eigenes Stockwerk bekam. Dazu hob man einfach das Dach ab, fügte ein Stockwerk hinzu und setzte schliesslich das Dach wieder oben drauf. So entstanden bis zu fünfstöckige Chalets. Viele halten noch heute an dieser Bauweise fest. Doch sind die einzelnen Stockwerke inzwischen höher, weil die Leute grösser geworden sind.

Sarah Pralong ist zwar am Genfersee aufgewachsen, hat aber in Evolène eine neue und für sie nicht ganz unbekannte Heimat gefunden. Als Kind besuchte sie hier oft ihre Grossmutter und hat durch sie das Tal und die Menschen lieben gelernt. Sie könnte sich heute keinen besseren Ort auf der Welt zum Leben vorstellen. Mit spürbarem eigenem Interesse erklärt sie den Besuchern die raffinierte Bauweise der Walliser Häuser mit ihren geschlossenen Balkonen, die nur von aussen her begehbar waren und als Vorratskammern dienten. Sie weiss, dass die angebrachten Löcher die Bienen anlocken sollten, damit sie die Waben direkt in die Vorratskammer setzten. Und die Balken, die aus der blanken Aussenfassade der Häuser herausragen, dienten dazu, das Fleisch zum Trockenen aufzuhängen. Im Ortsmuseum erklärt sie den Gebrauch der Werkzeuge und wie man die Festtracht anzieht, die bis zu vier Kilogramm schwer sein kann. «Ich trage die Kleider selber», sagt sie, als sie am Bach von Evolène vorbeischlendert. Das Wasser hat das ganze Jahr über 12 Grad und schmeckt auf der Zunge leicht schweflig.

L'Ar du Tsan im Val de Réchy. Die unberührte Ebene verfügt über eine grosse Artenvielfalt.

Die Frauen haben in jungen Jahren meterweise weissen Stoff hergestellt, der dann als Aussteuer für die Bettwäsche und für Kleider diente. Die Stoffbahn wurde aufgerollt, und zwar nach jedem Messebesuch um eine Umdrehung. Denn die Stoffrolle diente auch als Beweis für den Kirchgang. Der Freier sah an einer dicken Barbèta, wie der aufgerollte Stoff heisst, dass er sich eine fromme Frau ausgesucht hatte. Das war im Wallis ein wichtiges Heiratsargument, denn die Menschen im Kanton waren sehr fromm.

Natürlich haben sich auch hier die Zeiten geändert. Es gibt heute Bäcker, und diese backen täglich Brot, während früher der Gemeindeofen in den Dörfern nur zwei- bis dreimal im Jahr eingefeuert wurde. Es freut die Besucher natürlich, wenn sie nicht mit dem Hammer auf das Brot einschlagen müssen. Doch das harte Brot hatte früher durchaus seinen Sinn: Es war auch für die Mäuse schwierig, sich daran gütlich zu tun.

Die Verbindung einer extremen Natur mit dem sich ihr anpassenden menschlichen Schaffen hat eine einzigartige Kultur hervorgebracht. Dessen sind sich die Gemeinden im regionalen Naturpark bewusst. Sie streben deshalb darüber hinaus auch die Anerkennung der Unesco als Biosphärenreservat an. Bis dahin wird aber noch viel Wasser die 30 Kilometer lange Borgne hinunterfliessen. Doch der Naturpark und auch die Anerkennung als Biosphärenreservat dürften dazu beitragen, dass die Bevölkerung in ihrem Selbstbewusstsein und ihrer Eigenheit gestärkt wird. (MA)

Entlebuch

Der Vorreiter aus dem Luzerner Hinterland

Das Entlebuch hat sich mit dem Entscheid für ein Biosphären-Reservat in den letzten zehn Jahren erstaunlich gewandelt. Die Menschen, die sich einst vom Rest der Schweiz vergessen wähnten, sind wieder stolz auf ihre Heimat und sprühen vor Ideen.

Messerscharf ausgewaschen sind die Kalkfelsen der Schrattenfluh.

Das Wehklagen und Kreischen der Schülerschar war schon von Weitem zu hören gewesen. Dann wechselte die Tonlage: helles Lachen junger Mädchen, das Gebrumme vom Stimmbruch geplagter Buben. Sie hatten es überstanden: Waten im Storchengang im acht Grad kalten Wasser der Kneipp-Anlage hoch über dem Dorf Flühli im Entlebuch. In der sommerlichen Hitze war der kleine Kälteschock von den Zehenspitzen bis zu den Knien rasch vergessen. Die Kneipp-Anlage ist harmonisch integriert in den Schwandalpweiher: eine Holzplattform ragt ins glasklare Wasser, um den Teich herum führt ein kleiner Weg zu weiteren Stationen des kleinen Kneipp-Universums. Er führt an der Quelle vorbei hinauf zu einer kleinen, hölzernen Bühne, auf der sich ein schlichtes, stählernes Becken mit dem eiskalten Wasser befindet, in das die Arme bis zu den Ellenbogen eingetaucht werden.

Der künstlich angelegte, kaum einen Meter tiefe Weiher speiste einst ein Kleinkraftwerk zum Betrieb der örtlichen Sägerei in Flühli. Nach dessen Stilllegung drohte er zu verlanden. Die Rettung entsprang der Bieridee einiger Einheimischer, die aus der Not eine Tugend machten. Sie gründeten eine Genossenschaft zum Bau und Betrieb einer Kneipp-Anlage, beschafften sich Geld und präsentierten mit bescheidenen Mitteln im Jahr 2003 der Öffentlichkeit eines der schönsten, sicher aber das idyllischste Kaltwasserbecken der Schweiz: Das ist typisch für den neuen Geist, der seit einigen Jahren durch das Entlebuch weht. Er bringt viel frischen Wind in das von Abwanderung, dem Niedergang der Landwirtschaft und dem Fall in die touris-

Moorlandschaft bei Sörenberg. Moore prägen das
Landschaftsbild weiter Teile des Entlebuchs.

tische Bedeutungslosigkeit bedrohte Tal im westlichen Hinterland von Luzern. Es
galt lange Jahre als Armenhaus der Schweiz. Hier, so erinnert sich der im Entlebuch
der 1930er- und 1940er-Jahre aufgewachsene Autor Al Imfeld, habe man damals in
etwa so gelebt wie im ländlichen Afrika heute: Grossfamilien, die auf kleinsten Land-
wirtschaftsflächen einen steten Kampf um die schiere Existenz führten.

Die Geschichte von Marie Bienz-Bucher steht stellvertretend für Lebensläufe,
die von Armut, Arbeitslosigkeit und Kinderreichtum geprägt sind. Geboren wurde
sie am 17. August 1899 auf einem abgelegenen Bergbauernhof in Marbach als
zweitältestes von zehn Geschwistern. Strom, Wasser oder Heizung waren in ihrer
Kinderzeit Fremdwörter. Sechseinhalb Jahre hat sie die Schule besucht, dann war die
kindliche Arbeitskraft auf dem elterlichen Hof gefragt. Als 1913 ihre Mutter überraschend verstarb, musste sie sich kurz darauf als Magd auf einem Bauernhof verdin-
gen. 1919 heiratete sie den Jungen vom Nachbarhof, auf den sie schon länger ein
Auge geworfen hatte. Zwischen 1920 und 1937 gebar sie zehn Kinder, sechs Buben
und vier Mädchen. Es war ein Leben in Armut, und mit jedem weiteren Kind wurde
es noch schwerer, mit ein paar Kühen und ein wenig Land zu überleben. 1934 musste ihr Mann Konkurs anmelden, nachdem er bei einem Liegenschaftstausch über-
vorteilt worden war. Jahrelang war die Familie jetzt armengenössig, und man war sich
schon längst ans Austeilen von Lebensmittelcoupons gewöhnt, als der Krieg aus-
brach. Erst als die beiden ältesten Söhne mit Taglöhnerarbeit – im Krieg in einem

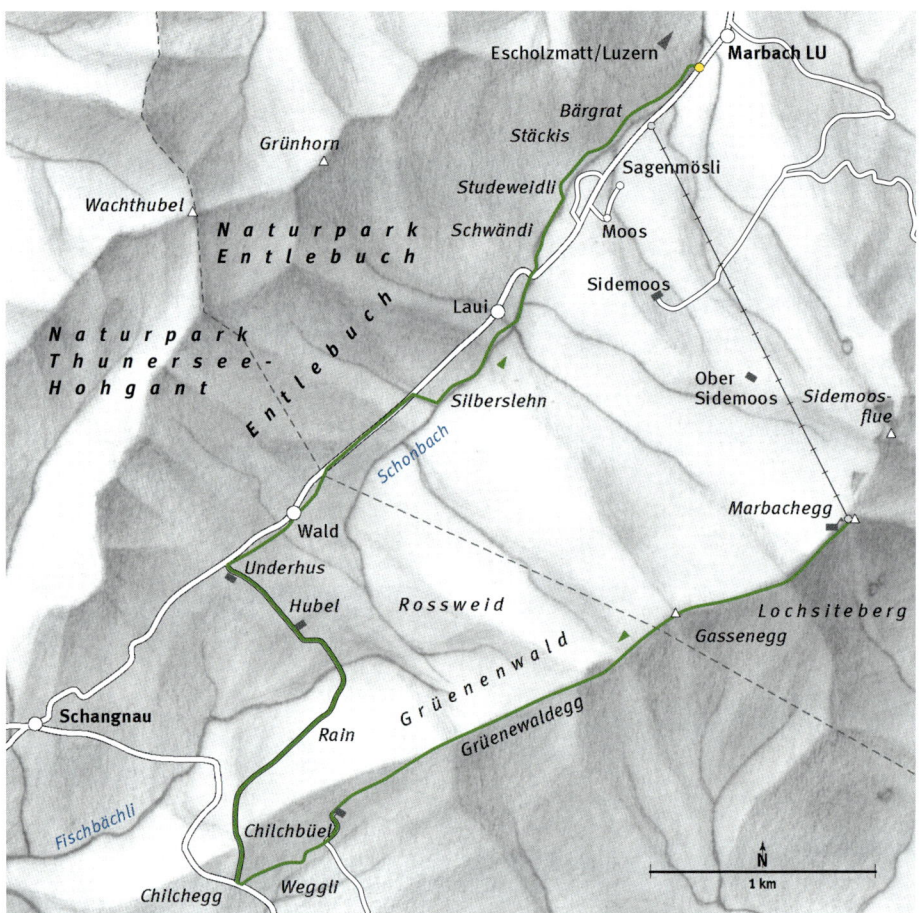

Das Chessiloch, eine imposanten Schlucht mit vom Sand ausgehöhlten Rundungen. Der Wasserfall ist über eine Hängebrücke erreichbar.

Kohlenbergwerk – das Familieneinkommen aufbessern konnten, verbesserte sich die Lage allmählich ein wenig. Aber noch bis in die 1960er-Jahre hinein prägten Armut und Niedriglohn den Alltag der Familie. Ihre letzten Lebensjahre verbrachte Marie Bienz-Bucher im ausgehenden 20. Jahrhundert im Alters- und Pflegeheim in Wolhusen. Dort stiess auch ihr ledig gebliebener Sohn Seppi zu ihr, der «eine schlechte Partie war», wie er zu sagen pflegte. Der Abwanderungsdruck in diesen grossen Familien war enorm. Von den zehn Geschwistern in der Familie Bienz-Bucher blieben nur die zwei ledig gebliebenen Brüder im Tal.

Die vielen Bauernhöfe – über 1000 an der Zahl – prägen das Entlebuch bis heute. Das mag auch daran liegen, dass die Region topografisch nach zwei Seiten abgeschottet ist. Im Norden liegen die Nagelfluhberge des Napfgebiets, im Süden der Brienzergrat mit dem 2350 Meter hohen Rothorn. Quer dazu dehnen sich teils schroffe Kreidekalkketten wie die Schrattenfluh aus. Lieblich wirkt dagegen das offene Haupttal mit der Kleinen Emme und den sanften Talflanken. Von ihm zweigen vier engere Nebentäler ab. Das Entlebuch bietet auf kleinstem Raum eine so grosse Vielfalt an Landschaftsformen wie kaum eine andere Region der Schweiz. Noch im hintersten Winkel, am Waldrand, unter Felswänden oder auf kleinen Sonnenterrassen in luftiger Höhe trifft man ein Bauernhaus mit dem für die Region so typischen Walmdach an. Und noch immer finden 36 Prozent der Erwerbstätigen in der Landwirtschaft ihr Auskommen – im Schweizer Durchschnitt sind es gerade noch 4 Prozent.

Als am 6. Dezember 1987 die sogenannte Rothenthurm-Initiative, die einen integralen Moorschutz verlangte, überraschend vom Schweizer Stimmvolk angenommen wurde, war die Erbitterung im Entlebuch gross. Ausgerechnet in einer der ärmsten Ecken der Innerschweiz mussten fortan grosse Gebiete – das Bundesinventar zählt im Entlebuch 61 Flachmoore und 44 Hochmoore von nationaler Bedeutung – unter Schutz gestellt werden. Während anderswo mit Melioration und Trockenlegung diese ökologisch besonders wertvollen Moorflächen längst verschwunden wa-

Wanderung

Die Marbachegg ist ein herrlicher Aussichtspunkt auf 1483 Meter über Meer an der Grenze zwischen dem Entlebuch und dem Emmental. Man erreicht sie bequem mit der Gondelbahn von Marbach aus (Postauto von Bahnstation Escholzmatt nach Marbach). Die Wanderung zurück nach Marbach führt in südwestlicher Richtung hinüber zur Gassenegg und dort über die Kantonsgrenze ins Bernbiet. Die Viertausender der Berner Hochalpen zur Linken, das malerische Alpenvorland zur Rechten, geht es auf der Krete der Grüenenwaldegg abwärts bis zum Fahrsträsschen, das nach Schangnau führt. Dort geht es scharf rechts, praktisch in Gegenrichtung. In Unter Chilchbüel kann man sich entscheiden und den Weg direkt nach Schangnau (Postauto) oder – etwas weiter – via Hubel hinunter nach Wald wählen. Von Wald gelangt man, immer auf dem Uferweg entlang dem Schonbach, nach Marbach (878 m) zur Postautohaltestelle. Wanderzeit bis Marbach: 2½ Stunden.

Anreise

Mit der BLS von Luzern via Wolhusen oder von Bern via Langnau ins Entlebuch. Anschliessend Postautos.

Übernachten

Hotel und Kurhaus Flühli
Dorfstrasse 3, 6173 Flühli
Telefon +41 (0)41 488 11 66
www.kurhaus-fluehli.ch
Die Ursprünge des originalgetreu restaurierten Kurhauses reichen bis ins 16. Jahrhundert zurück. Der prächtige Bau mit dem wuchtigen Satteldach bietet komfortable, heimelige Zimmer und einen Kunstsaal. Die Küche ist vorzüglich.

Essen

Landgasthof Drei Könige
Dorf
6162 Entlebuch
Telefon +41 (0)41 480 12 27
www.3koenige-ebuch.ch
Küchenchef Charles Käslin versteht sich vorzüglich im Zubereiten regionaler Produkte. Köstlich schmeckt seine Urdinkel-Suppe.

Auskunft

Uneso Biosphäre Entlebuch
Biosphärenzentrum
Chlosterbüel 28
6170 Schüpfheim
Telefon +41 (0)41 485 88 50
www.biosphaere.ch

Karten

Landeskarte 1:25 000, 1169 Schüpfheim, 1188 Eggiwil (für beschriebene Wanderung), 1189 Sörenberg
Landeskarte/Wanderkarte 1:50 000 244/244T Escholzmatt
Das Biosphärenzentrum bietet themenbezogene Landkarten mit Wander- und Velorouten an.

Fichten in der Moorlandschaft Glaubenbielen. Im Hintergrund das Brienzer Rothorn.

Pilzexkursion

«Es gab Zeiten, da haben die Menschen die Pilze nur dann aus den Entlebucher Wäldern geholt, wenn sie an Hunger litten. Heute müssen wir Vorschriften erlassen, um eine Ausplünderung der Pilzbestände zu verhindern.» Walter Küngs Pilzhorizont weist weit über Steinpilze und Eierschwämme hinaus, die zu den begehrtesten Speisepilzen zählen und einem entsprechend grossen Druck von Sammlern ausgesetzt sind. Seine Passion gilt nicht nur der Bestimmung der Pilzarten, von denen er Dutzende auf Anhieb erkennt. Auch die historischen Beziehungen der Menschen zum Pilz oder das Bild, das man sich von den rätselhaften Früchten des Waldes machte, als es noch keine naturwissenschaftlichen Erklärungen dafür gab, liegen im Blickfeld des Pilzkontrolleurs. Seinen Pilzkosmos teilt Küng an diesem schönen Spätsommermorgen mit 22 Interessierten, die sich auf 1400 Meter über Meer auf der Alp Städeli oberhalb von Flühli versammelt haben. Die an der Exkursion Teilnehmenden weisen einen sehr unterschiedlichen Wissensstand in Sachen Pilze aus. Manche würden sogar an einem Steinpilz achtlos vorbeigehen, ohne ihn zu erkennen, während die erfahrenen Sammler sich von der sechsstündigen Exkursion den einen oder anderen Geheimtipp vom Pilzexperten erhoffen. Die meisten stammen aus der Region oder anderen Landesteilen der Schweiz, einige wenige sind ausländische Feriengäste.

Küng erklärt Geologie und Geografie der Region, bevor er zu seinem eigentlichen Thema kommt: den Pilzen, ohne die ein höheres Leben auf der Erde kaum vorstellbar wäre. Die in schier unendlichem Variantenreichtum vorkommenden Pilze sind die Aasfresser der Natur. Sie machen totes organisches Material anderen Organismen wieder zugänglich. Dass manche Pilze essbar sind, erscheint aus dieser Perspektive fast schon nebensächlich. Wer aber selbst gesammelte Pilze auf seinem Teller haben möchte, muss sich auskennen. Auch darum geht es Walter Küng. «Wenn Sie sich nicht ganz sicher sind, lassen Sie lieber die Finger von einem Pilz», rät er. Heute gilt diese Regel nur bedingt. Küng möchte am praktischen Beispiel einige Pilze vorstellen und schickt die Teilnehmer los, in einem Waldstück aufs Geratewohl zu sammeln. Nach einer halben Stunde kommt auf diese Weise eine stattliche Anzahl verschiedenster Pilze zusammen. Küng pickt sich die interessantesten Exemplare heraus, um sie zu bestimmen. Die Laien staunen, die Erfahrenen haken nach. Weiter geht die Wanderung, hinein in ein Hochmoorgebiet: Gelegenheit für einen Exkurs über die faszinierende Fauna dieser Sumpflandschaft, in der sich auch Pilze finden. Die Stunden zerrinnen im Flug, eine deutsche Teilnehmerin bringt den Ausflug, der am Nachmittag endet, auf den Punkt: «Ich habe eine neue Welt entdeckt.»

Die Exkursion findet viermal jährlich im Spätsommer statt. Sie ist nur eine von über 60 Exkursionen im Angebot des Biosphären-Reservats (www.biosphaere.ch).

ren, blieb dieser Modernisierungsschritt, der eine intensive Landwirtschaft erst möglich macht, im Entlebuch aus. Das Gefühl, einmal mehr benachteiligt zu werden, machte sich breit, zumal die Stossrichtung der Rothenthurm-Initiative primär gegen ein Armeeprojekt in Rothenthurm gerichtet war. Die Wut war verständlich. Auch eine der wenigen touristischen Einnahmequellen, das Skigebiet in Sörenberg, das mitten in den Moorgebieten liegt, schien unmittelbar gefährdet. Erst nach langwierigen Verhandlungen gelang es, eine Ausnahmegenehmigung zu erwirken. Ansonsten galt der Buchstabe der Verfassung – und der verlangte einen integralen Schutz der Moorflächen.

Es war der damalige Luzerner Raumplaner Theo Stierli, der aus der Not eine Tugend machen wollte. Wenn denn die Landschaft des Entlebuchs tatsächlich so erhaltenswert war, dann hatte man doch auch einen Schatz in der Hand, den es zu heben galt. Aber wie? Es war eine Gretchenfrage, die so in der Schweiz noch gar nicht gestellt worden war. Naturschutzgebiete gab und gibt es in Hülle und Fülle, doch welcher Status sollte für eine Region als Ganzes gelten, ohne dabei gleich eine Käseglocke, die jede weitere Entwicklung verhinderte, darüber zu stülpen? Wie konnte eine skeptische Bevölkerung von diesem Gedanken überzeugt werden? Wie sollte das Entlebuch in das Bewusstsein einer breiten Öffentlichkeit gerückt werden?

Die Schrattenfluh erinnert an eine Dünenlandschaft.
Die Vegetation hat hier nur wenige Nischen.

Der damalige Tourismusdirektor in Sörenberg, Theo Schnider, griff auch zu unkonventionellen Mitteln. So präsentierte er sich vor dem Regierungsgebäude in der Kantonshauptstadt Luzern als Indianer aus dem Wilden Westen, um auf das in Vergessenheit geratene Entlebuch aufmerksam zu machen. Und er sah sich um, auf der ganzen Welt, bei der Suche nach einem Vorbild, das nachahmenswert gewesen wäre. Den Schlüssel fand er schliesslich in einem Unesco-Biosphären-Reservat in Deutschland. Die Konzeption entsprach ziemlich exakt dem, was ihm für das Entlebuch vorschwebte: Ein klar umgrenztes, integral als schützenswert geltendes Gebiet, in dem Naturschutz ebenso hoch gewichtet wurde wie der Erhalt der gewachsenen Kulturlandschaft, eine sogenannte Pflegezone und die in den Entwicklungszonen explizit vorgesehene Möglichkeit, sich auch wirtschaftlich weiterentfalten zu können, ohne damit das Bestehende und Gewachsene zu zerstören. Doch anders als in Deutschland, wo die Einrichtung eines Biosphären-Reservats ein reiner Behördenentscheid ist, galt es im Entlebuch, das Stimmvolk in acht beteiligten Gemeinden (Doppleschwand, Entlebuch, Escholzmatt, Flühli, Hasle, Marbach, Romoos und Schüpfheim) von diesem Vorhaben zu überzeugen.

Es sei hart gewesen, erinnert sich Schnider. Als einer der Schlüssel erwies sich dabei die «mentale Landkarte», auf der die Entlebucherinnen und Entlebucher eingeladen wurden, jene Gebiete einzutragen, die sie als besonders schützenswert erachteten. Die Übereinstimmung mit den Plänen des Biosphären-Reservats war verblüffend: ein Aha-Erlebnis mit grosser Überzeugungskraft. Daneben galt es auch, Perspektiven aufzuzeigen für eine nachhaltige wirtschaftliche Entwicklung im Tal. Auch das gelang. Denn, so Schnider, «das Potenzial ist gross, weit grösser, als es viele im Tal wahrhaben wollten». Die Leute im Tal liessen sich überzeugen. Es war eine Weltpremiere, als im September 2000 das Stimmvolk in allen acht Gemeinden über einen Kredit zu bestimmen hatte, der für zehn Jahre einen Beitrag von vier Franken pro Einwohner und Jahr für das zu errichtende Biosphären-Reservat vorsah. Die Zustimmung war mit durchschnittlich 94 Prozent überwältigend. Die Entlebucherinnen und Entlebucher hatten aus der Vision ein Projekt gemacht, das wegweisend war für die ganze Schweiz. Und sie hatten damit den Willen gezeigt, das Heft selber in die Hand zu nehmen.

Ein Ruck ging durch das Entlebuch, organisatorische Grundlagen wurden geschaffen, Arbeitsgruppen gegründet, die wichtige Koordinierungsarbeit zwischen den verschiedenen Interessensvertretern an die Hand genommen. Das «Entlebucher Kooperationsmodell» erwies sich als Schlüssel zum Erfolg. Neun Koordinationsforen bildeten sich: Energie, Holz, Gewerbe und Industrie, Gesundheit, Landwirtschaft, Tourismus, Kunst und Kultur, Natur- und Landschaftsschutz sowie Gemeinden. Sie wurden zu den Keimzellen einer beeindruckenden Fülle von Aktivitäten und Angeboten, in denen die lokale Bevölkerung stets die wichtigste Rolle spielt. So sorgen heute über 30 Führerinnen und Führer für ein breites Exkursionsangebot, von der Pilzkunde bis zur Herstellung von Teemischungen. Das Label «Echt Entlebuch» bietet eine breite Palette von über 300 in der Region hergestellten Produkten.

Die Gründer- und Aufbruchstimmung im Tal packte auch Silvia Limacher, die schon beim Bau der Kneipp-Anlage aktiv mitgewirkt hatte. Die Bäuerin und zweifache Mutter auf dem Hof Längbrügg in Flühli erinnerte sich an ihre beruflichen Wurzeln als Drogistin und begann mit der Herstellung von Rosenblütencremen. Sie setzte auf bewährte Rezepturen und kombinierte diese, wenn immer möglich, mit einheimischen Rohstoffen, etwa Huflattich oder Schlüsselblumen. Die Kräuter sam-

Das Hochmoor Gross Gfäl bei Sörenberg.

Am Wegrand auf einer Wanderung durch das Hochmoor Schwand bei Sörenberg. Die Vegetation ist einzigartig.

melt sie selbst in der Region und verarbeitet sie von Hand zu Cremen, Kräutersalben, Massageölen und Lippenpflege-Balsam. Auch selbst hergestellte Tinkturen, Duschbäder und Kräuterkissen hat sie in ihrem Hofladen im Angebot – immer mit dem Label des Biosphären-Reservats, als dessen Partnerbetrieb sie operiert. Daneben zeigt sie in Kursen, wie ein Massageöl gemacht wird. Längst hat sie den Status eines reinen Hobbys hinter sich gelassen, und ihr Mann schmunzle gelegentlich, sagt sie. Er sehe den Tag kommen, an dem der Stall, in dem 25 Mutterschweine ihre Jungen säugen, für die «Chrütermacher»-Produktion umfunktioniert werden müsse. Der Pioniergeist hat inzwischen den ganzen Betrieb erfasst. Gleich mit zwei Partnerbetrieben haben Limachers nach Überwindung einiger bürokratischer Hürden eine Betriebsgemeinschaft gegründet – einfach, weil sich damit viel effizienter wirtschaften lasse.

Dass das Entlebuch seit dem Jahr 2008 das Label «Naturpark» trägt, ist für den Biosphären-Direktor Theo Schnider erfreulich. Man habe aber weder darauf gewartet, noch sei mit grossen zusätzlichen Impulsen zu rechnen. Zudem gebe es schon einige Unterschiede zwischen dem Biosphären-Reservat und einem Naturpark, namentlich was die Aufteilung in drei Zonen betreffe. Das Entlebuch bleibe pionierhaft. «Wir sind der Entwicklung um ein gutes Jahrzehnt voraus. Und darauf sind wir stolz.» Ein Stolz, der überall im Tal zu spüren ist, ein Stolz auch, der nur noch wenig gemein hat mit der einstigen Trotzhaltung vieler Entlebucher, die sich an eine Vergangenheit klammerten, ohne an die Zukunft zu denken. Das ist der grösste Fortschritt, den das Biosphären-Reservat ins Entlebuch gebracht hat: Ein Tal glaubt wieder an seine Zukunft.

Auf den Lorbeeren ausruhen wolle man sich deshalb aber nicht, sagt Schnider. «Wir haben noch viele Aufgaben zu erledigen.» So etwa bei der Milchverwertung. Die im Entlebuch produzierte Milch wird grösstenteils zur weiteren Verarbeitung aus dem Tal abtransportiert. Ein Strukturwandel sei unumgänglich. Diesen möchte Schnider in den kommenden Jahren vorantreiben, mit dem klaren Ziel, die wenigen verbliebenen Milchverarbeiter zu stärken – und damit die Milch auch im Tal zu halten. Der frische Wind, der seit einem Jahrzehnt durch das Entlebuch weht, wird auch künftig noch einiges bewegen. (FI)

Thunersee-Hohgant

Kohle aus luftigen Höhen

Der Naturpark-Kandidat nördlich des Thunersees bietet mit seiner attraktiven Voralpenlandschaft herrliche Weitblicke und Einblicke in die Geschichte einer Rand-region. Trotz des Neins aus zwei zentralen Parkgemeinden wird das Projekt weiterverfolgt.

Blick vom Niederhorn ins Justistal mit seiner Landschaft von karger Schönheit. Nach dem Nein der Gemeinde Sigriswil ist es nicht mehr Teil des Naturparks.

Das Justistal ist geprägt von der Alpwirtschaft im Sommer. Alljährlich gibt es hier beim Chästeilet im Herbst ein grosses Volksfest.

Rechts: Blick von den Höhen des Niederhorns auf den Thunersee. Hier wurde einst Kohle gefördert; einige der Stollen können besichtigt werden.

Fast senkrecht geht es von der Krete des Niederhorns hinunter durch ein schmales Couloir. 1200 Höhenmeter tiefer glitzert der Thunersee. Das Gras ist feucht, und wären nicht vor einigen Jahren hölzerne Stufen gebaut und zusätzlich ein Sicherungsseil gespannt worden, ein Abstieg gliche einer Gratwanderung. Auf der linken Seite, kurz bevor die Wand überhängend wird, sind die Spuren eines Wildwechsels zu sehen. Steinböcke und Gämsen passieren diese heikle Stelle mit der Selbstverständlichkeit eines an die Bedingungen im Gebirge bestens angepassten Tiers. Ob die Kohlegräber, Schlittner und Packer vor 200 Jahren diese damals hochgradig vom Aussterben bedrohten, eleganten Kletterer zu Gesicht bekommen haben?

Während eines halben Jahrhunderts haben sie hier den Jägerstollen in den Berg getrieben. Nicht für Gold, Silber oder Eisen. Für schnöde Braunkohle rackerten sie sich unter Extrembedingungen ab. Die Qualität des Brennstoffs war schlecht, die Ausbeute mager. Wegen des sehr hohen Schwefelgehalts war die Kohle für Heizzwecke unbrauchbar. Abnehmer waren die ersten grossen Industriebetriebe im Berner Oberland, die Glashütte in Thun und die Bleiwerke von Lauterbrunnen, sodann Schmiede und andere Gewerbetreibende.

Dass es auf dem Niederhorn Kohle gibt, liegt an den üppigen Küstensümpfen, die sich vor rund 40 Millionen Jahren am Nordrand des Urmittelmeers gebildet hatten. Dessen Küstenverlauf sah etwa so aus wie heute die Küstenmoore Floridas. Das im Laufe der Zeit mit Sand zugedeckte organische Material wurde später unter Druck und hoher Temperatur zu Kohle umgewandelt. Schliesslich waren es dann die Launen der Plattentektonik, die im Zuge der Alpenfaltung diese Schichten bis hinauf zu den Höhen des Niederhorns auftürmten. Später sorgten die eiszeitlichen Verwerfungen für das heute typische Bild der Landschaft. Die Nordseite des Niederhorns stürzt praktisch senkrecht hinunter ins Justistal, dessen karge, von Alpwirtschaft und stotzigen Wäldern gezeichnete Landschaft eine eigene, in sich geschlossene Welt bildet. Auf der Südseite ist es in den höheren Lagen weit weniger steil. Bis in die Gipfelregion hinauf weidet im Sommer das Alpvieh. Der karstige Untergrund birgt ein gigantisches Höhlensystem, das bis hinunter zu den berühmten Beatus-Höhlen reicht. Sie sind nach einem irischen Einsiedler benannt, der im 8. Jahrhundert hier gelebt haben soll.

Die Kohlenflöze, die sich in einer bescheidenen Mächtigkeit von wenigen Zentimetern bis maximal 20 Zentimetern durch die Gipfelzone des Niederhorns ziehen, müssen im 18. Jahrhundert entdeckt worden sein. 1771 gab es eine erste Konzession. Verschiedene Stollen wurden in den Berg getrieben. Der längste von ihnen ist mit 176 Metern der Jägerstollen in der steilen Flanke des Niederhorns gegen das Justistal. Vielleicht zwanzig Zentimeter Dicke weist das Kohlenflöz auf, das schon im Eingangsbereich des Stollens zu sehen ist. Ob die Knappen damals einen Blick übrighatten auf die fantastische Aussicht, die sich durch das sich allmählich erweiternde Couloir auf Thunersee, Stockhorn und Kandertal eröffnet?

Wenn sie einfuhren in den Berg, hatten sie nur das schummrige Licht der Karbidlampen und ihr Werkzeug dabei. Sie arbeiteten im Team. Die Hauer schlugen die Kohle mit Spitzhaken aus dem Flöz, die Klauber trennten die Kohle vom tauben Gestein, und die Sortierer transportierten den Abraum weg. Zentimeter um Zentimeter arbeiteten sie sich vor, eine schlecht bezahlte Schinderei, die mit der reinen Förderung keineswegs abgeschlossen war. Der Transport ins Tal dürfte den noch weit gefährlicheren Teil ausgemacht haben. Zuerst mussten die zentnerschweren Kohlensäcke hinauf zur Krete geschleppt werden. Dort wurden sie zu Sechserpaketen

Zauberhafte Moorlandschaft auf der Lombachalp, die nach dem Nein der Gemeinde Habkern nicht mehr zum Naturpark zählt.

verschnürt, auf Hornschlitten verladen und von je zwei Mann auf dem «Kohleschleef», einem in gleichmässiger Steilheit zu Tale führenden Weg, zum Thunersee hinuntertransportiert. Dieser Kohlenschleif ist bis heute gut erhalten, etwa in Beatenberg unmittelbar unterhalb der Bergstation der Standseilbahn, die von der Beatenbucht hinaufführt. Tatsächlich waren die Transportkosten weit teurer als der eigentliche Rohstoff. Drei Batzen für einen 50-Kilo-Sack Kohle weist eine Rechnung aus dem Jahr 1800 für die reinen Förderkosten aus. Für den Transport zur Schiffslände in Beatenberg wurden weitere vier Batzen veranschlagt, der Schiffstransport nach Thun kostete nochmals einen Batzen. Ein Geschäft war die Kohleförderung am Berg nie, aber sie verschaffte vielen verarmten Bauern wenigstens etwas Arbeit, immerhin so viel, dass noch heute vom «Zwergenmärchen» gesprochen wird.

In den ersten Jahren arbeiteten hier Knappen aus Sachsen. Doch nach massiven Protesten der Einheimischen wurden diese wieder nach Hause geschickt. Mit zinslosen Darlehen des Kantons Bern – die damalige Form der Wirtschaftsförderung – sollte der Betrieb gesichert werden. Doch erst als die Bergwerke am Niederhorn 1841 vom Staat übernommen wurden, war ein einigermassen geregelter, wenn auch hoch defizitärer Betrieb möglich. Während 15 Jahren wurde die Kohle auch nach Bern geliefert, wo sie das erste Schweizer Gaswerk befeuerte. Mit dem Gas wurden Berns Strassen erleuchtet. Als schliesslich der Bau eines europäischen Bahnnetzes billige Kohleimporte aus Deutschland und Polen ermöglichte, wurde 1856 die Kohleförderung am Niederhorn endgültig eingestellt. In den beiden Weltkriegen kam es in der ganzen Schweiz nochmals zum Kohlenabbau, nicht aber am Niederhorn: Die Minen waren dafür schlicht zu wenig ergiebig.

Die Epoche der Kohleförderung am Niederhorn fiel in eine Zeit, als ein jahrhundertealtes, der Natur zu verdankendes Privileg der Bergbauern gefallen war: die Produktion von Hartkäse, der wegen seiner Haltbarkeit ein begehrtes Exportprodukt war. So ernährten sich beispielsweise die Entdecker des 15. und 16. Jahrhunderts auf ihren monatelangen Schiffsreisen zu einem nicht unwesentlichen Teil von Bergkäse aus den Alpen. Derweil galten im Alpenvorland noch die Regeln der Dreifelderwirtschaft, in der neben der Viehhaltung auch der Ackerbau eine grosse Rolle spielte. Mitte des 18. Jahrhunderts kam es zu einer Agrarrevolution, als mit der Einführung neuer Futterpflanzen (Klee, Luzerne) die Milcherträge deutlich gesteigert werden konnten. Vor allem im Emmental schossen die Talkäsereien wie Pilze aus dem Boden, und die riesigen Käselaibe, die produziert wurden, um schikanöse preussische Zollbestimmungen zu umgehen, wurden rasch zum Exportschlager. Es war die Zeit, als der neue, unverhoffte Reichtum die Emmentaler hoffärtig werden liess und ihnen Jeremias Gotthelf in seinen Romanen wortgewaltig den Spiegel vorhielt.

In den Berggemeinden war es mit der Herrlichkeit hingegen vorbei. Die Intensivierung und zunehmende Rationalisierung der Landwirtschaft brachte viele um ihre Arbeit. Ihnen blieb nur die Auswanderung – etwa aus Sigriswil, dieser riesigen Gemeinde, die sich von den nördlichen Gestaden des Thunersees bis hinauf in die Höhenlagen des Justistals erstreckt. Die Zahl der Sigriswiler Nachkommen in Übersee soll jene der heutigen Einwohner um ein Mehrfaches übersteigen. So war der Kohlenbergbau, und mochte er noch so beschwerlich sein, eine willkommene zusätzliche Einkommensquelle.

Dass die meisten Stollen eineinhalb Jahrhunderte nach ihrer Schliessung wieder begangen werden können, ist das Verdienst der Schweizerischen Gesellschaft für historische Bergbauforschung, deren Mitglieder in verschiedenen Einsätzen vom

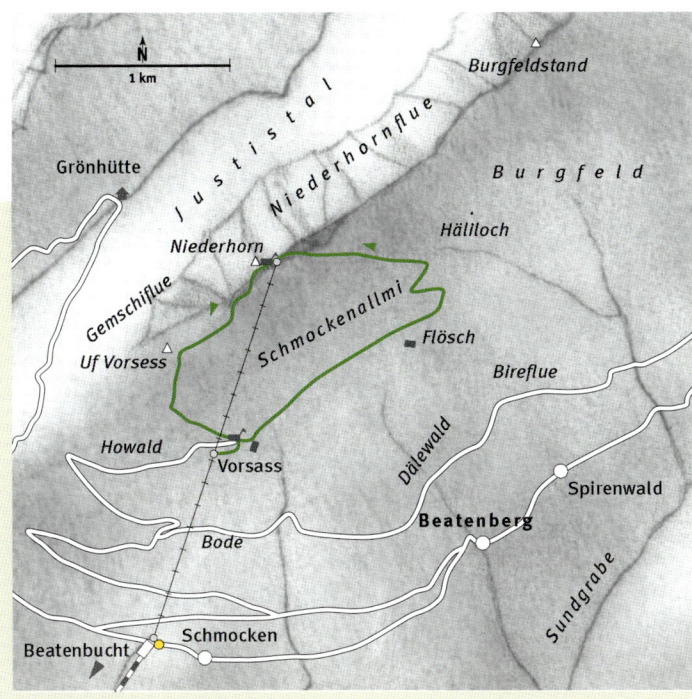

Wanderung

Von Beatenberg mit der Gondelbahn bis zur Mittelstation Vorsass. Von dort bequemer, anderthalbstündiger Aufstieg über Alpweiden zum Niederhorn. Wer über mehr Zeit und gute Kondition verfügt, macht eine grössere Schlaufe via Gemmenalp und Gemmenalphorn zum Niederhorn – und wird entschädigt mit dem Gang durch eine herrliche, raue Moorlandschaft. Die Wanderzeit bis zum Niederhorn verlängert sich so auf 4½ Stunden. Vom Niederhorn aus Abstieg in Richtung Haberelegi. Der Weg führt bald durch ein hübsches Bergföhrenwäldchen. Auf ca. 1700 Höhenmetern führt eine nicht markierte Abzweigung zur Krete der Gemschiflue mit einer kleinen Barriere. Dort befindet sich ein mit Seilen gesicherter Abstieg zum Jägerstollen. Der Stollen ist frei zugänglich, Helm und Taschenlampe sind für eine Besichtigung aber unerlässlich. Zur Mittelstation der Gondelbahn sind es von hier aus nur noch 30 Minuten. Im Bergrestaurant ist ein lesenswertes Heft zum Kohlenabbau auf Beatenberg erhältlich. Wer jetzt noch Lust auf ein kleines Abenteuer hat, mietet ein Trottibike und braust auf zwei Rädern hinunter nach Beatenberg zur Talstation der Niederhornbahn. Wanderzeit: kurze Variante: 2½ Stunden, lange Variante 6 Stunden. Verpflegung im Restaurant Berghaus Niederhorn und im Bergrestaurant Vorsass.

Der Jägerstollen kann von guten, trittsicheren Wandernden auch im Rahmen einer zweistündigen Führung inklusive Zvieri besichtigt werden. Buchung bei Markus Metzger, Telefon +41 (0)33 841 12 30, www.naturpur.ch.

Anreise

Mit der Bahn bis Interlaken West, dann Postauto nach Beatenberg. Oder mit Bus oder Schiff von Thun zur Beatenbucht, dann mit der Standseilbahn hinauf nach Beatenberg.

Übernachten

Rosemarie Stettler
Kemmerli
6197 Schangnau
Telefon +41 (0)34 493 32 20
www.emmetal.ch
Wie zu Gotthelfs Zeiten kann man in einem alten Speicher auf dem Hof Kemmerli in Schangnau im Emmental übernachten. Eine Waschschüssel und ein Brunnen ersetzen das Badezimmer, eine Petrollampe spendet Licht und als Toilette dient das Plumpsklo. Authentische Möblierung.

Essen

Restaurant Jägerstübli
Lägerstutz (Lombachalp)
3803 Habkern
Telefon +41 (0)33 843 11 78
www.lombachalp.ch
Die Terrasse des hübschen, 2008 erbauten Chalets lädt nach anstrengender Wanderung zur Rast. Währschafte Kost, zu empfehlen sind der «Käsebrätel» (eine Art Raclette), Alpkäse und würzige Würstchen. Geöffnet: Mitte Mai bis Ende Oktober, Weihnachten bis Anfang April.

Auskunft

Geschäftsstelle Naturpark Thunersee-Hohgant
Seestrasse 2
3600 Thun
Telefon +41 (0)33 511 27 11
www.naturpark-thunersee-hohgant.ch

Karten

Landeskarte 1:25 000, 1207 Thun, 1208 Beatenberg, 1188 Eggiwil
Landeskarte/Wanderkarte 1:50 000, 254/254T Interlaken, 244/244T Escholzmatt

Abendstimmung am Thunersee mit dem markanten Niesen auf der linken Seite.

Lombachalp – Natur und Tourismus in Koexistenz

Wie oft er den Bergweg auf das Augstmatthorn schon begangen hat, weiss Paul Ingold nicht. Drei Jahrzehnte hat der pensionierte Zoologe zusammen mit seinen Studenten die Fauna in dieser Gegend erforscht. Ingold zeigt auf einen grossen Felsblock im gegenüberliegenden Steilhang des Suggiture (2085 m). «Eine Gämse hat es sich auf dem Stein gemütlich gemacht, nebenan äsen zwei weitere.» Nur wenige Dutzend Meter weiter oben verläuft der Wanderweg, der in einer weiten Kehre zum Gipfel des Augstmatthorns (2137 m) führt, einem der schönsten Aussichtspunkte der Berner Oberländer Voralpen. Der Weg wird oft begangen, auch heute Morgen sind Wanderer unterwegs.

Die Gämsen lassen sich nicht weiter stören. «Sie sind erstaunlich nah am Weg. Aber es ist dort sehr unübersichtlich, und es kann sein, dass sie die Wanderer gar nicht sehen können», kommentiert Ingold. Es sind drei Böcke. Gämsen leben bis auf die Brunftzeit in nach Geschlechtern getrennten Rudeln. Etwa drei Dutzend Männchen verbringen den Sommer in diesem steilen Hang, in der Alpzeit teilen sich Rindvieh und Gämsen die Weiden – ohne sich dabei zu vermischen. Die Gämsgeissen leben mit ihren Kitzen einige Hun-

dert Meter nordöstlich im steilen, felsigen Gelände des Emmengrabenhangs unterhalb des Augstmatthorngipfels. Die Geissen brauchen viele Mineralstoffe, und diese finden sie an den Stellen, wo Wasser aus dem Fels austritt.

Vom Aufstiegsweg zum Augstmatthorn eröffnet sich ein prächtiger Panoramablick auf die Lombachalp: Weideflächen im Talgrund, halboffene Waldflächen an den flachen Hängen, dahinter die Bergketten des Hohgant und der Sieben Hengste, eine abwechslungsreiche, naturnahe Kulturlandschaft. »Das Mosaik von offenen Gebieten und Wald macht diese Landschaft so wertvoll», meint Paul Ingold. Das gilt auch für die in den tiefer gelegenen Waldlagen (1500–1600 m) versteckten Hochmoore oder für die Flachmoore an den nördlichen Hängen. Sie sind durch die seit dem Hochmittelalter andauernde alpwirtschaftliche Nutzung des Gebiets entstanden. Das schafft ein reizvolles Puzzle an Landschaftselementen, wie sie auch im alpinen Raum selten geworden sind.

Auch Steinwild, Rothirsche, Rehe, Schneehasen und Murmeltiere gibt es auf der Lombachalp. Dazu bei den Vögeln unter anderem Schnee-, Auer- und Birkhuhn. Die seit 1990 durchgeführten Birkhuhn-Zählungen ergaben ein Maximum von 58 balzenden Birkhähnen Anfang der 1990er-Jahre. Danach ging die Zahl stark zurück,

um dann langsam wieder anzusteigen. 2006 waren es 37 Hähne, 2010 deren 35. «Das ist erfreulich, denn wir haben in den vergangenen Jahren immer mehr Besucherinnen und Besucher auf der Lombachalp», bilanziert Ingold. «Dass die Birkhühner sich dennoch gehalten haben, führe ich auf die erfolgreiche Umsetzung des Nutzungs- und Lenkungskonzepts zurück.»

Auf der Lombachalp fanden sich seit der Winteröffnung des schmalen Zufahrtssträsschens bis zum Lägerstutz Ende der 1990er-Jahre auch in der kalten Jahreszeit immer mehr Besucher ein. Steht im Sommer und Herbst das Wandern und Pilzesammeln im Vordergrund, so wird im Winter die weitab von den grossen Skigebieten gelegene Lombachalp für Trendsportarten immer beliebter. Dazu zählen nebst Langlauf, wozu die auf der Strasse angelegte Loipe benutzt wird, auch Winterwandern, Snowboarden, Schneeschuhwandern und Skitouren. An Spitzentagen werden sommers und winters bis zu 500 Besucherinnen und Besucher gezählt. Dass sie sich in einer mit Naturräumen durchsetzten und von vielen Wildtieren bevölkerten Kulturlandschaft bewegen, dürfte nur den Wenigsten bewusst sein. www.lombachalp.ch

Einsturz bedrohte Stollen gesichert und wieder zugänglich gemacht haben. Und es ist das Verdienst des Vereins Region Thunersee (früher «Höhenweg Thunersee»), einer von den Gemeinden nördlich des Thunersees getragenen Institution, die seit 2001 mit verschiedenen Projekten eine Region ins Rampenlicht gerückt hat, die – zumindest in dieser Form – bislang kaum beachtet worden war.

Der geplante Naturpark Thunersee-Hohgant zieht sich von den Gestaden des nördlichen Thunerseeufers bis hinüber ins südliche Emmental. Dazwischen liegen mehrere markante Höhen- und Gebirgszüge, die eine beeindruckende Voralpenlandschaft bilden. Die Viertausender des Berner Oberlandes sind von diesen Gipfeln aus an schönen Tagen ebenso nah wie der Chasseral. Auch wenn die 18 im Verein Thunersee-Hohgant zusammengeschlossenen Gemeinden im selben Kanton liegen, so haben sie aus historischer Sicht nur wenig gemein. Das liegt zum einen an der Topografie, die stets das Flachland näher erscheinen liess als das benachbarte Tal – auch wenn die Leute dort ganz ähnliche Sorgen plagten. Es waren jahrhundertelang die Sorgen von Menschen, deren Existenz auf dem Wenigen beruhte, das ihnen die Natur zur Verfügung stellte: steiles Land, dazu ein kühles Klima, das Ackerbau praktisch verunmöglichte – bittere Armut war in diesen Zeiten Alltag. Und gäbe es nicht die staatlichen Subventionen, es wäre auf keinem der Hügel- und Bergbauernhöfe der Region genügend für eine Existenz zu verdienen. Wurden diese Staatsgelder früher praktisch mit dem Füllhorn ausgeschüttet und die Landwirte zu immer grösseren, kaum mehr verwertbaren Erträgen ermuntert, so setzte vor zwei Jahrzehnten ein Umdenken ein. Direktzahlungen, die an für die gesamte Gesellschaft wichtigen Leistungen wie Landschaftspflege und Naturschutz gebunden sind, heisst nun das Zauberwort. Parallel dazu wurden die an die Produkte gekoppelten Unterstützungszahlungen verringert. Unter dem Strich ist dabei sogar für die Landwirte etwas mehr herausgekommen. Reich wird damit aber keiner: Der Arbeitslohn eines Bergbauern liegt heute in etwa auf dem Niveau eines Supermarkt-Kassierers. Doch die seit zwanzig Jahren nur noch gesunkenen Produktepreise nagen am Selbstwertgefühl. Der «Bauer als Unternehmer», wie er gerne propagiert wird, muss mit Preisen weit unter den Gestehungskosten leben – und mit dem ständigen Gefühl, seine Arbeit sei nichts wert.

Eine abwechslungsreiche Landschaft aus Mooren, Alpweiden, Gebirgswäldern, Karrenfeldern und schroffen Kalkgipfeln prägt die Region nördlich des Thunersees. Das Gebiet Rotmoos/Eriz ist im Bundesinventar der Moorlandschaften enthalten.

Beim Burgfeldstand (2063 m) geht es furchterregend steil hinunter ins Justistal.

Die staatlich geförderten Naturpärke dürfen in diesem Sinne auch als Versuch verstanden werden, das stark angeschlagene Selbstwertgefühl des Bauernstandes zu fördern. Tatsächlich gibt es im Gebiet Thunersee-Hohgant vieles, das Beachtung verdient: die köstlichen Meringues aus Schangnau im Emmental, angeblich entstanden, weil sie so trocken sind, dass sie mit «ghörig Nidle» befeuchtet werden müssen; das kleine, aber ausgesprochen feine Familienskigebiet im Eriz; das Dorfmuseum Habkern im alten Schulhäuschen oder die fantastische Landschaft auf der Lombachalp.

Zwar haben die Stimmberechtigten der Gemeinde Habkern den Beitritt zum Naturpark Thunersee-Hohgant abgelehnt, doch besitzen sie mit der Lombachalp eine seltene Perle der Natur – die sie in schweizweit vorbildlicher Weise zu schützen wissen. Das Schutzkonzept wurde zusammen mit Pro Natura Berner Oberland und Berner ALA (Bernische Gesellschaft für Vogelkunde und Vogelschutz) erarbeitet. Für die Realisierung gründete der Gemeinderat von Habkern die Kommission «Lombachalp», der als Vertreter des Naturschutzes auch der pensionierte Zoologe Paul Ingold angehört. Es habe anfänglich gegolten, manches Vorurteil abzubauen, erinnert sich dieser. Das Misstrauen sei spürbar gewesen. Doch dann sei die Atmosphäre zunehmend konstruktiv geworden. «Es war klar, dass wir nach Kompromissen suchen mussten.» Die Gemeinde Habkern mit ihren 650 Einwohnerinnen und Einwohnern liegt trotz ihrer Nähe zu Interlaken abseits der grossen Touristenströme, sie zählt zu den steuerschwächsten Gemeinden im Kanton Bern, und die nach wie vor grosse Dominanz der Landwirtschaft ruft nach ergänzenden Erwerbsmöglichkeiten wie dem Tourismus. Demgegenüber galt es, gerade auf der Lombachalp, den Vorgaben der Verfassung gerecht zu werden, die einen umfassenden Moorschutz verlangt. Im Ergebnis mussten alle Parteien Federn lassen. Paul Ingold hätte es gerne gesehen, wenn die Strasse ins Kerngebiet der Lombachalp gesperrt worden wäre. Stattdessen wird jetzt eine zusätzliche Parkgebühr verlangt, um die Automobilisten zu motivieren, ihr Auto vorher abzustellen. Froh ist Ingold aber, dass insbesondere Schnee-schuhwanderer und Skitourengänger ausgeschilderte Korridore benützen müssen. «Die markierten Schneeschuhrouten werden gut eingehalten, sodass heute grosse Bereiche weitgehend ruhig bleiben», sagt Paul Ingold. Der Unterschied zur der Zeit vor der Umsetzung des Schutzkonzepts sei frappant: «Vorher gab es Schnee-schuhspuren überall im Gebiet, jetzt sieht man solche selten abseits der Routen, dafür können Spuren vor allem des Schneehasen, oft auch des Fuchses entdeckt wer-den.» Zu dieser erfreulichen Situation trägt insbesondere auch die Aufklärung der Besucherinnen und Besucher des Gebiets durch einen Ranger bei. Im Sommer zeigt die erhöhte Parkgebühr nach dem Hauptparkplatz beim Informationszentrum im Lägerstutz (Rotenschwand) die erwünschte Wirkung, indem weniger Autos ins Ge-biet hineinfahren als noch vor Jahren, wie eine Verkehrszählung von 2009 im Ver-gleich zu jener von 2005 ergeben hat.

Wie es mit dem geplanten Naturpark Thunersee-Hohgant weitergeht, ist noch ungewiss. Mit der überaus deutlichen Ablehnung des Projekts in Habkern und Si-griswil im Frühjahr 2010, zwei für den Naturpark zentralen Gemeinden, müssen die Karten jetzt neu gemischt werden. Auch in stark geschrumpfter Form wollen die Verantwortlichen jedoch weitermachen. Die Chancen für eine Verwirklichung des Parks sind durchaus intakt. Denn in allen nun noch beteiligten Gemeinden hat das Stimmvolk schon einmal Ja gesagt.

Die Besucherinnen und Besucher brauchen diese von viel Polemik begleiteten Geburtswehen eines Naturparks aber nicht zu kümmern. Wer sich die Zeit nimmt für eine Entdeckungsreise durch die Region Thunersee-Hohgant, wird nicht ent-täuscht sein – weder in den einstigen Kohlenbergwerkstollen, die an eine Zeit erin-nern, als die Menschen noch von der Energie zu leben hatten, die in ihrer unmittel-baren Umgebung vorhanden war, noch auf der Lombachalp, dieser wahren Perle der Natur. (FI)

Vom Wind geformte winterliche Schneedünen-landschaft am Sigriswilergrat.

Blick vom Niederhorn auf die Berner Oberländer Bergriesen. Das Niederhorn ist ein beliebtes Nahausflugsziel der Bernerinnen und Berner.

Gantrisch

Aufbruch-stimmung im Naturpark Gantrisch

Der Naturpark Gantrisch bildet geografisch eine geschlossene Einheit zwischen Bern, Thun und Freiburg. Noch vor wenigen Jahren hatte die von Abwanderung geprägte Region mit 28 Gemeinden nicht einmal einen Namen. Jetzt herrscht Aufbruchstimmung.

Blick von der Passhöhe des Gurnigels auf den Gantrisch, der einer ganzen Region seinen Namen leiht.

Blick von der Bütschelegg auf die Viertausender der Berner Alpen. Charakteristisch ist der Ackerbau, der hier seit Jahrhunderten gepflegt wird. In den höheren Lagen dominiert die Milchwirtschaft.

«Da sind doppelt so viele Eier drin wie üblich. Sie brauchen also nur halb so viele Nudeln zu kochen und werden trotzdem satt», schmunzelt Margrit Haldemann. Die sechs (statt drei) Eier pro Kilogramm Mehl, die sie ihrem Nudelteig beimischt, stammen vom eigenen Hof, das Mehl zu einem Drittel von Äckern im Gürbetal, das sich in südöstlicher Richtung zwischen Bern und Thun erstreckt. Angefangen hat es Ende der 1990er-Jahre, als die Eierpreise nach jahrelangem Zerfall ein Niveau erreicht hatten, das kaum mehr zur Deckung der Selbstkosten ausreichte. «Nehmen wir das Heft doch selbst in die Hand», dachte sich Margrit Haldemann und begann, zuerst nur für einen kleinen Kundenkreis, Teigwaren herzustellen. Sie hatte eine Marktlücke entdeckt. Praktisch vom ersten Tag an brauchte sie sich um den Absatz keine Sorgen zu machen. Seither ist es mit der Produktion nur noch aufwärtsgegangen, und mit jährlich rund zweieinhalb Tonnen ist die Nudelherstellung im Familienbetrieb zum wichtigen Standbein geworden. Das gilt auch für die Konfitüren, die Margrit Haldemann in reiner Handarbeit produziert. Sie ist eine von 40 Frauen aus der Region Gantrisch, die sich entschlossen haben, Regionalprodukte herzustellen und zu vertreiben. Längst sind sie dem reinen Hoflädeli-Status entwachsen. Die Produkte verkaufen sich auch am Marktstand in der Stadt Bern und in der Delikatess-Abteilung eines Detaillisten bestens. «Weil die Qualität stimmt», sagt Margrit Haldemann selbstbewusst. Dass die Nudeln und Konfitüren aber binnen eines Jahrzehnts zum wichtigsten Umsatzträger des Landwirtschaftsbetriebs werden würden, habe sie sich damals nicht einmal erträumt.

Margrit Haldemann steht beispielhaft für die Aufbruchstimmung in einer Region, für die es noch Mitte der 1990er-Jahre nicht mal einen einheitlichen Namen gegeben hatte. Mit «Berner Voralpen» umschrieb man das Gebiet zwischen Bern, Thun und Freiburg, es lag im voralpinen Nirgendwo zwischen den städtischen Zentren und dem weit mehr Anziehungskraft besitzenden Hochgebirge des Berner Oberlandes. Schweizer Milizsoldaten ist der Gurnigel ein Begriff, wo vor allem im

Frühjahr und im Herbst die Panzer für Schiessübungen auffahren. Und die ältesten unter den Einheimischen erinnern sich vielleicht noch an die goldenen Zeiten des Gurnigelbades, als hier das grösste Hotel der Schweiz die Gäste zum Baden in der Schwefelquelle lud. Doch schon nach dem Zweiten Weltkrieg war es damit vorbei. Nach einem Zwischenspiel unter Ägide der Armee hat sich heute das Gurnigelbad als Viersterne-Wellnesshotel positioniert. Die Landwirtschaft ist schon seit Jahrzehnten im Niedergang begriffen, Industrie, Gewerbe und Tourismus konnten den anhaltenden Verlust von Arbeitsplätzen nicht kompensieren.

«Etwas musste geschehen», sagt Kathrin Streit. Die Bäuerin und Politikerin stammt aus dem Emmental und lebt in Zimmerwald. Der Betrieb mit 17 Hektaren Land lebt vom Saatkartoffelanbau, der Milchwirtschaft und dem Agrotourismus. Kathrin Streit war eine der Ersten im Gantrischgebiet, die auch auf die touristische Karte setzte. Mit grossem Erfolg. Und sie war von Anbeginn mit dabei, als Mitte der 1990er-Jahre nächtelang diskutiert wurde, wie man aus der Abwärtsspirale einer Randregion herausfinden könnte. Arbeitsgruppen wurden gebildet, Konzepte und Studien entwickelt. Für Kathrin Streit blieb die Empfehlung der Autoren einer ETH-Studie wegweisend. Diese hatten herausgefunden, dass das hauptsächliche Problem in den Köpfen zu suchen war: Es mangelte an einer gemeinsamen Vision.

Die Gemeinden in den Regionen hatten sich verzettelt, die einen wurden zu Schlafgemeinden für Pendler, die in Bern, Freiburg oder Thun arbeiten, die andern zu Tageszielen für Ausflügler aus diesen Agglomerationen: klassisches Hinterland, gesichts- und konturlos, interessant höchstens für Liebhaber des Abgeschiedenen, Unbekannten. Diese hingegen wussten immer, was sie am Gantrisch hatten: eine in weiten Teilen intakte Kulturlandschaft mit einigen spektakulären Naturschönheiten, eine gastfreundliche Bevölkerung – und das zeitweilige Gefühl, hier sei die Uhr irgendwann vor einigen Jahrzehnten angehalten worden. Das zeigt sich zum Beispiel am Verlauf der meisten, oft sehr schmalen Strassen, die fast ohne Kunstbauten auskommen und dem von der Natur vorgegebenen Geländeverlauf folgen. Es zeigt sich auch bei vielen Gehöften, die seit Gotthelfs Zeiten manchen Sturm zu überstehen hatten, und in vielen Dörfern, wo der eintönige Einfamilienhausbrei des Schweizer Mittellandes noch nicht angerührt worden ist. Eine überaus reizvolle Mischung also – doch kaum jemand wusste davon, am wenigsten vielleicht die rund 33 000 Einwohnerinnen und Einwohner im heutigen Parkgebiet selbst.

Was also war zu tun? Wie sollte diesem vergessenen Landstrich neues Leben eingehaucht werden? Ein Name musste her, ein unverwechselbarer und treffender Name, der weit ins Mittelland hinausstrahlen sollte. Keine einfache Aufgabe angesichts eines geografischen Profils, das eine von mehreren Bachläufen zerschnittene und zerfurchte Landschaft zeigt, die vom sanften Hügelland des Gürbetals zu den schroffen Felswänden der Gantrischkette und von den Canyons des Schwarzwassers und der Sense bis zum voralpinen Schwarzsee im Freiburgischen reicht – und sich damit auch markant abgrenzt vom flachen Mittelland und der Weite des benachbarten Simmentals sowie der Berner Oberländer Seen. Obenauf schwang schliesslich der Gantrisch als Hausberg der Region.

Den Zeitläuften schweizerischer Regionalförderungspolitik folgend, kam es im Jahr 2003 zur Gründung des Projekts «Wald Landschaft Gantrisch». Erstmals konnten damit nationale und kantonale Fördergelder gezielt in die Entwicklung der Randregion mit dem nun gemeinsamen Namen Gantrisch investiert werden. Es war eine Politik der kleinen Schritte, hier wurde ein Impuls gesetzt, dort gezielt ein Pro-

---

Exklusive Arten im Naturpark

Die Glänzende Glattschnecke lebt in einem prächtigen, fein glänzenden, bauchig-konischen Gehäuse. Sie kommt in der Schweiz gerade noch an drei Standorten vor, darunter auch am Dittligsee in Längenbühl (Gürbetal) im Regionalen Naturpark Gantrisch. Sie zählt zusammen mit sieben weiteren Arten, darunter die Kleine Hufeisennase (eine Fledermaus) und der Schwarzfrüchtige Kugelträger (eine Flechte), zu den besonderen Raritäten im Naturpark. Das haben die Autoren der von Pro Natura mitfinanzierten Studie «Arten- und Lebensraumförderung im Naturpark Gantrisch» herausgefunden. Sie soll auch für andere Naturpärke wegweisend sein. Denn erstmals in der Schweiz wurde dabei der ökologische Wert der Landschaft in einem Naturpark umfassend untersucht. Die grosse Zahl hochgradig exklusiver Arten erstaunt auch die Fachleute. Damit sind die Grundlagen für künftige Artenförderungsmassnahmen im Naturpark gelegt. Welche Art indes als «Flaggschiff» etwa ein künftiges Label zieren soll, ist noch offen. Denn die Exklusivität der Arten hat auch einen Nachteil: Kaum jemand kennt sie.

Die Morgenstimmung mit Sonnenaufgang auf dem Gurnigel ist nicht nur wegen der Farben, sondern auch wegen der Stille eindrücklich.

jekt gefördert. Es war aber auch der Hartnäckigkeit von Einzelpersonen wie Kathrin Streit und Walter Lüthi, dem ersten Geschäftsführer des zwecks Betreiben des Regionalen Naturparks gegründeten Fördervereins Region Gantrisch, zu verdanken, dass sich nach und nach Erfolge einstellten, von regionalen Produkten bis zu einer gemeinsamen Internetplattform. Besonders beeindruckend sind auch die kulturellen Leistungen, wie etwa der «Klostersommer Rüeggisberg». Laienschauspieler treten in der Kulisse der Klosterruine auf, zum Beispiel mit einem Stück zum Leben des «Vehdoktors» Rudolf Trachsel, der im 19. Jahrhundert mit der von ihm initiierten Gründung der Ersparniskasse Rüeggisberg Bahnbrechendes geleistet hatte.

Die Bewerbung des Gantrischgebiets um die Anerkennung als Naturpark lag nahe. Und die Tatsache, dass Ende 2009 in den Abstimmungen über den Beitritt zum Naturpark in allen 28 beteiligten Gemeinden überaus hohe Ja-Mehrheiten erreicht wurden, durfte auch als Erfolg jahrelangen Bemühens gewertet werden.

Die Zukunft wird zeigen, ob aus der heute vorherrschenden Aufbruchstimmung mehr wird als nur ein schöner Sommer. Denn mit drei Franken pro Einwohner und Jahr stehen kaum mehr Fördermittel zur Verfügung als bisher. Sie werden nur anders, zum einen für Aufbau und Betrieb der Parkverwaltung, zum andern zur Unterstützung einzelner Projekte, die sich weitgehend selber tragen müssen, verwendet. Es wird also an den Leuten im Naturpark Gantrisch selber liegen, ob sie die Chance packen oder nicht. Rund eine Million Franken jährlich stehen dafür aus den Schatullen des Bundes und des Kantons Bern bis 2022 zur Verfügung. Manche sagen, es werde im Naturpark Gantrisch einmal mehr Geld verteilt, das schliesslich doch nur in den Taschen von Bürokraten lande. Da ist was dran, denn tatsächlich fliesst ein beträchtlicher Teil in nicht direkt in klingende Münze umzusetzende Massnahmen wie Marketing oder Tourismusförderung. Und es lässt sich auch nicht leugnen, dass das neue Geld nur das alte ersetzt, das, nach Auslaufen eidgenössischer und kantonaler Förderprogramme, schon weggespart worden ist. Doch die finanziellen und ideellen Impulse von Bund und Kanton sind da. Und wenn sie sich mit der Innovationskraft kluger Köpfe in der Region treffen, könnte der Traum von einem Naturpark, der mehr ist als bloss idyllische Kulisse für die Projektionen von Städtern, durchaus wahr werden. Kathrin Streit hat eine Vision für die Zukunft: «Wer ausserhalb der Kantone Bern und Freiburg das Wort Gantrisch hört, denkt dann nicht mehr unwillkürlich an Panzerschiessübungen.»

Wanderung

Den 17 Kilometer langen Gürbetaler Höhenweg darf man mit Fug und Recht als den ersten echten und gut markierten Höhenweg im Grossraum Bern bezeichnen. Die Route führt von Kehrsatz den Längenberg entlang nach Mühlethurnen. Von Kehrsatz geht es recht steil hinauf zum Weiler Englisberg und in südlicher Richtung weiter zum Teufelsstein, einem Findling, der vom Aaregletscher abgelagert wurde. Bis hier hinauf reichte vor 10 000 Jahren die Eisdecke! Der Höhenweg eröffnet immer wieder prächtige Ausblicke auf die Berner Alpen. Weitere Höhepunkte sind der Weiler Falebach mit seinen drei prächtig erhaltenen Höfen und der Felsen Guetebrünne mit einer teilweise begehbaren Höhle. Die Wanderzeit beträgt rund 5 Stunden. Der Weg kann aber problemlos abgekürzt werden. Es gibt verschiedene Start- und Zielpunkte, entweder die Bahnstationen im Tal oder Postautohaltestellen unterwegs. Eine Broschüre zum Höhenweg inkl. Infos und Wanderkarte ist beim Verkehrsverband Region Gürbetal erhältlich, Telefon +41 (0)31 819 39 39, info@guerbetal.ch

Anreise

Der Regionale Naturpark Gantrisch lässt sich mit öffentlichen Verkehrsmitteln über Bern, Thun oder Freiburg gut erreichen. Am besten sind die Verbindungen nach Schwarzenburg mit der S-Bahn aus Bern.

Übernachtung/Essen

Resort Wellnesshotel
Schwefelberg Bad
1738 Schwefelberg-Bad
Telefon +41 (0)26 419 88 88
www.schwefelbergbad.ch
Im frisch restaurierten Haus mit guter Küche lebt die Schwefelbad-Tradition vergangener Zeit wieder auf.

Hostellerie am Schwarzsee
Seestrasse 1, 1716 Schwarzsee
Telefon +41 (0)26 412 74 74
www.hostellerie-amschwarzsee.ch
Vorzügliches Haus mit schönem Seeblick, grosse Zimmer, gutes Essen.

Hotel Restaurant Sternen
3158 Guggisberg
Telefon +41 (0)31 736 10 10
www.sternen-guggisberg.ch
Vorzügliche, regional inspirierte Küche im herrlichen Ambiente dieses Traditionsbetriebes.

Auskunft

Naturpark-Infozentrum
Hintere Gasse 3
Postfach 144
3132 Riggisberg
Telefon +41 (0)31 808 00 20
www.gantrisch.ch

Karte

Landeskarte/Wanderkarte
1:50 000, 253/253T Gantrisch

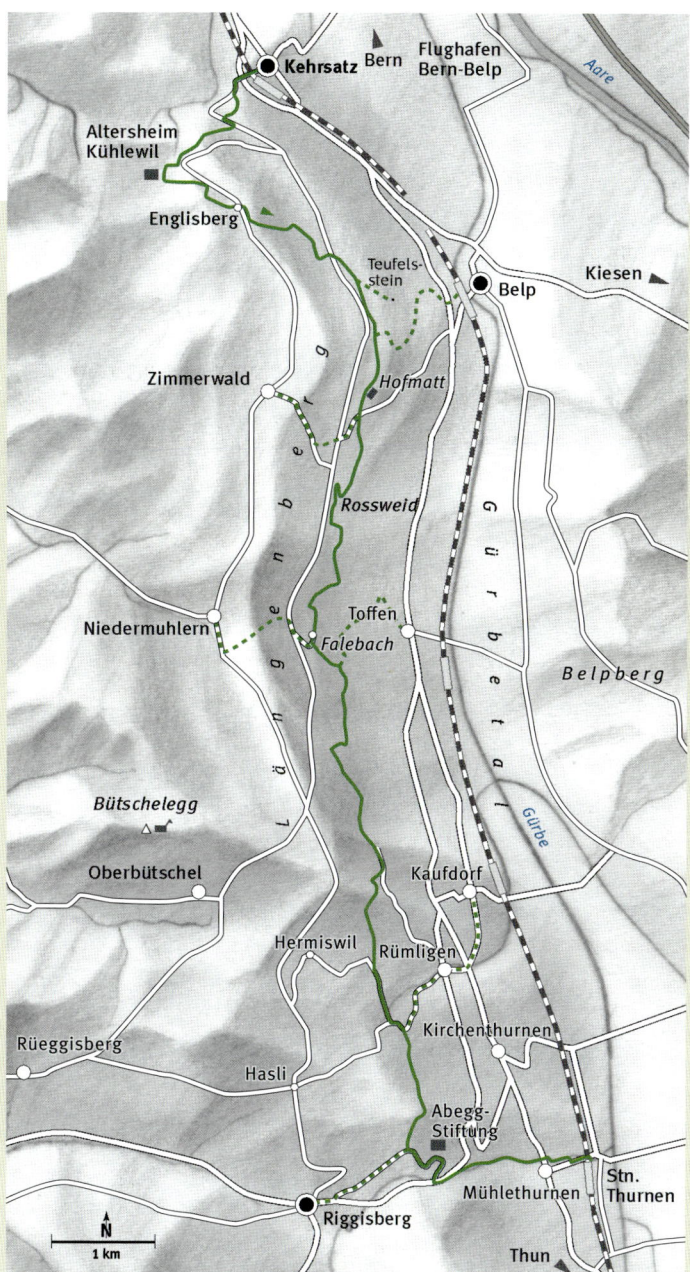

Seit Jahrhunderten wird das Torenöli am Sensegraben begangen. Hier pilgerten Tausende auf dem Jakobsweg.

Aus der Not eine Tugend gemacht: Der Gäggersteg führt mitten durch eine vom Orkan Lothar 1999 verwüstete Waldlandschaft. Jetzt erobert sich die Natur mit Macht ihren Platz zurück.

Der Regionale Naturpark Gantrisch muss indes auch im Innern seine Identität noch vertiefen. Das zeigt das Beispiel des Schwarzsees. Geografisch gesehen gehört die Gemeinde Schwarzsee eindeutig zum Naturpark. In politischer und wirtschaftlicher Hinsicht trifft das weniger zu. Schwarzsee liegt im Kanton Freiburg und spielt auch touristisch in einer anderen Liga als die übrigen Gemeinden im Naturpark. Am Nordufer des malerisch gelegenen gleichnamigen Sees hat sich ein kleines, feines Fremdenverkehrszentrum entwickelt, das im Sommer und im Winter Gäste von beiden Seiten des Röstigrabens anzieht. Vom Naturpark erhoffen sich die Verantwortlichen gegenseitige Impulse. Das ist ein recht ambitioniertes Unterfangen, das auch die Grenzen des bestehenden Naturpark-Konzeptes in der Schweiz aufzeigt. Denn ob hier zusammenwachsen kann, was historisch, politisch, konfessionell und kulturell nicht unbedingt zusammengehört, wird die Zukunft weisen. Zu begrüssen wäre das Funktionieren des interkantonalen Zusammengehens auf jeden Fall. Den Besucherinnen und Besuchern wird es gleichgültig sein, ob sie im Kanton Bern oder im Kanton Freiburg durch den Naturpark Gantrisch streifen.

Zu entdecken gibt es mehr als genug. Zum Beispiel im Wald, der ganz wesentlich das Landschaftsbild bestimmt und der auch wirtschaftlich eine bedeutende Rolle spielt. Er bestimmt auch das Angebot der «Waldarena Gantrisch», die mit einem breiten Bildungsangebot das Thema Wald unter die Leute bringt. So machte die Waldarena aus der Not des Orkans Lothar, der am Stefanstag 1999 mit verheerender

Gewalt gewütet hatte, eine Tugend und errichtete im Jahr 2005 den Themenpfad Gäggersteg. Karin Remund, die Leiterin der Waldarena, staunt immer wieder aufs Neue, wie viel Regenerationskraft die Natur hat. «Der Orkan Lothar war für die Waldbesitzer eine grosse Katastrophe. Bäume, welche die Eltern oder Grosseltern gepflanzt hatten, waren auf einen Schlag einfach weg. Die Natur jedoch hat profitiert, denn es hat viel Platz gegeben für neues Leben», sagt sie. Auf dem Themenpfad Gäggersteg in der Süftenen, wo sich ein herrlicher Blick auf den Gantrisch eröffnet, kann man die Rückkehr der Natur auf einem vom Sturm vollständig zerstörten Waldgebiet beobachten. Der sich auf der Nordseite des Gägger (1635 m) erstreckende Wald, wo 95 Prozent des Baumbestandes geknickt worden waren, wurde von Anfang an der Natur überlassen. Hier blieben die wie Mikado-Stäbchen durcheinandergewirbelten Bäume liegen. Heute, ein gutes Jahrzehnt später, ist die Fläche dicht bewachsen, es grünt und blüht allenthalben, wäre da nicht der Gäggersteg, es gäbe kein Durchkommen. Der auch mit Kleinkindern gut begehbare Steg ist frei zugänglich, die Waldarena bietet auch Führungen an.

«S'isch äben e Mönsch uf Ärde» – Es gibt Volkslieder, die verklingen nie, wie etwa «S'Vreneli ab em Guggisbärg». Es basiert auf einer wahren Liebesgeschichte mit tragischem Ausgang, die sich um 1670 abspielte. Das Lied prägt die von der Abwanderung und dem Abbau der Infrastruktur schwer betroffene Gemeinde im Naturpark Gantrisch bis heute.

Guggisberger Lied

's isch äben e Mönsch uf Ärde –
Simelibärg!
Und ds Vreneli ab em Guggisbärg
Und ds Simes Hans-Joggeli änet dem
Bärg –,
's isch äben e Mönsch uf Ärde,
dass i möcht bi-n-ihm si.

Und mah-n-er mir nit wärde,
vor Chummer stirben-i.

U stirben-i vor Chummer,
so leit me mi i ds Grab.

I mines Büelis Garte
da stah zweu Bäumeli.

Das eini treit Muschgate,
das andri Nägeli.

Muschgate, die si süessi
und d'Nägeli si räss,

I gab's mim Lieb z'versueche,
dass 's miner nit vergäss.

Ha di no nie vergässe,
ha immer a di dänkt.

Es si numeh zweu Jahre,
dass mi han a di ghänkt.

Dört unden i der Tiefi,
da steit es Mülirad.

Das mahlet nüt as Liebi,
die Nacht und au den Tag.

Das Mühlirad isch broche,
mys Lyd, das het es Änd.

Der Tagebucheintrag des Geschäftsmanns und Politikers Karl Graf von Zinzendorf (1739–1813) vom 25. Juli 1764 (siehe gegenüber) galt einem Lied, auf das er während einer Reise durch die Schweiz in Chur gestossen war. Es ist die älteste schriftliche Fassung eines Volksliedes, dessen Ursprünge rund ein Jahrhundert früher liegen: «S'Vreneli ab em Guggisbärg». Das Lied, schreibt Zinzendorf weiter, werde vor allem im Berner Land gesungen, und es sei in den Schweizer Söldnerregimentern in Frankreich verboten, weil es zu jenen gehöre, «qui fait venier la Nostalgie appellée heimweh».

Ob das Heimweh auch «Hans Jokel» geplagt hat, den Liebsten des «Frenal» im Lied? Denn die Liebesgeschichte der beiden nimmt ein tragisches Ende. Vreneli ist nämlich einem anderen versprochen, und der provoziert einen Kampf mit seinem Nebenbuhler, wird von diesem niedergeschlagen und bleibt bewusstlos liegen. Hans-Joggeli glaubt, er habe ihn umgebracht und flieht nach Frankreich, wo er sich in fremde Kriegsdienste begibt. Als er heimkehrt, ist seine Liebste schon gestorben.

Ob das Heimweh auch Lydia Bucher plagen würde, die von sich sagt, sie sei mit Guggisberg, einer Landgemeinde in der Region Gantrisch, rund 25 Kilometer südlich von Bern, «verheiratet» und habe deshalb weder Familie noch Kinder? Bis zu ihrer Pensionierung 1997 amtete sie als Gemeindeangestellte und als Zivilstandsbeamtin (Standesbeamtin); und seither erzählt sie Besucherinnen und Besuchern die Geschichte ihrer Heimat, zu der die tragische Liebesgeschichte von Vreneli und Hans-Joggeli untrennbar gehört. Sie hat sie von ihrem Vater gehört, der sie wiederum von seinem Vater usw.

Die Wahrscheinlichkeit, dass die Geschichte stimmt, ist gross. In den Pfarrbüchern von Guggisberg findet sich in den Jahren 1715 und 1736 ein Eintrag im Einwohnerregister, der auf Hans-Joggeli schliessen lässt. Am 18. Dezember 1736 verzeichnet das Totenbuch den Tod von Hans-Joggeli. Er soll nach einer anderen Aufzeichnung 92 Jahre alt geworden sein. Die Liebesgeschichte mit dem Vreneli müsste sich demnach etwa in den Jahren zwischen 1660 und 1675 zugetragen haben.

Und ein Johann Rudolf Wyss erzählt in einer 1826 erschienenen Volksliedersammlung, ein längst verstorbener Pfarrer von Guggisberg habe den Simes Hans-Joggeli auf seinem Sterbebett besucht. Wie stark die Kraft der mündlichen Überlieferung bis heute noch ist, zeigt das Beispiel der durch den Ausbruch des Tambora-Vulkans in Indonesien 1816 ausgelösten Hungersnot, die ganz Europa schwer traf. Lydia Buchers Vater wusste noch davon zu erzählen, wie es in Guggisberg im Hochsommer geschneit habe und die ganze Ernte vernichtet worden sei. Die Berichte von dieser Katastrophe waren über Generationen hinweg überliefert worden. Wenn Lydia Bucher von dieser mündlichen Überlieferung berichtet, wird Geschichte so greifbar wie selten, Vergangenheit und Gegenwart rücken zusammen und werden Teil eines grossen Ganzen.

Die Geschichte führt auch ins Vrenelimuseum, das sich etwas versetzt zwischen Kirche und Gemeindehaus befindet. Es zeigt, neben einer Sammlung von alltäglichen Gegenständen und Gerätschaften, das gesamte Interieur, wie es die letzte Bewohnerin, die 1952 verstorbene Rosina Glaus, hinterlassen hatte. Die Bettstatt stammt aus dem Jahr 1757, der eiserne Küchenherd kam im Zuge der Industrialisierung um 1820 hinzu, Strom floss erstmals um 1910. Die Geschichte von Vreneli, ihrem Liebsten und dem zauberhaften Volkslied wird im oberen Stockwerk auf einigen Schautafeln erzählt. Das Lied, das ursprünglich wahrscheinlich nur aus fünf

Strophen bestand, die durchaus auch von Vreneli selber hätten gereimt werden können, wurde nach und nach durch «Wanderstrophen» ergänzt.

Die Erinnerung an Guggisberg machte auch einen Professor Rumpf aus Alabama/USA wehmütig, der, schwer krank, seinen Angehörigen jenen Ort nochmals zeigen wollte, aus dem die Vorfahren im frühen 18. Jahrhundert nach Amerika ausgewandert waren. Lydia Bucher überraschte ihn mit einem Alphornbläser und einer Führung durch das Dorf – und als er durch die Kirche gegangen sei, da habe er loslassen können. 15 000 auswärtige Guggisberger sind heute im Bürger-Register eingetragen; das Bürgerrecht gibt es in der Schweiz gleich dreifach: von der Gemeinde, vom Kanton und vom Bund. Tausende sind in der ganzen Welt zerstreut.

Derweil zählt Guggisberg heute mit 1600 Personen nur noch halb so viele Einwohnerinnen und Einwohner wie im ausgehenden 19. Jahrhundert – und schon damals war der Aderlass gross gewesen. Von den acht Schulhäusern sind vier übrig geblieben, eines steht kurz vor der Schliessung. Von einst 15 Verkaufsgeschäften, darunter sechs Bäckereien, wurden bis auf einen Filialbetrieb alle geschlossen, von den Wagnern, Schuh- und Korbmachern, welche das Kleingewerbe einst mitgeprägt haben, ist schon lange keiner mehr da. Die Poststelle bietet nur noch rudimentäre Dienstleistungen, und für viele Verwaltungsangelegenheiten müssen die Einwohner nach einer Verwaltungsreform, die Schluss machte mit vielen dezentralen Dienstleistungen, heute bis nach Bern reisen. Stück für Stück geht damit jene Identität verloren, die die Guggisberger einst geprägt hatte. Was wird bleiben? Erinnerungen und die durch einige junge Rückkehrer und Zuzüger, eine attraktive landschaftliche Umgebung sowie ein aktives Vereinsleben genährte Hoffnung auf einen Aufschwung – und das Guggisberger Lied. (FI)

Wenn sich das Nebelmeer über das Mittelland und die voralpine Hügellandschaft legt, ist der Gurnigel ein beliebtes Ausflugsziel.

S'Vreneli ab em Guggisberg, 1764

«Ist es ein Mensch auf Erden
Um den ich möchte sein,
Simeliberg,
und s'Frenal auf den Kukusberg,
und sine Hans Jokel ennet dem Berg
Und wird mir der nicht werden
So sterben wir vor Kummer
Und stürben wir vor Kummer,
so legt man mich ins Grab
Da droben (a)uf (d)em Berge
Da geht ein Mühli Rad
Das Mühlirad ist broche
Unds Liedli hat ein End.»

Diemtigtal

Die Alp lebt

Das Diemtigtal stand schon immer im Schatten des weit grösseren Simmentals. Unverdientermassen. Mit der Einrichtung des Regionalen Naturparks Diemtigtal könnte sich das ändern – wenn der Innovationsgeist zum Leben erwacht.

Der Seebergsee (1831 m) ist eine blaue Perle in der voralpinen Gebirgslandschaft des Diemtigtals.

Der Chirel mäandriert in einem breiten Bett: beidseits kein Baum und nur spärliche Vegetation im groben Kies.

Rechte Seite: Alpenrosen im Hochsommer am Seebergsee.

Es ist unüblich kalt für den späten Vormittag dieses Sommertages. Gerade sechs Grad zeigt das Thermometer auf 1200 Meter Meereshöhe beim Restaurant Spillgerten, der letzten Station auf der Postautofahrt durch das Diemtigtal. Zwei Schulklassen haben die 25-minütige Fahrt mit einem spontanen Wettsingen überbrückt und die abwechslungsreiche Landschaft kaum eines Blickes gewürdigt. Kurz nach Oey am Taleingang wird es eng. Der Chirel mäandriert in einem breiten Bett. Kein Baum säumt den Bach, nur spärliche Vegetation findet sich im groben Kies. «Dabei», so Ueli Sahli, Geschäftsführer des Regionalen Naturparks Diemtigtal, «hat man früher vom Bach kaum etwas gesehen, so dicht war der Baumbestand.» Hier wälzte sich im August 2005 nach tagelangen Regenfällen eine 200 Meter breite, alles mit sich reissende Wasserfront zu Tal und überschwemmte während mehrerer Tage das Dorf Oey. Es war eine Naturkatastrophe, wie sie in den Alpen immer wieder vorkommt – die Diemtigtaler wissen ein Lied davon zu singen. Ein halbes Jahrzehnt später sind die verheerenden Schäden weitgehend behoben. Doch die baumlose, einst dicht bewaldete Landschaft um das nun renaturierte Bachbett wird noch viele Jahre an die Katastrophe erinnern. An den Berghängen des Diemtigtals zeigen sich die Spuren eines anderen «Jahrhundertereignisses»: Der Orkan Lothar wütete am Stefanstag 1999 mit Windspitzen von 250 Kilometer pro Stunde und fällte in Minutenschnelle ganze Waldpartien. Er hinterliess fast irreparable Schäden. Lothar zerstörte das Zwanzigfache der jährlichen Holzschlagmenge – über 160 000 Kubikmeter. Der Allmendwald wurde zur Hälfte dem Erdboden gleichgemacht. Es wird noch viele Jahre dauern, bis sich die Wälder von diesem Schlag erholt haben.

Die Strasse wird schmäler, überwindet eine kurze, markante Steigung. Das Tal weitet sich zu einem stattlichen Hochplateau. «Schulhaus zu verkaufen», heisst es auf einem Schild an einem Gebäude am Strassenrand, einem uralten Holzhaus mit schwarz verwitterter Fassade. Acht Schulen zählte das Tal einst, jede der sogenannten Bäuerten, der selbstständigen Unterabteilungen der Gemischten Gemeinde Diemtigen, besass eine eigene Schule. Heute sind es noch deren drei. Doch die lokalen Kompetenzen der Bäuerten sind geblieben, auch beim Strassenbau und -unterhalt. 2140 Einwohnerinnen und Einwohner zählt die Gemeinde Diemtigen heute und hat damit wieder den gleichen Bevölkerungsstand wie um die Mitte des 19. Jahrhunderts, bevor eine Auswanderungswelle viele Diemtigtaler bis nach Russland und Amerika trieb. Nur die wenigsten kehrten zurück.

Jahrhundertelang hatte man im Schatten des allmächtigen Bern gut gelebt. Die Hartkäseproduktion blieb auf die Alpen beschränkt, und der Alpkäse war ein begehrtes Exportprodukt. Die Pferdezucht für die Damen und Herren des Berner Patriziats, die sich auch gerne im Diemtigtal zur Sommerfrische blicken liessen, sorgte für zusätzliches Auskommen. Doch als Mitte des 18. Jahrhunderts die Viehwirtschaft im Talgebiet dank neuer Futterpflanzen intensiviert werden konnte und im nahen Emmental die ersten Talkäsereien eröffnet wurden, war es mit der exklusiven Käseherrlichkeit in den hohen Lagen vorbei. In die stattlichen Bauernhäuser – im Diemtigtal bis heute in beträchtlicher Anzahl erhalten – kehrte die Armut ein.

Wäre ab Ende des 19. Jahrhunderts nicht zunehmend der Staat eingesprungen, es gäbe im Diemtigtal heute wohl nur noch Hobby-Bauern. Damit wurden die Diemtigtaler vom Wohl und Weh eines Staates abhängig, der von politischen Modellen und Moden geprägt war. Nach dem Zweiten Weltkrieg wurden weite Teile der Landwirtschaft praktisch verstaatlicht, Monopolbetriebe wie die Käse-Union pflegten Bauern und Käsern gleichermassen vorzuschreiben, was sie zu tun hatten. Die

Blick auf die Alp Untergestelen. Im Vordergrund
Pestwurz, eine schon in der Antike bekannte Heil-
pflanze.

Bächlein bei Riederen, einer der Bäuerten, wie die
Ortsteile der grossen Gemeinde Diemtigen noch
heute genannt werden.

Rechte Seite: Mächtige Ahornbäume im Meniggrund. Die wie Parkbäume wirkenden Riesen waren
einst wichtig für die Holzversorgung.

Preise wurden durch den Staat fixiert. Reich wurden die Bergbauern damit nicht,
aber es liess sich einigermassen leben unter dem staatlichen Schutzschild.

In den 1990er-Jahren änderte sich der Zeitgeist, die Bauern sollten zu Unter-
nehmern und Landschaftsschützern mutieren. Das Instrument der Direktzahlungen
wurde erfunden. Geld gibt es nun nicht mehr über staatlich diktierte Milchpreise,
sondern als Gegenwert für vom Bund definierte Leistungen, die mehr oder weniger
ökologisch sind. Ohne diese Gelder wäre im Diemtigtal an Land- und Alpwirtschaft
nicht zu denken. Bis zu drei Viertel des bäuerlichen Einkommens in den Berggebie-
ten machen heute staatliche Subventionen aus, und die Bauern sind zu Hütern und
Pflegern einer während Jahrhunderten gewachsenen Kulturlandschaft geworden.
Die Hoffnung, damit den Bauern auch mehr Freiraum für unternehmerisches Handeln zu ermöglichen, hat sich bislang noch nicht so richtig erfüllt.

Im Diemtigtal blüht die Alpwirtschaft. Mit 67 Quadratkilometern verfügt das
Diemtigtal über das grösste Alpwirtschaftsgebiet der Schweiz. Auf 107 Alpbetrieben
werden 8000 Rinder und Kühe gesömmert, und auf 60 Alpbetrieben wird Alpkäse,
zum grössten Teil AOC-zertifiziert, hergestellt. Wiesen und Weideland weisen besondere ökologische Werte auf. Eine Studie der Fachhochschule Neubrandenburg
zeigt, dass im Diemtigtal selbst auf den am intensivsten genutzten Wiesen noch über
30 verschiedene Pflanzenarten vorkommen. In blumen- und kräuterreichen Trockenwiesen konnten bis zu 150 verschiedene Pflanzenarten gefunden werden.

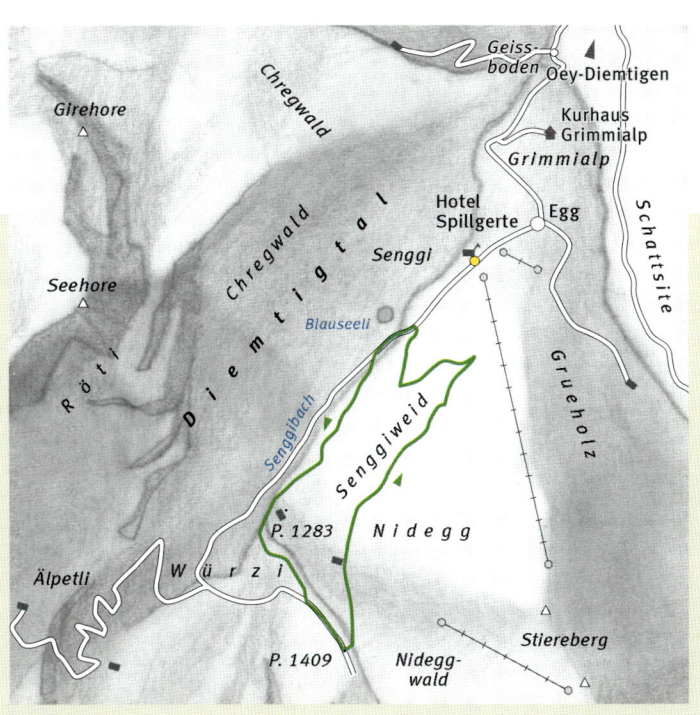

Wanderung

Aus der Kindergeschichte von Peter Zahnd über die Abenteuer des Waldmanndli Grimmimutz und der bösen Pfefferhexe ist der Erlebnisweg Grimmimutz mit vielen Spielposten entstanden. Die Kinder lesen auf dem Weg die Geschichte vom Grimmimutz, spielen an verschiedenen Posten und entdecken die Natur und ihre Schönheiten. Unterwegs laden Feuerstellen zur Rast ein. Ausgangspunkt ist der Parkplatz Senggiweid auf der Grimmialp. Die Wanderzeit auf dem gut markierten Rundweg beträgt 1½ Stunden. Er ist mit Kindern ab drei bis vier Jahren problemlos begehbar. Am Aus-

gangspunkt befindet sich ein Kässeli für das bescheidene Eintrittsgeld. www.naturpark-diemtigtal.ch

Übernachtung

Hotel Restaurant Spillgerten
Senggi
3757 Schwenden
Telefon +41 (0)33 684 12 84
www.hotel-spillgerten.ch
Gemütliches Hotel auf 1200 Meter über Meer. Idealer Ausgangspunkt für Wanderungen. Doppel- und Einzelzimmer sowie Massenlager. Moderate Preise. Rustikale Saisonküche mit Spezialitäten wie dem «Älplerznacht».

Essen

Gasthaus Tiermatti
3757 Schwenden
Telefon +41 (0)33 684 12 90
www.tiermatti.ch

Gemütlicher, rustikaler Landgasthof aus dem 18. Jahrhundert. In der Jägerstube Spezialitäten wie «Housis Burebratwurst» an Zwiebelsauce mit Rösti.

Auskunft

Diemtigtal Tourismus
3753 Oey
Telefon +41 (0)33 681 26 06
www.diemtigtal-tourismus.ch
oder www.naturpark-diemtigtal.ch

natur-lernen
Diemtigtalstrasse 2a
3753 Oey
Telefon + 41 (0)79 258 78 14
www.natur-lernen.ch
Die kleine Firma bietet spannende und lehrreiche Exkursionen für Schulklassen, Vereine und andere Interessierte im Diemtigtal an.

Karten

Wanderkarte Diemtigtal 1:25 000
Landeskarte/Wanderkarte
1:50 000, 5025/5025T
Saanenland-Simmental

Instrumentalisierte Schwingerhelden

«Tal der Könige» nennen die Diemtigtaler Tourismusverantwortlichen ihr Vermarktungsobjekt neuerdings. Der reichlich aufgesetzte Titel ist einem jungen Sportler zu verdanken, der es im Sommer 2010 am Eidgenössischen Schwing- und Älplerfest zur allerhöchsten Weihe des Schwingerkönigs gebracht hat: Kilian Wenger, ein Bild von einem jungen Mann, dazu bodenständig, bescheiden und heimatverbunden. Einen besseren Werbeträger kann man sich kaum wünschen. Wenger ist schon der zweite Schwingerkönig aus dem Diemtigtal. Sein Vorgänger, David Roschi, gewann das nur alle fünf Jahre ausgetragene «Eidgenössische» 1972. Roschi lebt in Oey, bis zu seiner Pensionierung Anfang 2010 führte er einen Eisenwarenladen. Heute meldet er sich öffentlich als Skeptiker eines Naturparks zu Wort. Die Natur sei schon immer da gewesen, beschied er der Zeitung «Der Bund». Wegen des Naturparks komme kein Mensch ins Diemtigtal. Für Gemeindepräsident Peter Knutti sind die Schwingerhelden wie das Tal selbst: «gross, natürlich, erfolgreich und doch bescheiden», wie er in der Ansprache zum Empfang des Schwingerkönigs Kilian Wenger meinte. Knutti ist Landwirt, nicht etwa Werbetexter, seine Instrumentalisierung eines sportlichen Grosserfolgs ist mehr Appell an alle als Blick auf die Realität eines Tals, das wie alle Randregionen gegen den Abbau öffentlicher Dienstleistungen und die wirtschaftliche Marginalisierung kämpft. Da tut es besonders gut, wenn einer aus den eigenen Reihen sich im Sägemehlring durchsetzt.

Die Viertklässler aus einem Vorort der Stadt Bern, die an diesem Vormittag zusammen mit ihrer Klassenlehrerin und dem Natur- und Umweltfachmann Heinz Lerch vom Restaurant Spillgerten aus aufbrechen, interessieren sich wenig für solche Geschichten. Lerch, der mit seiner Firma «natur-lernen» im Diemtigtal eine ganze Palette von Umweltbildungs- und Erlebnisprogrammen für Kinder und Erwachsene anbietet, muss sie anders abholen. Er tut dies mit Fotos von Tieren, die er den Kindern auf den Rücken klebt. Und schon beginnt ein reizvolles Spiel. In Pärchen versuchen die Schülerinnen und Schüler herauszufinden, welches Tier ihnen auf dem Rücken sitzt – bei einem Alpensalamander oder einem Birkhuhn eine knifflige Angelegenheit. Der Weg folgt dem Senggibach und steigt langsam an zum Würzi-Wald. Hier hat in einigen Abschnitten der Orkan Lothar ganze Waldpartien weggefegt. Die gefällten Bäume wurden damals weitgehend entfernt, und inzwischen hat sich ein dichter Jungwald entwickelt.

Anders im ebenfalls schwer getroffenen Waldgebiet Meniggrund-Flühschwand: Es wurde nach dem Orkan als Waldreservat ausgeschieden. Um die natürliche Wiederbewaldung zu beobachten, liess man das Windholz absichtlich liegen. Heute führt ein empfehlenswerter Walderlebnispfad durch das Gebiet, das jeglicher Nutzung entzogen ist. Er ist Teil des geplanten Grosswaldreservats Diemtigtal, wo auf einer Fläche von 500 Hektaren während 50 Jahren der Mensch nur noch dort eingreifen darf, wo es zur Förderung seltener Arten sinnvoll erscheint. In den teils extrem steilen, unzugänglichen Lagen zwischen Meniggrund, Grimmialp, Spillgerte und Niderhorn wurde schon bisher kaum mehr Holz geschlagen. Dieses kleine, in Teilen wegen des strengen Schutzes aber durchaus nationalparkähnliche Reservat soll künftig eine wichtige Zone innerhalb des Regionalen Naturparks Diemtigtal bilden.

Heinz Lerch hat die Klasse derweil zu einem schönen Aussichtspunkt geführt, wo sich durch eine von Lothar geschlagene Lücke im Wald ein herrlicher Ausblick über das obere Diemtigtal eröffnet. Eine neue Spielrunde beginnt: Wo leben die Tiere, welche die Schüler soeben identifiziert haben? Im Mittelland, in den Alpen, im Wald, auf Wiesen? Das grosse Rätselraten beginnt, doch nach und nach, dank etwas Mithilfe von Heinz Lerch, erweitert sich das Wissen um die Tiere und die Lebensräume, in denen sie vorkommen. Und wenn Heinz Lerch von den Überlebenskünsten mancher Arten erzählt, die auch extremsten Bedingungen trotzen, hören selbst jene zu, die vorher betontes Desinteresse bekundet hatten. Generell, sagt Lerch, mache es schon einen Unterschied, ob die Kinder vom Land oder aus der Stadt kommen. «Die Landkinder wissen mehr aus eigener Erfahrung, aber die Kinder aus der Stadt sind wissbegieriger.» Weiter geht die Wanderung hinauf zur Alp Alpetli, wo nicht nur der Hunger gestillt wird, sondern auch viel über die Alpwirtschaft zu erfahren ist.

Es ist eine stolze, auf ihre Unabhängigkeit bedachte Bauernsame, die hier lebt und sich nicht dreinreden lassen will. Das macht ein gemeinsames Produktemarketing, wie es sich die Verantwortlichen des Regionalen Naturparks wünschten, alles andere als einfach. So wird ein Grossteil der qualitativ hervorragenden Milch nicht im Tal verarbeitet, sondern in Grossbetriebe im Mittelland abtransportiert. Auch bei der Alpkäse-Vermarktung gibt es nur wenig gemeinsame Aktivitäten. Immerhin: Mit einem Hoflädeli, in dem Produkte aus der Region erhältlich sind, ist ein erster Schritt getan. Doch beim geplanten Einkauf zeigen sich die Tore dann verschlossen – trotz anderweitiger Ankündigung am Eingang.

Ueli Sahli, Geschäftsführer des Naturparks Diemtigtal, weiss auch nicht recht, woran es liegt. «Vielleicht sind wir nach jahrzehntelangem Diktat aus Bern träge geworden», meint er. Aus den einstigen Überlebenskünstlern, die ihr Heft in guten wie in schlechten Zeiten selbst in die Hand zu nehmen wussten, sind weitgehend staatlich besoldete Landschaftsgärtner geworden, deren Innovationsgeist erst wieder geweckt werden müsste. Andererseits wäre auch zu fragen, ob es angesichts rekordtiefer Milchpreise genügt, von den Bauern einfach mehr Erfindungsreichtum und Marketing-Anstrengungen zu verlangen. Der Regionale Naturpark Diemtigtal jedenfalls, so die Hoffnung der Trägerschaft, soll die Voraussetzungen schaffen, um neue Absatzkanäle für Milchprodukte zu erschliessen, die mehr einbringen als die wenigen Rappen, welche die Grossmolkereien zu zahlen bereit sind.

Auch in Bezug auf landschaftliche Schönheit braucht sich das 16 Kilometer lange Diemtigtal nicht zu verstecken. Wie eine Parklandschaft muten die mit mächtigen Ahornbäumen bestandenen Wiesen im Talgrund und an den Hängen an. Ein Bijoux ist der Ägelsee im gleichnamigen Naturschutzgebiet auf dem Diemtigbergli. Das geschützte Hochmoor am Ostufer des Sees ist Lebensraum für viele Pflanzen und Tiere. Vom Gasthaus Bergli führt ein Spazierweg um den Ägelsee herum. Insgesamt stehen im Diemtigtal über 200 Kilometer gut markierte Wanderwege zur Verfügung. Massentourismus will niemand im Tal. «Aber ein gutes Hotel, welches das Zimmerangebot im Tal nach oben abrundet, würde nicht schaden», meint Ueli Sahli. (FI)

Blühendes Knabenkraut am Ufer des Seebergsees, der sich auf einer schönen Wanderung von der Grimmialp aus erreichen lässt.

Gruyère Pays-d'Enhaut

Es wächst zusammen, was zusammen-gehört

Der Naturpark Gruyère Pays-d'Enhaut erstreckt sich von den nördlichen Ausläufern des Greyerzerlandes über das Pays-d'Enhaut bis an den Genfersee. Die abwechslungsreiche, voralpine Kulturlandschaft hat nicht nur fürs Auge viel zu bieten.

Blick ins morgendliche Pays-d'Enhaut von den Rochers de Naye aus. Die voralpine Landschaft ist geprägt von Viehweiden, Wald und gezackten Voralpengipfeln.

Wasserfall bei Grandvillard. Der Bach mündet danach in die Sarine oder Saane.

Man muss schon ein ausgebuffter Käsekenner sein, um einen Gruyère d'Alpage und einen Etivaz unterscheiden zu können. Was beide gleichermassen auszeichnet, ist ihr ausgesprochen würziges Aroma und eine körnige Struktur, die an weihnächtliches Süssgebäck erinnert. Vielleicht ist der Etivaz noch einen Schuss grobkörniger. Was beide gemeinsam haben, ist die Herkunft von den Viehweiden des Alpenvorlandes, wo sie nur während der Alpsaison produziert werden. Was beide trennt, sind Geschichte und Tradition. Gruyère d'Alpage wird auf den Freiburger Alpen verkäst, Etivaz auf den zum Waadtland gehörenden Alpen des Pays-d'Enhaut. Dazwischen liegt nicht nur die Schlucht der Sarine, sondern es trennen die beiden Regionen auch mehrere Hundert Jahre politischer und konfessioneller Geschichte.

Tatsächlich herrschten einst die mächtigen Grafen von Greyerz über das ganze Gebiet des Saanetals, zu dem auch das Pays-d'Enhaut gehörte, und des Greyerzerlandes, das sich über die Täler von Intyamon und La Jogne erstreckte. Auch die weiter südlich gelegenen Alpen rund um die Rochers de Naye zählten zum Herrschaftsgebiet. Als der letzte Graf von Greyerz 1554 Bankrott machte, teilten seine Gläubiger, die Stände Bern und Freiburg, die Hinterlassenschaft unter sich auf. Dadurch kam es zur Teilung des oberen Saanetals: Das Pays-d'Enhaut und das Saanenland gelangten an Bern, während Freiburg die Herrschaft über das Greyerzerland übernahm. Bern richtete in seinem Gebiet 1555 die Landvogtei Saanen ein und setzte dort umgehend die Reformation durch. Derweil blieb Freiburg katholisch. Die konfessionelle Grenze sollte sich – neben der politischen – jahrhundertelang als weit undurchlässiger erweisen als die Sprachgrenze, die im damaligen bernischen Gebiet das Pays-d'Enhaut vom Simmental trennte.

Die Neuordnung und Demokratisierung der Schweiz nach dem Einmarsch der napoleonischen Truppen 1798 veränderte das politische Gefüge. Bern verlor das Pays-d'Enhaut, doch nicht an Freiburg, sondern an den neu gegründeten Kanton Waadt. Im neuen Dreikantone-Eck blieben die Beziehungen untereinander reserviert, vor allem was das Greyerzerland und das Pays-d'Enhaut betraf. Denn in Château-d'Oex,

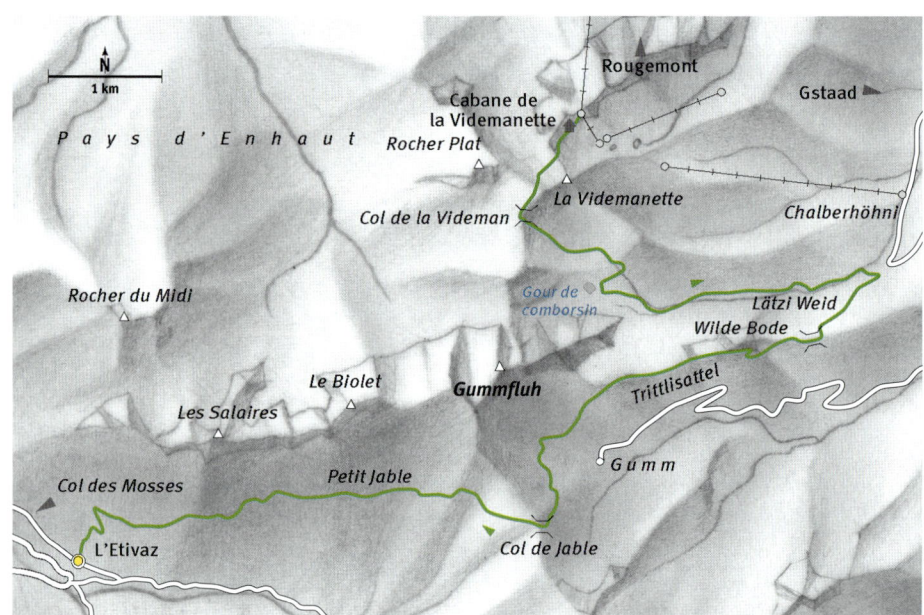

das zum Hauptort eines Distrikts geworden war, der nur über den Col des Mosses mit seinem neuen Kanton verbunden war, orientierte man sich nun nach Lausanne.

Aus dieser historischen Sicht könnte man behaupten, mit dem Regionalen Naturpark Gruyère Pays-d'Enhaut wachse wieder zusammen, was ursprünglich zusammengehörte. Die Gründung des Naturparks im Jahr 2006 kann man als ersten Schritt ansehen, um eine über fünf Jahrhunderte dauernde Entfremdung zu beenden. Tatsächlich, schmunzelt Projektkoordinator François Margot, sei es für manche Landwirte ein echtes Aha-Erlebnis, nach der kurzen Fahrt durch die Sarineschlucht Kollegen zu begegnen, die nicht nur Milch für einen – zumindest für Aussenstehende – ähnlich schmeckenden Alpkäse produzieren, sondern sich auch mit ganz ähnlichen Problemen herumschlagen.

Jeder fünfte Arbeitsplatz im Park befindet sich in der Landwirtschaft. Im gesamtschweizerischen Durchschnitt ist es gerade noch jeder fünfundzwanzigste. Diese stolze Zahl darf aber nicht darüber hinwegtäuschen, dass der Strukturwandel in der Landwirtschaft auch hier deutlich zu spüren ist. Allein in den vergangenen zehn Jahren sank die Zahl der Vollerwerbsbetriebe um 14 Prozent, jene der im Nebenerwerb bewirtschafteten Höfe gar um 19 Prozent. Die für das gesamte Bild der Kulturlandschaft wichtigen bewirtschafteten Flächen blieben hingegen weitgehend konstant.

Schon seit einem Jahrtausend dominiert hier die Milchwirtschaft, und es mag dieser Tradition zu verdanken sein, dass sich die Bauern ungewöhnlich selbstbewusst und ideenreich zeigen. Etwa im Pays-d'Enhaut, wo der von 72 Alpsennen hergestellte Etivaz-Käse zum grossen Verkaufsschlager geworden ist. Er hat es im Jahr 2000 als erster Käse der Schweiz zu einer Appellation d'Origine Contrôlée (AOC) gebracht. Die Jahresproduktion von knapp 500 Tonnen wird zentral gelagert und vermarktet. Die 1932 gegründete Kooperative achtet peinlich darauf, nicht in Abhängigkeit eines grossen Händlers zu geraten, und hat in jüngster Zeit den Export forciert. Heute gehen 40 Prozent der Produktion ins Ausland, vor allem in die Re-

Im Naturpark Gruyère Pays-d'Enhaut ist die über Jahrhunderte gewachsene Kulturlandschaft noch weitgehend intakt.

Rechts: Kirche, Schloss und Umfassungsmauer in Rougemont bilden eine attraktive Einheit, die unter Denkmalschutz steht.

Links: Charakteristische Voralpenlandschaft mit Weiden, dicht bewaldetem Hügelland und dem markanten Gipfel der Gummfluh im Hintergrund.

gionen Paris und Brüssel. Damit knüpfen die Etivaz-Produzenten – unter ganz anderen Vorzeichen – an das «Goldene Zeitalter» der Alpkäseproduktion vom 16. bis ins 18. Jahrhundert an, als die bei ausländischen Armeen und im Fernhandel – hier vor allem mit Frankreich – besonders begehrten, lange haltbaren Hartkäse nur in höheren Lagen hergestellt werden konnten. Denn nur auf den Alpen konnte Hartkäse in Exportqualität hergestellt werden, erst Anfang des 19. Jahrhunderts gelang es nach Einführung neuer Kleesorten und verbesserter Verkäsungstechnik, auch im Flachland ähnliche Qualitäten zu produzieren.

Im Pays-d'Enhaut kennt man keine Nachwuchssorgen in der Landwirtschaft. Im Gegenteil: In einigen Fällen ist es die Generation der Enkel, die zum Hauptberuf des Bauern zurückfindet. Toni Ludi aus Rossinière ist einer der 72 Etivaz-Käser. Für ihn sind Natur und Landwirtschaft zwei Seiten derselben Medaille. Die Landschaft, wie sie sich heute präsentiere, sei schliesslich das Ergebnis einer jahrhundertelangen schonenden Bewirtschaftung. Den Naturpark, bei dem er sich als Mitglied der Agrarkommission engagiert, begrüsst er ausdrücklich. Man habe die Landwirte von Anfang an mit ins Boot geholt, weil man sich deren Bedeutung bewusst gewesen sei. Dass diese vom Park selbst profitieren, erwartet er hingegen nicht. «Der Park von uns Landwirten hingegen schon», ergänzt er selbstbewusst.

«Der Park kann sicher dazu beitragen, das Verständnis für die Landwirtschaft zu fördern und vielleicht auch den Absatz des einen oder anderen Produktes positiv beeinflussen», entgegnet der Projektkoordinator François Margot. Aber Toni Ludi habe schon recht. «Der Park braucht die Landwirte und die intakte Kulturlandschaft. Das ist unser bestes Verkaufsargument.»

Die Idee, die über Jahrhunderte gewachsene Kulturlandschaft als Schatz zu betrachten, den es zu hegen und zu pflegen gilt, reifte Ende der 1990er-Jahre, als im Pays-d'Enhaut Pläne gewälzt wurden, das Tal zum Unesco-Biosphären-Reservat zu adeln. Das Projekt scheiterte, wurde nun aber, in wesentlich erweiterter Form und

Wanderung

Eine aussichtsreiche, anspruchsvolle Wanderung von der Bergstation La Videmanette über vier Pässe nach L'Etivaz. Mit der Gondelbahn von Rougemont nach La Videmanette (2152 m). Von dort zum Col de la Videman (2034 m), von wo es hinuntergeht zum Gour de Comborsin (1716 m). Anschliessend entlang dem Bach ostwärts über die Sprachgrenze zur Lätzi Weid (1481 m) und dann hinauf zum Wild Boden. Über Usser Läger und Inner Läger erreicht man den Col de Jable (1884 m). Von dort führt ein langer Abstieg via Gros Jable und Plan au Lare hinunter nach L'Etivaz (1140 m). Wanderzeit: 6 Stunden.

Anreise

Von Fribourg mit dem Bus nach Bulle, von dort mit der Bahn nach Montbovon. Wer Zeit hat, nimmt die wunderbare Route der BLS und MOB von Spiez via Zweisimmen ins Pays d'Enhaut.

Übernachtung/Essen

Hostellerie Le Bon Accueil
La Frasse
1660 Château-d'Oex
Telefon +41 (0)26 924 63 20
www.bonaccueil.ch
Massives Holz dominiert in diesem alten Gasthaus. Die «Hostellerie» ist im Pays-d'Enhaut für gastronomische Spitzenleistungen bekannt.

Hôtel-Restaurant de l'Etoile
Rue du Centre 21
1637 Charmey
Telefon +41 (0)26 927 50 50
www.etoile.ch

Seit über 300 Jahren wird hier die Gastronomie zelebriert, ausgezeichnete Saisonküche.

Einkaufen

La Maison de L'Etivaz
1660 L'Etivaz
Telefon +41 (0)26 924 70 60
www.etivaz-aoc.ch
Im Maison de L'Etivaz kann der in drei Reifestadien erhältliche Käse gekostet und gekauft

werden. Auch andere lokale Spezialitäten sind erhältlich.

Auskunft

Parc naturel régional Gruyère Pays-d'Enhaut
Place du Village 6
1660 Château-d'Oex
Telefon +41 (0)26 924 76 93
www.pnr-gp.ch

Zauberhafte Herbststimmung in der Jaunbachschlucht, die auf dem Schlundpfad begangen werden kann.

Karten

Landeskarte/Wanderkarte
1:50 000, 262/262T Rochers de Naye, 272/272T St-Maurice

Naturschutzgebiete der Pro Natura

Pro Natura verfügt im Parkgebiet über zwei grosse und mehrere kleinere Naturschutzgebiete:

Vanil Noir

Das Gebiet des Vanil Noir steht seit 1983 unter Schutz. Es umfasst eine Fläche von rund 15 Quadratkilometern mit den Tälern von Bounavaux und Mortheys. Insbesondere das Vallon des Mortheys zeichnet sich durch seltene Pflanzenarten aus: Alpen-Betonie, Spitzorchis, Alpen-Lein, Alpen-Schuppenkopf und Berg-Drachenkopf. Am Vanil Noir gibt es grössere Steinbock- und Gämspopulationen.

La Pierreuse

Mit Gründungsjahr 1945 zählt das Naturschutzgebiet La Pierreuse zu den ältesten der Schweiz. Es liegt rund um das Gummfluhmassiv südlich von Château-d'Oex. Mit 34 Quadratkilometern ist es das grösste Naturreservat der Romandie. Hier wimmelt es von seltenen Wildtierarten wie Steinbock, Gämse, Murmeltier, Dreizehenspecht und Eule, Königsadler, Luchs und Birkhuhn. Die Landschaft ist gleichermassen geprägt von wilder Natur, grosser geologischer Vielfalt, einer bemerkenswerten subalpinen und alpinen Vegetation sowie von traditionellen Alpweiden, wo der berühmte Alpkäse L'Etivaz AOC erzeugt wird. La Pierreuse heisst die Alp im weiten Talkessel, den im Westen der Rocher du Midi, im Süden die weissen Kalkwände der Gummfluh und im Osten La Videmanette und Le Rubli begrenzen. Der Name kommt nicht von ungefähr: Die Alp ist so steinig wie die Flanken der sie umgebenden Berge. Einst, so erzählt eine Sage, sei diese Alp besonders reich und grün gewesen, doch ein Bergsturz verwüstete sie nach einer Untat des Jungsenns.

Le Larzey

Das Naturschutzgebiet Le Larzey umfasst lediglich einen Quadratkilometer und befindet sich unterhalb des Col des Mosses. Es ist reich an Spuren der Eiszeit. Markenzeichen ist die hohe Artenvielfalt.

Der Lac de Lessoc, ein Stausee zwischen Montbovon und Lessoc: Die 1976 errichtete Staumauer ist 33 Meter hoch, der See hat eine Oberfläche von 20 Hektaren.

unter ganz anderen Vorzeichen, wieder aufgelegt. Das Pays-d'Enhaut ist heute Teil des 500 Quadratkilometer umfassenden Naturparks, der sich vom Kapberg in südlicher Richtung durch das Greyerzerland bis an die Gestade des Genfersees mit dem Schloss Chillon erstreckt.

Industrie und Gewerbe sind im ganzen Naturpark bis auf einige Holz verarbeitende Betriebe unbedeutend. Der Tourismus hat nie die Ausmasse angenommen wie im nahen Gstaad, das sich zum mondänen Bergkurort der Luxusklasse wandelte. Während sich andere Feriendestinationen in den Schweizer Alpen schwertun, im Sommer die Betten zu füllen, kommt etwa das Pays-d'Enhaut, wo die Schweizer Gäste nach jenen aus Belgien und England erst an dritter Stelle liegen, auf eine ausgeglichene Sommer-Winter-Bilanz. Ähnlich ist die Bilanz in Charmey, dem zweiten Fremdenverkehrszentrum im Parkgebiet. Das liegt auch am «Kapital Natur» – selbst wenn es vom River-Rafting und Canyoning über Mountainbiken bis zum Gleitschirmfliegen keine sommerliche Trendsportart gibt, die nicht auch hier gepflegt wird. Doch wer schon einmal das im Jahr 1945 gegründete, nur selten besuchte Naturschutzgebiet La Pierreuse und seine majestätische Landschaft auf der südlichen Seite des Pays-d'Enhaut durchwandert hat, vergisst gern diese modernen, nicht unproblematischen Spielarten des Tourismus. Im Naturpark Gruyère Pays d'Enhaut hat die Natur viele Nischen wie La Pierreuse. Rund 40 Prozent der Fläche sind in verschiedenen Inventaren wertvoller Landschaften aufgelistet, aber nur ein sehr kleiner Teil ist der menschlichen Nutzung ganz entzogen, die Bewirtschaftung ist insgesamt aber weit weniger intensiv als etwa im Mittelland. Auch die Biodiversität hat einen hohen Stellenwert.

Diese reichlich abstrakt anmutenden Zahlen entfalten ihre Wirkung erst für jene, die im Naturpark unterwegs sind. Die Kräfte der Tektonik und der Erosion haben der Naturlandschaft einen markanten Stempel aufgedrückt. Die Voralpen ha-

Kapelle nahe Les Pelleys bei Cerniat.

ben hier ein knochiges Gesicht, viele Hänge sind steil und unnahbar, die Sarine-schlucht ist die landschaftlich wildeste Gegend. Viel sanfter, fast lieblich mutet die Hochebene am Col des Mosses an, ein beliebtes Wander- und Wintersportgebiet, welches die Parkregion im Südosten abschliesst. Selbst an dem von Weinbergen ge-säumten Ufer des Lac Léman mutet das Hinterland unnahbar, ja wild an. Dass hier einst eine wichtige Handelsroute über den Col de Jaman führte, ist heute beinahe vergessen. Und wer an die mondäne Flaniermeile von Montreux am Seeufer denkt, wird sich kaum bewusst sein, dass das Stadtgebiet bis über die Passhöhe hinaufreicht. Durch diese Landschaft zieht sich das Trassee der Montreux-Oberland Bernoise-Bahn (MOB), die den mondänen Kurort am Genfersee mit dessen Hinterland ver-bindet und über das Simmental bis nach Spiez führt.

Auch touristisch wird die Zusammenarbeit im Naturpark deutlich gestärkt. Das heute verfügbare Angebot ist beachtlich und zeigt, welches Potenzial die Region für einen sanften Tourismus bietet. Als kleiner Verkaufsschlager erwies sich dabei «Le Grand Tour», eine je nach Anspruch, drei- bis zehntägige Wanderung durch das Parkgebiet. Dazu kommen verschiedene geführte Touren, vom Thema Wald bis zum Besuch einer Alp, wo gekäst wird, sowie Ausstellungen oder auch ein Openair-Kino. Die Akzeptanz in der Bevölkerung ist gross. In den Abstimmungen in den 14 Ge-meinden im Parkperimeter wurden Zustimmungsraten von weit über 90 Prozent er-reicht. Es waren pragmatische Entscheide, getragen von der Hoffnung, vor allem den Tourismus fördern zu können, ohne damit gleich die Massen anzulocken. Das Kon-zept, wie sich der Park präsentiert, baut auf diesem Pragmatismus auf.

Ob die Freiburger und Waadtländer, die sich im Naturpark die Hände gereicht haben, einander tatsächlich näher kommen werden, steht in den Sternen. Und fast wünschte man sich ein wenig, sie blieben sich auch etwas fremd. Denn es ist doch ge-rade die Verschiedenheit, welche die kleinräumige Schweiz auszeichnet. Auch im Re-gionalen Naturpark Gruyère Pays-d'Enhaut. (FI)

Jura vaudois

Alle Zeit der Welt

Es mag seltsam erscheinen, dass auf einer abgeschiedenen Hochebene, wo die Zeit stillzustehen scheint, Uhren von Weltgeltung hergestellt werden. Aber vielleicht braucht man diese Ruhe, um den Wert einer Sekunde oder Minute schätzen zu können. Im Parc Jura vaudois kann man jede einzelne geniessen.

In den langgezogenen Senken, wie hier in der Combe des Amburnex, erstrecken sich Weidegründe, die im 19. und 20. Jahrhundert mit Trockenmauern eingegrenzt wurden.

Wenn im Herbst der Nebel über dem Genfersee liegt, lohnt es sich, in Lausanne die S2 zu besteigen und in das auf 1000 Meter über Meer gelegene Vallée de Joux zu fahren und dort die Sonne zu geniessen. Johann Wolfgang von Goethe, der 1779 die Gegend bereiste, schrieb: «Die große Bergkette, die … Schweiz und Frankreich scheidet, wird … der Jura genannt … Auf diesem höchsten Rücken ist ein merkwürdiges Thal von der Natur eingegraben – ich möchte sagen eingeschwemmt, da auf allen diesen Kalkhöhen die Wirkungen der uralten Gewässer sichtbar sind – das la Vallée de Joux genannt wird, welcher … deutsch das Bergthal hieße … Frankreich und Bern theilen sich ziemlich gleich in dieses Thal, so daß jenes die obere schlechte Hälfte und dieses die untere bessere besitzt, welche letztere eigentlich La Vallée du Lac de Joux genannt wird.»

Ob schlechte oder bessere Hälfte – eines haben sie gemeinsam: Der Jura ist eine schöne, aber auch raue und karge Landschaft. Kurze und regnerische Sommer, lange und kalte Winter. Nur eines gab und gibt es im Überfluss: Wald. So entstanden hier im Mittelalter Sägewerke und Köhlereien. Hinzu kam die Metallverarbeitung, um den lokalen und regionalen Bedarf an Werkzeugen zu decken. Mitte des 18. Jahrhunderts erreichte die prosperierende Genfer Uhrenindustrie auch das 50 Kilometer entfernte Vallée de Joux, wo fortan viele Bauern die langen Wintermonate nutzten, um Uhren zu fertigen.

Man erkennt dies heute noch an etlichen Bauernhäusern, den «Fermes Horlogères». Sie besitzen eine Fensterreihe unter dem Dachboden. Hier sassen früher die Uhrmacher, um das spärliche winterliche Licht ausnutzen zu können. Dieser Fleiss legte den Grundstein für den Weltruf des Vallée de Joux, in dem es heute rund 20 Uhrenhersteller gibt, darunter auch die exklusiven Manufakturen Audemars Piguet, Blancpain, Breguet, Jaeger-LeCoultre. Der am südlichen Ende des Lac de Joux gelegene Ort Le Sentier und das benachbarte Le Brassus sind seit fast 300 Jahren Hochburgen des Schweizer Uhrmacherhandwerks. Das Museum L'Espace Horloger in Le Sentier gibt einen anschaulichen Überblick über die Geschichte der Chrono-

Am Jurasüdfuss liegt Berolle. Während hier unten, auf 700 bis 750 Meter über Meer Ackerbau betrieben wird, ist dies oben auf der Jurahochebene nicht mehr möglich.

graphen und Repetieruhren sowie die heutige Produktion von Luxusuhren. In Le Brassus unterhält die Nobelmarke Audemars Piguet ein eigenes Museum, das nach telefonischer Absprache werktags besichtigt werden kann.

Tradition hat auch der Parc Jura vaudois selbst, der schon seit fast 40 Jahren existiert. Bereits im Jahr 1970 sorgte sich der Geologe Daniel Aubert, dass die Region für den Wintersport verschandelt werden könnte, wie es zu jener Zeit auf der französischen Seite am Le Noirmont bei La Cure geschah. Aubert, im Vorstand der «Ligue vaudoise pour la protection de la nature» (LVPN), der Vorläuferin der heutigen Pro Natura Vaud, konnte Gemeinden und Privateigentümer dazu bewegen, das Gebiet zwischen den Pässen Col de la Givrine und Col du Mollendruz zu schützen.

So kam es 1973 zu einem Abkommen zwischen Pro Natura Vaud, 13 Gemeinden und drei Privateigentümern. Damit war der erste Schritt in Richtung eines Naturparks getan. Bereits damals griff man den Gedanken auf, dass die traditionelle Kulturlandschaft nur erhalten werden kann, indem man die Forst- und Landwirtschaft unterstützt. Diese Prämisse erwies sich als erfolgreich, in den kommenden Jahrzehnten erweiterte sich das Schutzgebiet stetig. Konsequenterweise hat man den nächsten Schritt getan und sich als Regionaler Naturpark aufgestellt. Im Jahr 2005 begann die Projektphase, und 2010 sprachen sich die Stimmberechtigten in den Gemeinden für die Einrichtung des Parks aus. Der Parkperimeter umfasst mittlerweile 100 Quadratkilometer, 30 Gemeinden und 523 Kilometer Wanderwege.

Der Park beherbergt zahlreiche Schutzgebiete, die gemeinsam von den Eigentümern und Pro Natura verwaltet werden. Die Landschaft besteht aus Buchen- und Fichtenwäldern, die sich mit Weiden abwechseln. Kilometerlang ziehen sich Trockenmauern durch das Gelände, die meist im 19. und frühen 20. Jahrhundert errichtet wurden. Ursprünglich zäunten sie die Viehweiden ein, später dienten sie auch zur Eingrenzung des Grundbesitzes. Diese Mauern bilden ideale Lebensräume für Reptilien und Insekten. Leider begannen sie mit der Rationalisierung der Landwirt-

Am Hang des Mont Risoux (1420 m),
welcher die Grenze zwischen dem Vallée
de Joux und der französischen Region
Franche-Comté bildet, findet sich der
Wald Grand Risoux. Es ist das grösste
Waldgebiet der Schweiz und hat mit
seinem dichten Unterholz und den spär-
lichen Lichtungen etwas Unheimliches
an sich. Der Entdeckungspfad bei den
Grandes Roches am südlichen Rand des
Waldes nahe bei Le Brassus zeigt, wie
sich der Wald unter dem Einfluss der
Menschen verändert hat, seit sich im
12. Jahrhundert die ersten Siedler im
Vallée de Joux niederliessen. Doch auch
wenn die Siedler Holz schlugen, um
Holzkohle zu gewinnen, worauf der
Name des Dörfchens Les Charbonnières
(«die Kohlenmeiler») am Lac des Brenets
hinweist, blieben die Bergwälder weitgehend erhalten. Denn die Berner Regierung hatte im 17. Jahrhundert verfügt,
dass die Grenzgebiete zu Frankreich
bewaldet bleiben mussten. Diese Unzu-
gänglichkeit rettete Menschenleben:
Zwischen 1942 und 1944 organisierte die
Schweizerin Anne-Marie Im Hof-Piguet
hier einen Fluchtweg für jüdische Kinder
aus Frankreich.

schaft ab Mitte des letzten Jahrhunderts zu zerfallen, da elektrische Zäune und Sta-
cheldraht weniger Aufwand bedeuteten. Anfang der 1990er-Jahre war das Wissen um
den Bau von Trockenmauern in der Schweiz praktisch nicht mehr vorhanden, bis die
Stiftung Umwelt-Einsatz Schweiz (SUS) beschloss, sich für deren Wiederaufbau und
Unterhalt zu engagieren.

Neben den Trockenmauern hat auch die Natur für eine auffallende Land-
schaftsgliederung gesorgt: Die parallel in Südwest-Nordost-Richtung verlaufenden
Geländestrukturen der meist bewaldeten Kreten wechseln ab mit langgezogenen
Senken, den sogenannten Combes. Während die Wälder auf hartem Kalkuntergrund
liegen, erstrecken sich die Weiden in den Combes auf Böden mit mergeligem Untergrund. Einen Besuch wert ist zum Beispiel die Combe des Amburnex. Das nicht
mehr als 500 Meter breite Tal zieht sich vom Col du Marchairuz zehn Kilometer
Richtung Südwesten. Auf dem neun Kilometer langen Botanischen Lehrpfad findet

Das Benediktinerkloster Romainmôtier ist die
älteste Klostergründung auf Schweizer Boden.

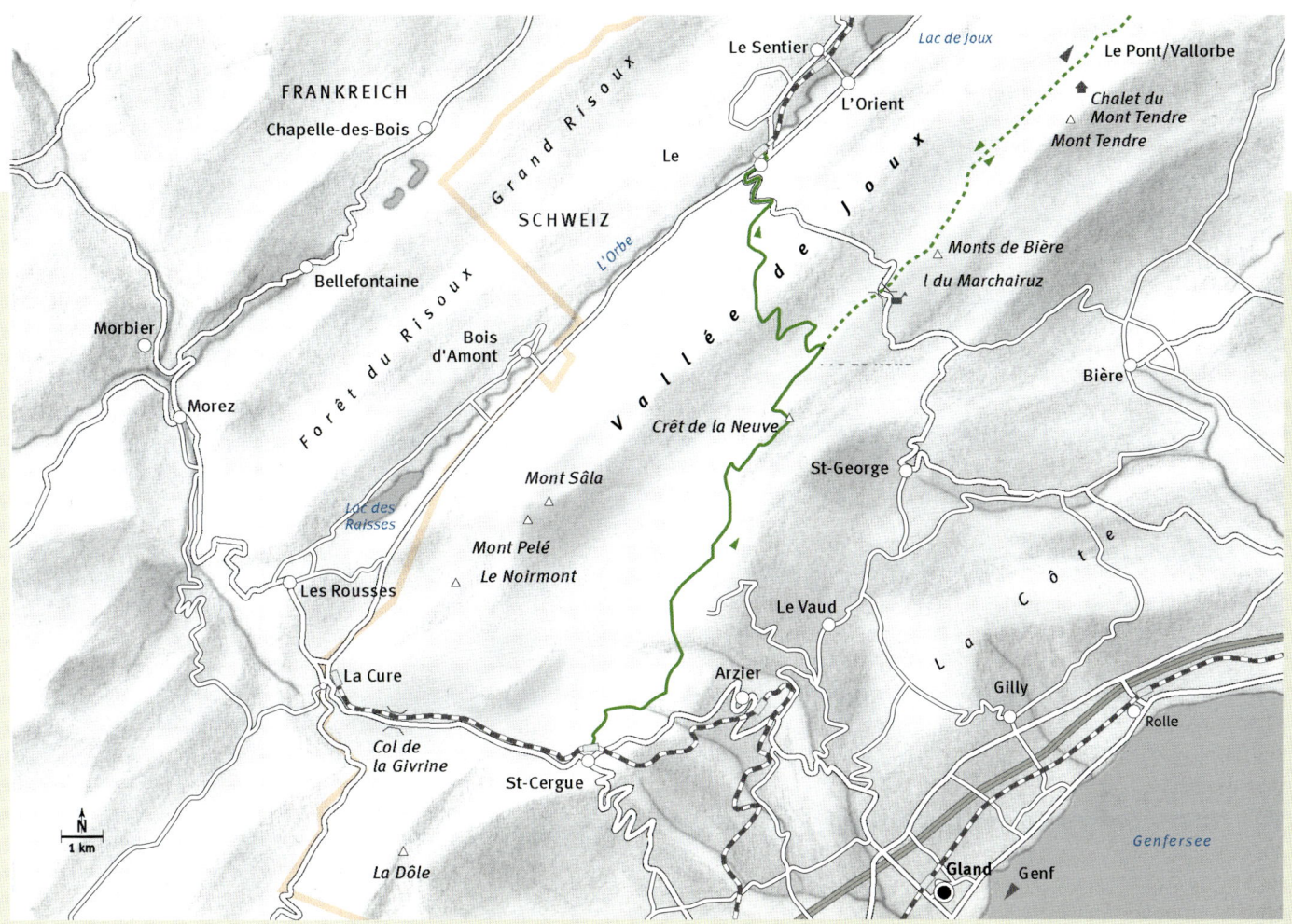

Scale: 1 km, N

Map labels: FRANKREICH, Chapelle-des-Bois, Grand Risoux, SCHWEIZ, Le Sentier, Lac de Joux, L'Orient, Le Pont/Vallorbe, Chalet du Mont Tendre, Mont Tendre, Le, L'Orbe, Bellefontaine, Forêt du Risoux, Bois d'Amont, Vallée de Joux, Monts de Bière, l du Marchairuz, Morbier, Bière, Morez, Crêt de la Neuve, Lac des Raisses, Mont Sâla, St-George, Mont Pelé, Le Noirmont, Les Rousses, La Côte, Le Vaud, La Cure, Arzier, Gilly, Rolle, Col de la Givrine, St-Cergue, Gland, Genf, La Dôle, Genfersee

Wanderung

Die Wanderung folgt dem soge-nannten Uhrmacherweg (Route des horlogers), einem Teilstück des Jura-Höhenwegs, und ist besonders schön im Herbst. Vor dem Neubau der Strasse über den Col du Marchairuz in den Jahren 1765 bis 1770 wurde der Weg von den Uhrmachern aus dem Vallée de Joux benützt, die nach Genf reisten, um den Händlern der Rhonestadt die von ihnen gefertigten Uhren anzubieten. Die Wanderung beginnt beim Bahnhof St-Cergue und dauert rund 6½ Stunden. Man sollte also frühzeitig aufbrechen oder eine Zweitagestour mit Übernach-tung auf dem Col du Marchairuz einplanen.

In St-Cergue folgt man dem gelb-rot markierten Jura-Höhenweg in Richtung Crêt de la Neuve. Knapp 2 Stunden geht es ohne grosse Anstren-gung durch Weiden und Wälder, dann beginnt nach Les Frasses ein halbstündiger Anstieg. Nach etwa 3½ Stunden erreicht man den Crêt de la Neuve (1494 m), wo sich eine längere Rast empfiehlt, denn die Sicht auf die französischen Alpen und insbesondere das Montblanc-Massiv ist gross-artig. Danach geht es weiter zum Col du Marchairuz. Etwa 20 Minuten vor dem Pass zweigt linker Hand der Weg hinunter nach Le Brassus ab, wo man rund 1¾ Stunden später ein-trifft. Wanderzeit: 6 Stunden 20 Minuten, Aufstieg ca. 500 m, Abstieg 850 m.

Wer auf dem Col du Marchairuz übernachtet, kann am nächsten Tag auf dem Jura-Höhenweg weiterwandern bis nach Le Pont am nördlichen Ende des Lac de Joux.

Anreise

Von Lausanne mit der S2 nach Le Day, von dort weiter nach Le Brassus. Oder von Vallorbe mit der Bahn nach Le Brassus. Von Nyon mit der Schmalspurbahn BAM nach St-Cergue.

Übernachtung

Hôtel de la Lande
Place de la Lande
1348 Le Brassus
Telefon +41 (0)21 845 44 41
www.hotellalande.com
Das kürzlich renovierte Hotel liegt nahe am Bahnhof und verfügt über ein italienisches Restaurant.

Hôtel Restaurant du Marchairuz
1348 Le Brassus
Telefon + 41 (0)21 845 25 30

www.hotel-marchairuz.ch
Das auf dem Col du Marchairuz gelegene Hotel hat auch Touris-tenlager.

Essen

Restaurant Givrine
La Givrine, 1264 St-Cergue
Telefon +41 (0)22 360 11 15
Unbedingt die Vorspeisen pro-bieren. Das Restaurant hat auch einige günstige Gästezimmer.

Auskunft

Parc naturel régional
Jura vaudois
Case postale 33, 1188 St-George
Telefon +41 (0)22 366 51 70
www.pnr-juravaudois.ch

Karten

Landeskarten/Wanderkarten
1:50 000, 250/250T Vallée de Joux, 251/251T La Sarraz, 260/260T St-Cergue

Arboretum im Tal der Aubonne

Neben den typischen Buchen- und Fichtenwäldern des Parc Jura vaudois gibt es im Vallon de l'Aubonne am Rand des Jurafussplateaus ein schweizweit einzigartiges Arboretum. Hier sind rund 3000 Bäume und Sträucher aus aller Welt versammelt. So finden sich Berglorbeer, Mammutbäume, aber auch Araukarien und der Taschentuchbaum. Wie sieht ein Wald in Japan oder der Westküste der USA aus? Im Arboretum lässt sich gut und gerne ein Tag verbringen. Am besten verbindet man den Besuch mit einer Wanderung von Bière aus. Bei der Endstation der Bahnstrecke Morges–Apples–Biére (BAM) nimmt man den Wanderweg in Richtung Aubonne, der in einer Stunde entlang dem Wildbach zum Arboretum führt. So erreicht man dieses von der Nordseite her beim Bois Guyot und durchquert es bis zum Verwaltungsgebäude beim Haupteingang aus Richtung Aubonne. www.arboretum.ch

Die Alp Fruitières de Nyon (1330 m) bei St-Cergue ist eines der Wanderziele im Naturpark. Hier kann man bei der traditionellen Käseherstellung zuschauen.

sich eine echte Rarität: der Moor-Steinbrech oder auch Goldblumige Steinbrech. Seit 40 Jahren ist das Flachmoor von Les Amburnex der letzte Standort der gelb blühenden Pflanze in der Schweiz. Naturfreunden ist auch die Wanderung zum Torfmoor im Talkessel Creux du Croue zu empfehlen, der zwischen dem Le Noirmont (1568 m) und dem Crêt des Danses liegt und durch Erosion und unterirdische Auswaschungen entstanden ist.

Eigentlich ist der Jura trotz der vielen Niederschläge eher trocken, denn das Wasser versickert schnell im karstigen Untergrund. Dennoch gibt es zahlreiche Moore und einige wenige Seen. Des Rätsels Lösung: Auf einem Drittel der Fläche des Juras befinden sich Ton- und Mergelschichten, welche Mulden wasserdicht auskleiden. So entstand auch der Lac de Joux, der grösste See im Schweizer Jura. Der rund neun Kilometer lange und im Schnitt ein Kilometer breite See wird im Südosten von den Ketten des Mont Tendre und im Nordwesten vom bewaldeten Mont Risoux begrenzt, dessen Grat die Grenze zu Frankreich bildet. Der Lac de Joux wird von der Orbe gespeist, die bei Le Sentier in den See mündet. Einen sichtbaren Abfluss im Norden gibt es nicht, denn das Wasser versickert durch ein Kluftsystem am Seegrund und erscheint erst vier Kilometer weiter und rund 200 Meter tiefer im Talkessel von Vallorbe in der Karstquelle Source de l'Orbe. Hinter dieser Quelle liegt die Kalksteinhöhle Grottes de l'Orbe. Das Höhlensystem befindet sich zwar nicht mehr im Parkperimeter, ist aber einen Abstecher wert, denn es gehört zu den bedeutendsten Natursehenswürdigkeiten des Juras.

Die den Lac de Joux im Norden begrenzende Dent de Vaulion gewährt auf 1483 Metern Höhe einen wunderbaren Blick über die ganze Westschweiz. Unterhalb des Gipfels, Richtung Vallorbe, weiden Bisons auf einer Alp, die Alphütte wurde 1972 zu einem Restaurant umgebaut. Hier liegt der Juraparc Mont d'Orzeires, ein privater Zoo, der Bären, Wölfe und die Przewalski-Pferde, die letzte lebende Wildpferderasse, beherbergt. Was die Tiere im Naturpark Jura vaudois betrifft, so liegt die Besonderheit gerade auch bei den Kleinsten: Die Ameisenkolonie bei Chalet à Roch, südlich von Le Brassus und in einer halben Stunde zu erreichen, erstreckt sich über 70 Hektaren und ist die grösste und am besten erforschte Ameisenkolonie Europas.

Von den Kleinsten zum Höchsten: Der Mont Tendre (1679 m), etwa fünf Kilometer südöstlich des Lac de Joux, ist die höchste Erhebung des Schweizer Juras und bietet dementsprechend bei klarem Wetter eine grandiose Aussicht auf Berner Alpen, Savoyer Alpen, Vogesen, Genfersee und den Montblanc. Ausgerechnet auf dem «zärtlichen» Berg, einer der letzten unverbauten Jura-Anhöhen, wollten die Armee und die Flugsicherung Skyguide im Jahr 2010 eine 25 Meter hohe Radarantenne errichten – was zu geharnischten Protesten der Waadtländer Bevölkerung führte. Daraufhin wurde das Projekt erst einmal auf unbestimmte Zeit verschoben.

Zweithöchster Gipfel im Parkperimeter ist mit 1677 Meter Höhe La Dôle, dessen Panorama-Aussicht seinerzeit schon Johann Wolfgang von Goethe beeindruckte: «Es sind keine Worte für die Grösse und Schöne dieses Anblicks.» Heutzutage findet sich auf dem Berg ein futuristisch anmutendes Ensemble aus Wetterstation und Radardom. Man kann den Gipfel von St-Cergue aus erwandern. Vom Bahnhof St-Cergue geht es auf dem gelb-rot markierten Jura-Höhenweg Richtung La Dôle. Der Aufstieg dauert rund 2¼ Stunden; unterwegs lassen sich immer wieder Rudel von Gämsen beobachten, die in grosser Zahl die Hänge der Dôle bevölkern.

Der Naturpark Jura vaudois ist ein Gebiet, in dem man Ruhe und Einsamkeit geniessen kann. Doch einmal ging es hier geschäftig und gedrängt zu und her. Im

Blick vom Mont Tendre (1679 m) über die Westschweiz und bis zu den Walliser Alpen.

Deutsch-Französischen Krieg von 1870/71 suchte die geschlagene französische Ost-
armee unter General Bourbaki Zuflucht in der Schweiz. Nach Abgabe von Waffen
und Munition überschritten Anfang Februar 1871 87 000 Mann und 12 000 Pferde
die Grenze zwischen dem neuenburgischen Les Verrières im Val de Travers und dem
Vallée de Joux. Der Bundesrat verteilte die Internierten auf 190 Gemeinden in allen
Kantonen, ausser dem Tessin, denn dazu hätten die Geschwächten den winterlichen
Gotthard überqueren müssen. 87 000 durch Hunger und Kälte gezeichnete Soldaten
mussten untergebracht, verpflegt, betreut und bewacht werden, was extreme Anforderungen an den noch jungen Schweizer Bundesstaat stellte. 1700 der internierten
Soldaten starben an Erschöpfung, Verletzungen oder Krankheiten. Sie wurden in der
Schweiz beigesetzt. Noch heute finden sich zahlreiche Denkmäler, die an die Ver-
storbenen erinnern. Sechs Wochen dauerte die Internierung. Zwischen dem 13. und
22. März wurden die Franzosen repatriiert, die Unkosten in Höhe von über 12,1 Millionen Franken bezahlte die französische Regierung. Ein eindrückliches Bild der damaligen Geschehnisse, insbesondere auch über den Einsatz des Roten Kreuzes, ver-
mittelt das Bourbaki-Panorama in Luzern.

Einer Legende zufolge war es ein Soldat der Bourbaki-Armee, der das Rezept
für den legendären Vacherin Mont-d'Or nach Les Charbonnières am Lac des Brenets brachte. Tatsächlich wurde dieser über die Schweizer Landesgrenzen hinaus bekannte Käse schon einige Jahrzehnte früher produziert. Den Vacherin Mont-d Or,

der, wie es heisst, auf den Alpweiden des Mont d'Or (1463 m) nördlich von Vallorbe erfunden wurde, gibt es nur von Ende September bis April. Dieser cremige Weichkäse muss mindestens 21 Tage reifen und zeichnet sich durch seinen speziellen Tannin-Geschmack aus, welchen er von der ihn umspannenden Fichtenrinde erhält.

Weiterer Bildungshunger lässt sich übrigens im Vacherin-Museum in Les Charbonnières stillen. Der Vacherin ist aber nicht der einzige aus dem Naturpark stammende Käse. 18 Alpkäsereien stellen den Alp-Greyerzer her und bieten auch andere Regionalprodukte an.

Einen guten Überblick über die Geschichte des Naturparks gibt der Lehrpfad «Sapin à Siméon». Der 45-minütige Rundweg beginnt auf dem Col du Marchairuz. Namensgeber des Lehrpfades ist Siméon Meylan, der sich einst vor der Überquerung des Marchairuz unter einer grossen Weisstanne von seinem beschwerlichen Aufstieg von St-George ausruhte. Vor über Hundert Jahren schleppte er in seiner Hutte die Post und dringend benötigte Waren vom Fusse des Juras hinauf ins Vallée de Joux. Eine Mühsal. Heute, ein Jahrhundert später, wandeln die Besucherinnen und Besucher in ihrer Freizeit auf seinen Wegen. Sie geniessen die Schönheit der Natur und die Aussicht von den Anhöhen. Dies alles in einer Abgeschiedenheit und Ruhe, die einen umfängt und inspiriert. Ist es da ein Wunder, dass die Einwohner den Wert ihrer Umgebung erkennen und sie schützen? Wohl kaum. Dass sie schon vor 40 Jahren damit begannen, belegt eines: Hier ticken die Uhren ein bisschen anders. (RD)

Von der Dent de Vaulion hat man einen wunderbaren Blick auf Lac de Joux und Lac des Brenets – und bei gutem Wetter auf die Alpen.

Doubs

Eine Landschaft
der Stille

Im Regionalen Naturpark Doubs
drängen sich keine Touristen-
kolonnen. Die Orte sind eher ver-
träumt und die Landschaft wie ein
weitläufiger Park oder wildroman-
tisch wie unten im Tal des Doubs
— ideale Ziele, um sich zu erholen
und Kraft zu tanken.

Idyllische Flusslandschaft des Doubs
bei Le Theusseret.

Bäche und Flüsschen formen die Landschaft wie hier bei La Goule.

Der einzige grössere Wasserfall des Doubs, der Saut du Doubs am südwestlichen Ende des Regionalen Naturparks, ist auf Wanderwegen gut zu erreichen.

Träge bewegen wohlgenährte Forellen die Schwanzflosse, um in der Strömung an Ort und Stelle zu bleiben, öffnen ihr Maul, lassen das Wasser durchfliessen und warten ab, was ihnen das Schicksal an Essbarem zuspült. Bereits bei der östlichen Brücke von St-Ursanne wird dem Besucher Natur pur geboten, und weitergehend wird er feststellen: Im Regionalen Naturpark Doubs scheinen die Uhren nicht nur für Fische etwas langsamer zu ticken. Wenn nicht gerade Touristenströme durch St-Ursanne ziehen, wirken hier selbst die pfeifenden Spatzen wie Krawallmacher. Die Ruhe ist angenehm und sie widerspiegelt die Tradition der Kontemplation, die im Kloster St-Ursanne einst herrschte.

Das mittelalterliche Städtchen am nördlichen Zipfel des Parks, wo der Doubs sich unvermittelt nach Westen wendet, wird durch Bürgerhäuser aus dem 14. bis 16. Jahrhundert geprägt. Am besten betritt man es über die 1728 errichtete Brücke des St-Jean-Népomucène. In der Mitte steht die Statue des heiligen Nepomuk aus rotem Sandstein. Johannes von Nepomuk entstammte vermutlich einer deutsch-böhmischen Familie und wuchs in Böhmen bei Pomuk in der Nähe eines Zisterzienserstiftes auf. 1369 wurde er kaiserlicher Notar in der Kanzlei des Erzbistums Prag. 1389 ernannte ihn der Prager Erzbischof zu seinem Generalvikar. Im Laufe der Auseinandersetzungen des Bischofs mit König Wenzel um den Einfluss der Kirche wurde Johannes von Nepomuk verhaftet, gefoltert und schliesslich von der Karlsbrücke aus in der Moldau ertränkt. Der Leib des im Wasser Treibenden soll von fünf Flammen umsäumt gewesen sein, weswegen Johannes von Nepomuk wie bei der Statue in St-Ursanne oft mit fünf Sternen um seinen Kopf dargestellt wird.

Durch das St. Johannstor kommt man direkt ins Zentrum des Städtchens, das von der ehemaligen Propstei St-Ursanne mit der Stiftskirche (La Collégiale) beherrscht wird. St-Ursanne als Städtchen zu bezeichnen, ist fast schon übertrieben, denn es zählt kaum mehr 700 Einwohnerinnen und Einwohner. Sehenswert ist vor allem das Kloster. Es wurde vermutlich im 9. Jahrhundert nahe der Einsiedelei des irischen Mönchs Ursicinus gegründet, eines Gefährten von Columban. Er hatte sich kurz nach dem Jahr 600 hier am Ufer des Doubs niedergelassen. Ausgehend vom Kloster St-Ursanne wurde zunächst das Gebiet des Clos du Doubs urbar gemacht und besiedelt. Später wurden auch die Anhöhen der Freiberge als Sömmerungsweiden für das Vieh erschlossen. Die Propstei – inzwischen war aus der Abtei ein weltliches Chorherrenstift geworden – gelangte 1210 definitiv unter die Oberhoheit der Fürstbischöfe von Basel. Im Laufe seiner Geschichte gehörte St-Ursanne teilweise zu Frankreich und nach dem Wiener Kongress ab 1815 zum Kanton Bern.

Gegenüber dem beschaulichen St-Ursanne bilden La Chaux-de-Fonds und Le Locle am südlichen Ende des Parks einen interessanten Kontrast. Die beiden Uhrenstädte wurden 2009 von der Unesco als Welterbe anerkannt. In ihrem Entscheid würdigte die Unesco den Urbanismus dieser Städte. Darin zeige sich eine aussergewöhnliche Symbiose zwischen der Uhrenindustrie und dem Städtebau, zwischen

Der schiffbare Lac des Brenets unweit von Le Locle ist ein beliebtes Ausflugsziel der Städter.

Der Moorsee Etang de la Gruère

Die Mitarbeiterinnen und Mitarbeiter des Naturschutzzentrums Les Cerlatez widmen sich vor allem dem Schutz des 120 Hektaren grossen Naturreservats Etang de la Gruère. Die gesamte Moorlandschaft umfasst ca. 200 Hektaren, davon sind rund 8 Hektaren Flachmoore und 65 Hektaren Hoch- und Übergangsmoore. Das Hochmoor entstand nach der letzten Eiszeit vor rund 12 000 Jahren in einer wasserundurchlässigen Geländemulde. Die Torfschicht erreicht bis zu 9 Meter Dicke. Der Moorsee Etang de la Gruère hat eine Fläche von 8 Hektaren und ist nicht so urtümlich, wie er aussieht. Im Jahr 1650 nämlich wurde der natürliche Weiher mit einem Erddamm aufgestaut, um die Wasserräder einer Mühle anzutreiben. Später wurde die Mühle durch eine Sägerei abgelöst, die bis 1952 mit Wasserkraft betrieben wurde. Der Damm war ein Eingriff, der das Moor nachhaltig veränderte, denn grosse Teile versanken damals im Wasser des Stauseees. Das aus dem See abfliessende Wasser bleibt übrigens nicht lange an der Oberfläche. Schon nach 200 Metern verschwindet es in einem Schlundloch und tritt erst im Tal von Tramelan wieder zutage. Über 500 Pflanzen- und Tierarten leben am Etang de la Gruère, darunter besonders viele Libellen- und Schmetterlingsarten. Der See ist ein beliebtes Ausflugsziel, auf einem Weg aus Holzknüppeln kann man ihn umrunden. Sollte es jemandem auf dem Naturlehrpfad zu hektisch zu und her gehen, findet sich bestimmt am etwas kleineren, idyllischen Etang des Royes ein ruhiges Plätzchen.

Technologie und Architektur. La Chaux-de-Fonds ist eine Planstadt mit einem rechtwinkligen Strassenraster, wie er in den Grossstädten der USA oder in den Kolonialstädten Südamerikas üblich ist. Nachdem im Jahr 1794 La Chaux-de-Fonds durch einen Grossbrand zu fast drei Vierteln zerstört worden war, begann man den Wiederaufbau nach Plänen von Moïse Perret-Gentil, eines Graveurs. Dabei bildet die Place de l'Hôtel de Ville das Zentrum, von dem aus die Strassen rechtwinklig abgehen. Auch bei der Stadterweiterung zwischen 1835 und 1841 nach Plänen des Ingenieurs Charles-Henri Junod behielt man den schachbrettartigen Grundriss bei. Für die Restaurierung und den Erhalt des Stadtzentrums und der Jugendstilbauten erhielt La Chaux-de-Fonds 1994 den Wakkerpreis. In Le Locle lag der Fall ähnlich: 1833 durch eine Feuersbrunst fast vollständig zerstört, baute man die Stadt nach dem Vorbild von La Chaux-de-Fonds und ebenfalls nach Plänen Junods wieder auf. Dabei setzte allerdings das Gelände der rasterartigen Überbauung Grenzen.

Gemeinsam mit 16 anderen Gemeinden bilden St-Ursanne, La Chaux-de-Fonds und Le Locle den Regionalen Naturpark Doubs. Die Gemeinden verteilen sich auf die drei Kantone Jura (14 Gemeinden), Bern (1 Gemeinde) und Neuenburg (4 Gemeinden). Die Idee einer Parkgründung hat eine längere Geschichte. 1999 wurde die Association pour le Parc naturel régional du Doubs (APNRD) gegründet. Getragen von einer Gruppe von Leuten, welche die Idee hartnäckig weiterverfolgten, gab sich die APNRD neue Strukturen und erhielt 2007 die nötigen finanziellen Mittel, um das Parkprojekt weiter zu konkretisieren.

Die Landschaft des Regionalen Naturparks Doubs ist es wert, sich ihr mit genügend Zeit zu nähern. Hier winken keine spektakulären Naturdenkmäler und keine Berge mit atemberaubenden Höhenmetern. Wären da nicht die steilen, manchmal mit Felsen durchsetzten Abhänge des Doubs-Tals, würde die Landschaft zweifellos das Prädikat lieblich verdienen. Der 380 Quadratkilometer grosse Park hat zwei verschiedene Landschaften. Einerseits ist da der Doubs, der auf der französischen Seite des Mont Risoux entspringt, Pontarlier durchquert, nach Nordosten abdreht und schliesslich nach dem Lac des Brenets und dem Lac de Moron über Dutzende von Kilometern die Landesgrenze zwischen der Schweiz und Frankreich bildet. Vor Soubey wird er sogar ganz schweizerisch – nicht freiwillig allerdings, sondern gezwungen vom 12 Kilometer langen Bergrücken Clos du Doubs, der sich ihm hier in den Weg stellt und ihn zu einer grossen Schlaufe zwingt. Erst bei St-Ursanne, das mit seiner lang gezogenen Häuserfront am Ufer Spalier zu stehen scheint, gelingt dem

St-Ursanne im Winter: Das malerische Städtchen ist zu jeder Jahreszeit einen Besuch wert.

Wanderung

Zwischen St-Ursanne und Soubey liegen 16 Kilometer Uferweg, die praktisch autofrei und trotz der Länge problemlos und ohne grosse Anstrengungen zurückgelegt werden können. Ausgangspunkt ist St-Ursanne, von dem man direkt die östlich des Städtchens liegende Brücke ansteuert und überquert. Empfehlenswert ist es, den Ausflug auf zwei Tage zu verteilen und sich für den Besuch der Gegend viel Zeit zu lassen. Von der Brücke führt der Weg auf der westlichen Seite des Doubs, entlang seinem linken Ufer ohne grössere Anstiege flussaufwärts. Vor allem zu Beginn der Wanderung bei St-Ursanne begegnet man Fischern, denn der Fluss ist bei ihnen auch der besonderen Stimmung wegen sehr beliebt. Träge und dunkel fliesst der Doubs oft dahin. Anfangs sind noch einige Bauernhöfe zu sehen. Mutterkühe weiden auf den Wiesen und tränken ihre Kälber. Der Hinweis, einen Bogen um sie zu machen, sollte von den Wandernden befolgt werden. Später sind beide Uferseiten bewaldet. Auf der gegenüberliegenden Seite sind immer wieder kleine, lauschige Campingplätze zu sehen. Allmählich wird der breite Landwirtschaftsweg schmaler und schliesslich zum Trampelpfad mit blosser Erde, angenehm zum Gehen, wenn es nicht gerade geregnet hat und der Pfad ein wenig glitschig ist. Gelegentlich wird die Stille kurz von einem Rauschen unterbrochen, dort wo der Doubs weniger tief und sein Gefälle höher ist – für die Kajakfahrer spannende Momente. Kajakfahrer tauchen immer wieder auf, genauso wie Mountainbiker, die den holperigen Weg für sich entdeckt haben. Oft sind kleine, in den Doubs mündende Bäche zu überqueren. Das ist bei trockenem Wetter kein Problem; wenn es stark geregnet hat, gibt es aber keine Garantie, trockenen Fusses auf die andere Seite zu gelangen. Nach knapp der halben Wegstrecke wird ein Gasthaus auf dem anderen Ufer bei Tariche sichtbar. Es braucht nicht bei wehmütigen Blicken zu bleiben, denn es gibt ein kleines Fährboot, das Durstige und Hungrige hinüberbringt. Nach dem Restaurantbesuch geht die Wanderung auf der Nordseite des Flusses weiter, wo der Weg ohne Anstieg direkt am Fluss verläuft, während am Südufer 100 Meter Höhendifferenz zu überwinden sind. Für beschaulich Wandernde heisst das: nach dem Beizenstopp mit der Fähre wieder zurück ans Nordufer. Das folgende Stück auf dem schmalen Pfad entlang dem bewaldeten Steilufer ist wiederum sehr eindrücklich. Auf der Passerelle von La Charbonnière kurz nach dem gleichnamigen Weiler gegenüber, einst eine Köhlersiedlung, überquert man den Doubs. Bald verbreitert sich der Pfad und wird wieder zu einer land-

Blick vom Grenzort Goumois Richtung Frankreich. Der Doubs geniesst hier viel Freiheit.

wirtschaftlichen Strasse. Es kommen Bauernhöfe ins Blickfeld und dann kurz vor Soubey die alte Mühle (Les Moulins) aus dem Jahr 1565. Sie war bis 1968 in Betrieb und kann besichtigt werden. Am besten erkundigt man sich im nahen Restaurant du Relais. Hier beim Restaurant befindet sich auch die Endhaltestelle des Postautos zurück nach St-Ursanne (Soubey garage). Nach der Mühle führt das letzte Wegstück bis Soubey einige Hundert Meter der Strasse entlang und dann über die Brücke ins Dorf. Dort befindet sich die Postautohaltestelle Soubey village. Der Fahrplan ist etwas unberechenbar, weil er sich auch nach den Schulzeiten richtet. Es ist daher empfehlenswert, sich in St-Ursanne über die Rückfahrt zu informieren. Wanderzeit: ca. 4 Stunden.

Anreise

Mit der Bahn nach Delémont und von dort nach St-Ursanne. Mit der Bahn von Neuenburg über La-Chaux-de-Fonds oder von Biel über Tavannes und Le Noirmont nach Saignelégier. Oder von Delémont via Glovelier nach Saignelégier.

Übernachtung

Hôtel La Couronne
Rue du 23 Juin 3
2882 St-Ursanne
Telefon +41 (0)32 461 35 67
www.hotelcouronne.ch
Das ruhige Hotel liegt am Stadttor St-Pierre.

Essen

Restaurant de Tariche
2882 St-Ursanne
Telefon +41 (0)32 433 46 15
www.tariche.ch
Das Restaurant liegt ideal an der Wanderroute, direkt am Doubs. Spezialität: Forelle blau.

Auskunft

Parc Regional du Doubs
6, Place du 23 Juin
Case postale 316
2350 Saignelégier
Telefon +41 (0)32 420 46 70
www.parcdudoubs.ch

Centre Nature Les Cerlatez
Case postale 212
2350 Saignelégier
Telefon +41 (0)32 951 12 69
www.centre-cerlatez.ch

Karten

Wanderkarten 1:25 000, Franches-Montagnes, Clos du Doubs. Edition mpa, Orell Füssli
Landeskarte/Wanderkarte 1:50 000, 222/222T, Clos du Doubs

Die Freiberger Pferde

Das Gebiet des Regionalen Naturparks Doubs, genauer das Hochplateau der Franches-Montagnes, ist die Heimat der Freiberger Pferde. Die einzige Schweizer Pferderasse ist heute der letzte Vertreter des leichten Kaltblutpferdes in Europa. Der Freiberger gilt als leistungsfähiges, gutmütiges Pferd mit trittsicherem Gang. Es wurde als Fahr- und Reitpferd, für den Sport und den Tourismus, für die Landwirtschaft und für die Armee gezüchtet. Dank seines umgänglichen Wesens ist der Freiberger ein ideales Pferd für Familien, die den engen Kontakt zur Natur suchen. Er ist auch ein gesuchter Partner für Reiterspiele. Dass das Interesse am Freiberger Pferd wachgehalten wird, dafür sorgt alljährlich der «Marché-Concours» in Saignelégier.

Weniger bekannt ist, dass das Freiberger Pferd auch Figuren der Hohen Schule beherrscht oder für das Barockreiten eingesetzt wird. Im Schweizerischen Nationalgestüt in Avenches werden die Freiberger seit 1899 gezüchtet. Heute ist es das schweizerische Kompetenzzentrum für das Pferd und hat seit dem Jahr 2000 einen Leistungsauftrag des Bundes. Das Zuchtziel ist heute auf die Bedürfnisse der Freizeitreiter sowie den Arbeitseinsatz in der Land- und Forstwirtschaft ausgerichtet. Auf der Homepage von Agroscope heisst es, gezüchtet werde «ein ausdrucksvolles, rassetypisches, mittelrahmiges, korrektes, leistungsstarkes, umgängliches und marktgerechtes Pferd im mittelschweren Typ mit schwungvollen, elastischen, korrekten Bewegungen und trittsicheren Gängen». Das Stockmass, das heisst die mit einem Stock ab Boden gemessene Widerristhöhe, liegt zwischen 150 und 160 Zentimetern, das Gewicht zwischen 550 und 650 Kilogramm. www.agroscope.admin.ch

---

Doubs die Kehrtwende Richtung Westen. In Brémoncourt wird er dann wieder zum französischen Fluss, ganz so, als wäre er als unerwünschter Eindringling wieder ausgewiesen worden.

Wer vom Südufer des Doubs die steilen Strassen hochfährt, gelangt in die Freiberge. Auch sie gehören zum Regionalen Naturpark, sie sind sozusagen dessen zweites Gesicht. Der Gegensatz zum Doubs-Tal ist reizvoll. Denn hier oben dominiert eine weite Landschaft, die am Horizont direkt in den Himmel übergeht. Der Name Freiberge geht auf einen Freibrief des Basler Fürstbischofs aus dem Jahr 1384 zurück, in dem er alle, die bereit waren, hier den Wald zu roden und das Land urbar zu machen, von Zinsen und Zehnten befreite. Das Versprechen galt auch für die Nachkommen der Siedler. Nicht wenige junge Bauern folgten dem Angebot. Die Pioniere rodeten vor allem den Laubwald, denn das vermodernde Laub störte den Graswuchs. Die Fichten liessen sie als Schattenbäume stehen, weil dadurch der Boden weniger austrocknete. So ist denn eine ganz spezielle Parklandschaft entstanden, die sogenannten Wald- oder Wytweiden (pâturages boisés), die heute 40 Prozent der Freiberge ausmachen. Auf ihnen grasen Freiberger Pferde und Kühe friedlich nebeneinander zwischen vereinzelten Nadelbaumgruppen und Wettertannen.

Der Hauptort des jurassischen Bezirks Franches-Montagnes ist Saignelégier. Jedes Jahr am zweiten Wochenende im August findet hier der «Marché-Concours» statt, mit Pferderennen, Pferdeschau und volkstümlichem Umzug. Eine besondere Attraktion sind die Pferde- und Wagenrennen mit den Freiberger Pferden. Der Nationale Pferdemarkt mit Begleitprogramm zieht jeweils Tausende von Besuchern aus der Schweiz und Frankreich an. In Saignelégier gibt es aber nicht nur Pferde, hier ist auch die bekannte Uhrenmarke Maurice Lacroix angesiedelt. Der 1975 gegründete Edeluhrenhersteller ist der grösste Arbeitgeber des Ortes.

An der Strasse nach Tramelan liegt drei Kilometer ausserhalb von Saignelégier das Centre Nature Les Cerlatez, das 1992 mit Unterstützung von Pro Natura als Umweltschutzstiftung gegründet wurde und sein Augenmerk vor allem auf den ganz

Wintermorgen in den Freibergen bei St-Brais. Im Winter ist die Ruhe im Jura noch deutlicher zu spüren.

Der Etang de la Gruère wurde vor über 350 Jahren zum Stausee. Die gesamte Moorlandschaft umfasst 210 Hektaren.

in der Nähe liegenden Etang de la Gruère gerichtet hat. Im Zentrum gibt es eine Ausstellung über das Holz, das in der Gegend eine wirtschftlich wichtige Rolle spielt, und man kann einem Instrumentenbauer über die Schulter schauen. Das Zentrum bietet auch Führungen durch das Moorgebiet des Etang de la Gruère an. Die Stiftung Les Cerlatez ist zudem bei der «Plateforme franco-suisse pour le Doubs» aktiv, denn der Doubs als Grenzfluss verlangt auf der Ebene des Naturschutzes und der Regionalentwicklung nach einer intensiven, grenzüberschreitenden Zusammenarbeit zwischen der Schweiz und Frankreich.

Der Direktor des Centre Nature Les Cerlatez, François Boinay, ist Franzose und auch beim Regionalen Naturpark Doubs engagiert. Er freut sich über die vielen grenzüberschreitenden Projekte, die dem Naturschutz dienen. Dazu gehört beispielsweise das Schutzprojekt für den Apron. Dieser Fisch, der auch König des Doubs genannt wird, ist akut vom Aussterben bedroht. Nach Angaben des Bundesamts für Umwelt leben auf dem rund 40 Kilometer langen Schweizer Flussabschnitt des Doubs nur noch 160 Exemplare. Der Apron ist ein Verwandter des Barsches (Egli). Er erreicht eine Länge von 20 Zentimetern. Zu den seltenen Pflanzenarten gehört die Schachbrettblume (Fritillaria meleagris). Das griechische Wort «meleagris» bedeutet Perlhuhn, was sich auf das typische Muster der glocken- oder ballonförmigen Blüte bezieht.

Nach der Überzeugung von François Boinay ist die Region nicht nur wegen der Artenvielfalt und der unterschiedlichen Landschaften für einen Naturpark geeignet. In der Region werden auch einzigartige Produkte hergestellt, allen voran der Tête de Moine, der zylinderförmige Käse, der als Mönchskopf bezeichnet wird. Ursprünglich stammt der Käse aus dem 1136 errichteten Kloster Bellelay, das sich 1570 unter den Schutz des Fürstbischofs von Basel stellte. Laut einem Brief des Abts liess er damals dem Bischof «dryssig bellelay Kess» überbringen. Die älteste Beschreibung des Bellelay-Käses stammt aus dem Jahr 1628. Darin wird darauf hingewiesen, dass eine «sehr fette Milch von ausgezeichneter Qualität verwendet wird, hervorgegangen aus den besten Gräsern und Kräutern des Landes».

Es gibt zwei Versionen, warum der Käse den Namen Tête de Moine (Mönchskopf) erhalten hat. Einerseits könnte es sich um einen Spottnamen aus der Zeit nach der Französischen Revolution handeln, denn 1797 plünderten die französischen Truppen die Abtei und jagten die Mönche davon. Der Käse mit dem abgeschabten Deckel gleicht einem Mönchskopf mit Tonsur, und ähnlich wie die Tonsur wird auch der Käse mit einem Messer geschabt. Andererseits – und weniger handfest – könnte der Name damit zusammenhängen, dass im Kloster immer eine Anzahl Käse «pro Mönchskopf» – fromage pour tête de moine – eingelagert wurde, während der Rest als Zinsen und Geschenke das Kloster verliess. Wie dem auch sei: Der Tête de Moine ist heute ein erfolgreich vermarktetes Produkt mit geschützter Herkunftsbezeichnung.

Doch es gibt noch weitere schmackhafte kulinarische Erzeugnisse der Gegend: etwa würzigen Honig, Karamells, Konfitüren und Glacen, hausgemacht von vielen Bäuerinnen. Gerade für solche Produkte bieten der Park und ein zukünftiges Label die Chance, den Absatz zu verbessern und die Wertschöpfung zu steigern, findet François Boinay vom Naturschutzzentrum.

Alles in allem seien es aber die Ruhe und die Vielseitigkeit der Landschaft, welche die Gegend des Naturparks einzigartig machten, sagt er. Wer St-Ursanne zu Fuss verlässt, befindet sich nur wenige Minuten später in der wildromantischen Landschaft des Doubs. Gerade dies schätzt François Boinay vom Centre Nature Les Cerlatez: «Die Lebensqualität hier ist gross. Es ist friedlich, und die Menschen sind freundlich. Nicht nur im Sommer, auch im Winter ist es hier wunderschön.» Allerdings geniessen der Park und vor allem der Schutz des Doubs nicht überall die gleiche Wertschätzung. Der Fluss wird nicht nur durch Landwirte bedroht, welche ihn mit Jauche überdüngen, sondern beispielsweise auch von der kleinen Schweizer Gemeinde Goumois, deren Abwässer auch heute noch ungeklärt in den Doubs gelangen. Zudem plant Frankreich den Bau mehrerer Staustufen. Für François Boinay ist deshalb klar, dass der Kampf um den Schutz des Doubs von essentieller Bedeutung für die Entwicklung des Regionalen Naturparks ist. Doch dieser Einsatz ist für ihn auch eine Herzensangelegenheit. «Ich bin ein Liebhaber des Doubs. Wo er die Landschaft prägt, sind für mich die schönsten Orte der Welt.» (MA)

Oben: Bei der Staustufe des Doubs in Le Theusseret befindet sich eine alte Mühle, heute ein empfehlenswertes Gasthaus (Auberge du Theusseret).
Unten: Fast wie im Urwald: moosbewachsener Baum.

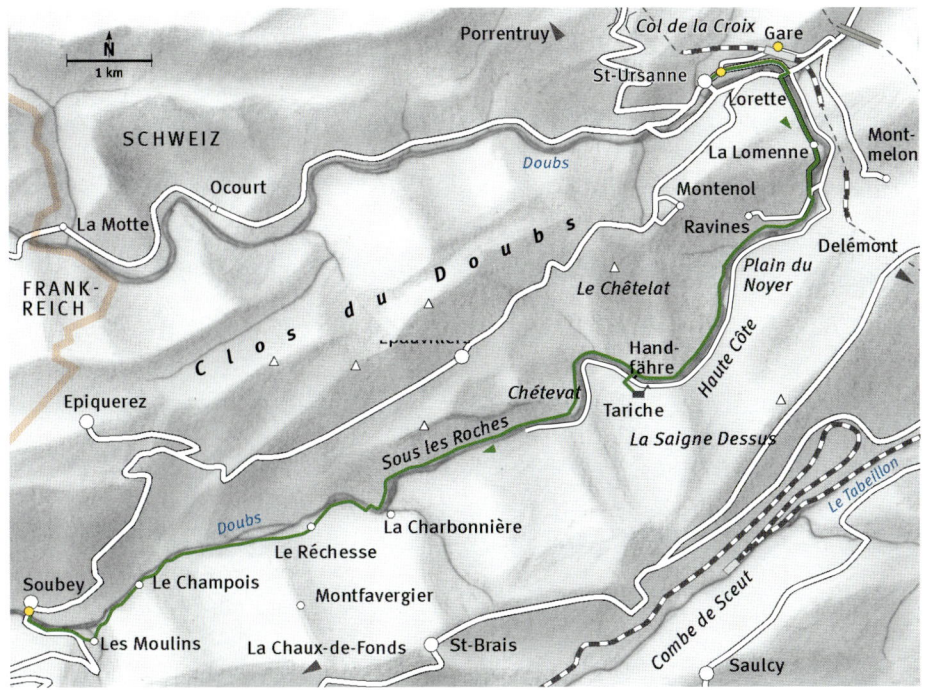

Chasseral

Pioniere im Sturm

Der windumtoste Chasseral mit seinem regionalen Naturpark verbindet die Rebhänge des Bielersees mit den rauen Jurahöhen. Hier haben sich einige der berühmtesten Uhrenmanufakturen angesiedelt, ebenso die Mennoniten, die manche Stürme der Zeit überstanden.

Herbststimmung mit Lichtspiel am Chasseral. Wenn das Dreiseenland unter dem Nebel liegt, scheint hier die Sonne.

Der Wind tost in schier ohrenbetäubender Lautstärke. «Das ist auf den Jurahöhen oft so», lacht Henri Spychiger. Er bewirtschaftet sein Land auf den Höhen des Mont Crosin zwischen Tramelan und St-Imier. Weit und breit ist hier kein Dorf. Wäre da nicht der Wind, würde nur das Wiehern der Pferde und Muhen der Kühe die Ruhe stören – und ein «Zsch, zsch, zsch …». So tönt es, wenn die drei Flügel eines Windrotors die Luft zerschneiden. Auf dem Mont Crosin stehen inzwischen 16 Windturbinen, die Strom erzeugen. Auf dem benachbarten Mont Soleil kommen neben Windturbinen auch noch Solarpanels hinzu.

«Wirklich nachhaltige Energie ist das», schwärmt Spychiger. «Ich bin begeistert.» Der Bauer verzettelt sein Heu mit einem einfachen Wender, vor den er ein Pferd gespannt hat. «Das Pferd und die Rotoren sind umweltschonende Methoden, um das Ziel der Nachhaltigkeit zu erreichen.» Die Energieversorgung ist heute aber nicht sein Thema, sondern er will das Heu trocken in die Scheune bringen. Im Westen deuten dunkle Wolken eine Wetteränderung an.

Die Rotoren auf dem Mont Crosin haben in den letzten Jahren die Landschaft verändert. Und es kommen immer neue Projekte hinzu, die auf nachhaltige Energie setzen. Das muss kein Widerspruch zu einem regionalen Naturpark sein, wie er hier am Chasseral entstanden ist. Die Grenzen sind für Pro Natura da erreicht, wo ein Windpark in einem Gebiet geplant ist, das im Bundesinventar der Landschaften und Naturdenkmäler von nationaler Bedeutung (BLN) aufgeführt ist. Vonseiten der Pro

Die Krete des Chasserals bietet zu jeder Jahreszeit eine herrliche Aussicht. Hier der Blick nach Westen.

Natura wird der Stromproduktion in Wind- und Sonnenenergieanlagen grundsätzlich viel Wohlwollen entgegengebracht – solange die geltenden Gesetze respektiert werden. Denn diesen «neuen» erneuerbaren Energien gehört die Zukunft – zusammen mit einem massvolleren Umgang mit der Ressource «elektrische Energie».

Der Mont Crosin gehört genauso zum Regionalen Naturpark Chasseral wie die mittelalterliche Bielersee-Stadt La Neuveville. Im Osten reicht der Park über Biel hinaus bis nach Romont (BE) kurz vor Grenchen und im Westen in den Kanton Neuenburg hinein bis nach Cernier, das nördlich der Stadt Neuenburg im Val de Ruz liegt. Der Park ist 387 Quadratkilometer gross und umfasst 29 Gemeinden. Sieben liegen auf Neuenburger, der Rest auf Berner Gebiet. Biel, La Chaux-de-Fonds und Neuenburg sind die grossen Ballungszentren am Rand des Parks, was ihn zu einem viel besuchten Naherholungsgebiet macht. Augenfänger und nicht von ungefähr Namensgeber ist der Chasseral (1607 m) mit seinem 120 Meter hohen Sendeturm. Das beeindruckend hässliche Gebilde erinnert bei Nebel an eine Raketenbasis. Wenn der Wind bläst, gibt die Stahlkonstruktion pfeifende, klagende Geräusche von sich. Etwas weiter unten auf der Krete befinden sich das Hotel mit Restaurant und die Bushaltestelle als Ausgangspunkt für zahlreiche Wanderungen.

Am Chasseral wie auch im Gebiet des Mont Crosin zeigen die Bäume und Büsche ein seltsames Wachstumsverhalten. Als würden sie vor dem Wind resignieren, bilden sie gegen den Wind hin keine Äste und entfalten sich nur in Richtung Lee. So zeigen sie wie eine Flagge die Hauptwindrichtung an. Viele Baumbestände, vor allem unterhalb des Chasserals, sind sehr alt. Die Gipfelregion selbst ist kahl. Dass die Waldgrenze so tief liegt, hat mit den rauen Temperaturen und den starken Winden zu tun.

Gemäss dem Biologen Alain Ducommun von Pro Natura Bern ist diese karge Landschaft von besonderem Wert. Auf der windgepeitschten Krete leben hoch spezialisierte Pflanzen, und deshalb ist die äusserste Zone, wo der Berg in Kalkfelsen nach Norden abbricht, geschützt. Die stumpfblättrige Weide beispielsweise breitet

Renaturierte Moorlandschaft von nationaler Bedeutung: Les Pontins oberhab von St-Imier.

Strässchen unweit von St-Imier. Der Winter ist im Gebiet des Chasserals lang und hart.

ihre Äste dicht über dem Boden aus, um nicht vom Wind weggerissen zu werden. Der Trauben-Steinbrech wiederum speichert in seinen Blättern Wasser, weil es durch das poröse Kalkgestein schnell wegsickert. Auch der Frauenschuh, eine selten gewordene Orchideenart, kommt auf dem Chasseral noch vor und soll deshalb in einem eigenen Projekt geschützt werden. Die Flora ist sehr vielfältig. Man zählt über 500 Arten, darunter etwa zwanzig Orchideen. Zudem haben hier auch seltene Vögel ihre Heimat, wie die Heidelerche, der Steinschmätzer oder das geschützte Auerhuhn, von denen es hier nur noch wenige Exemplare gibt. Auch für das Auerhuhn wurde ein spezielles Schutzprogramm erstellt.

Eine Besonderheit der Chasseral-Landschaft sind die Dolinen, die auf einer Hochebene nördlich unterhalb des Gipfelzugs verstreut liegen. Die deutlich sichtbaren Erdlöcher wirken wie Eingänge zur Unterwelt. Die Dolinen haben sich in Senken gebildet, wo das Wasser im zerklüfteten Kalkgestein einen Abfluss fand. Weil Wasser die Fähigkeit hat, Kalkgestein aufzulösen, wurden die Abflusslöcher mit der Zeit immer grösser und das Gelände sackte ein. Diese Wasserdurchlässigkeit des Jurakalks ist auch der Grund, weshalb es hier keinen einzigen Bach gibt, was Berggänger, die alle paar Meter ein sprudelndes Wiesenbächlein erwarten, möglicherweise irritiert.

Die Regionalen Naturpärke in der Schweiz befinden sich in der Aufbauphase. Die Initianten müssen Pionierarbeit leisten und Gegner oder Kritiker von der Idee überzeugen, besonders wenn es darum geht, gewisse Einschränkungen in Kauf zu nehmen. Im Regionalen Naturpark Chasseral sind die Kritiker oft Privatleute, die es gewohnt sind, auf bestimmten Wegen zu ihren Ferienhäusern zu gelangen. Sie befürchten nun, dies könnte wegen sensibler Zonen eingeschränkt werden. Vor allem wenn es um den Schutz einer seltenen Pflanzenart geht. An verschiedenen Orten des Naturparks wird Wintersport betrieben, doch mit den Verantwortlichen der Skianlagen hat man sich vonseiten des Parks geeinigt. Das Problem ist auch nicht der Wintersport im Skigebiet, sondern es sind Schneeschuhwanderer und Variantenski-

Wanderung

Im Gebiet des Chasserals gibt es zahlreiche kürzere und längere Wanderungen. Als Einstieg in die Gegend empfehlenswert ist die Kretenwanderung (Sentier de la Crête). Der Lehrpfad beginnt in der Nähe des Hotels Chasseral und führt, versehen mit 13 markierten Posten, der Krete entlang. Die Broschüre dazu gibt nicht nur Auskunft über die Tier- und Pflanzenwelt des Chasserals, sondern ebenso über die nicht zu übersehenden Dolinen unterhalb des Gipfelzugs sowie andere geologische Besonderheiten. Auch über die vom Menschen geprägte Kulturlandschaft ist einiges zu erfahren. Der Lehrpfad ist knapp zwei Kilometer lang und beansprucht 1 bis 1½ Stunden Zeit.

Wer gerne noch länger unterwegs sein möchte, kann nach dem Sendeturm in Richtung Métairie de Morat absteigen und dann unterhalb des Gipfels nach links in Richtung St-Imier wandern. Oberhalb der Combe Grède, bei der Lichtung Pré aux Auges (1277 m), führt der Weg wieder hinauf zum Hôtel Chasseral. Die Combe Grède, die schluchtartige Kerbe, die sich direkt gegen Villeret hinunterzieht, ist ein von Pro Natura unterstütztes, eindrückliches Naturschutzgebiet. Die steil abfallende Karstlandschaft ist ein einsames Waldgebiet, in dem Gämsen, Wanderfalken und Murmeltiere leben. Zusätzliche Wanderzeit: 1½ Stunden. Broschüre zum Lehrpfad ist erhältlich unter Telefon +41 (0)32 942 39 42 oder E-Mail saintimier@jurabernois.ch

Anreise

Mit den SBB von Biel oder von Neuenburg via La Chaux-de-Fonds nach St-Imier. Von dort fährt im Sommer dreimal täglich ein Bus hinauf zum Hôtel Chasseral.

Übernachtung

Hôtel Chasseral
2518 Nods
Telefon +41 (0)32 751 24 51
www.chasseral-hotel.ch

Essen

Café-Restaurant
L'école est finie
Grand-Rue 6
2520 La Neuveville
Telefon +41 (0)32 751 71 14
www.lecole-estfinie.ch
Im kleinen Restaurant beim Brunnen in der Altstadt sind die Fischspezialitäten besonders zu empfehlen. Als Weisswein dazu sollte man die Cuvée aus Muscat, Sauvignon Blanc und Pinot Blanc bestellen. Der Name des Restaurants erinnert an die französische Chansonsängerin Sheila, deren Fan die Wirtin ist.

Winterstimmung beim Col du Mont Crosin (1227 m).

Auskunft

Association Parc régional Chasseral
Place de la Gare 2
Case postale 219
2610 St-Imier
Telefon +41 (0)32 942 39 49
www.parcchasseral.ch

Karten

Landeskarten 1:25 000, 1125 Chasseral, 1124 Les Bois, 1145 Bieler See
Landeskarte/Wanderkarte 1:50 000, 232/232T
Vallon de St-Imier

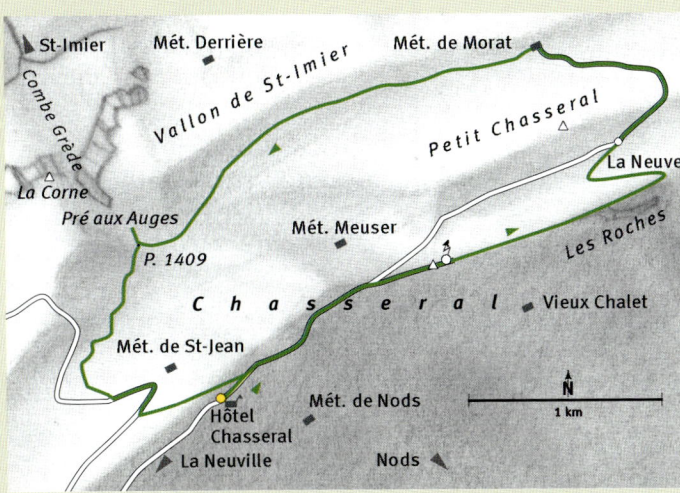

Verfolgte Wiedertäufer

Hans-Peter Habegger ist Landwirt. Sein Hof liegt zwischen Tavannes und Tramelan auf den Jurahöhen, wo die Winter streng und die Einwohner gering an der Zahl sind. Hans-Peter Habegger ist Anabaptist, Mennonit oder Wiedertäufer. Es gibt viele Bezeichnungen für jene, die erst als Erwachsene das Bekenntnis zu Gott ablegen wollen. Auch die Mennoniten haben ihre Wurzeln in der Täuferbewegung. Während die Lutheraner und Zwinglianer an der Verbindung von Obrigkeit und Kirche festhielten, lehnten die Täufer dies explizit ab. Das Täufertum entstand nach 1520 in Zürich als radikale Form der Zwinglianer. Etlichen Bürgern schienen die Lehren von Huldrych Zwingli zu wenig nach der Bibel gerichtet. 1525 wurde die erste Täufergemeinde gegründet, aber bereits ein Jahr später führte ihre pazifistische Grundausrichtung zu brutalsten Verfolgungen. Ab 1526 wurden die Führer der Täufer in Zürich mit dem Tod durch Ertränken in der Limmat bestraft. Im selben Jahr begann in vielen Ländern gleichzeitig die Verfolgung der Widertäufer. Dennoch breitete sich die Lehre der späten Taufe sowie der Eidesverweigerung gegenüber dem Staat und dem Militär innerhalb weniger Jahre bis nach Norddeutschland, in die Niederlande, nach Österreich, Böhmen und Mähren aus. Die Basischris-ten wurden jedoch stark verfolgt, sodass sie nirgends eine richtige Heimat fanden. Rettung kam durch den norddeutschen Priester Menno Siemons, der die Bewegung, die zu zersplittern drohte, einte. Siemons trat 1536 den Wiedertäufern bei und übte durch seine zahlreichen Schriften einen grossen Einfluss auf die Anhänger der noch jungen Bewegung aus, sodass man sie Mennoniten nannte. Auch die Schweizer Täufer übernahmen diesen Namen. Ein grosser Teil der noch im Gebiet der Eidgenossenschaft verbliebenen Täufer, die gezwungen waren, im Untergrund zu leben und sich nur heimlich zu Versammlungen treffen konnten, fand in Holland, Preussen und später in Russland, Mexiko und Südamerika eine neue Heimat. Erst mit der Helvetischen Republik hörte in der Schweiz die Verfolgung und Diskriminierung der Wiedertäufer auf. Heute werden Mennoniten, Amische und andere Wiedertäufer den Freikirchen zugeordnet. Auch im Bernbiet, vor allem im Emmental, wo die Täuferbewegung immer wieder aufflackerte, wurden die Täufer unter dem Ancien Régime brutal verfolgt. Schon im 16. Jahrhundert zogen sich die verfolgten Berner Täufer auf die zum Fürstbistum Basel gehörenden Jurahöhen zurück. Der Basler Bischof hatte ihnen hier auf mindestens 1000 Meter über Meer Siedlungsraum zugestanden. In tiefer gelegenen und damit fruchtbareren Gebieten war ihnen Landbesitz verboten. Auch Hans-Peter Habeggers Hof liegt auf dieser Höhe. Er verwaltet den Schlüssel zum Täuferarchiv der Mennonitengemeinde Sonnenberg im Weiler Le Jean Gui auf der Montagne du Droit. In dem Gebäude befinden sich die Gebetsräume und das Archiv, das auch als kleines Museum dient. Hier liegen erschütternde Dokumente über sinnlose Verfolgung und Hass aus religiöser Verblendung, beispielsweise der Märtyrerspiegel. Doch dem Mahnmal vergangener Zeiten stellen sich auch heute nur wenige Schweizer, und noch immer werden auch hierzulande Gruppen, die einen anderen Glauben pflegen, diskriminiert. Spuren der Täufer sind auch in der Landschaft zu finden. Wer sich dem Chasseral auf der Nordseite von Corgémont her nähert, stösst irgendwann auf den Pont des Anabaptistes. Die Schlucht unter der Täuferbrücke war einst heimlicher Treffpunkt für die verfolgten Gläubigen. Wer sich für das Schicksal der Wiedertäufer interessiert, kann ihren Spuren auf dem sogenannten Täuferweg (Chemin des Anabaptistes) folgen. Dieser führt vom Chasseral über die Métairie Petite Douanne, den erwähnten Pont des Anabaptistes und Corgémont nach Sonceboz. Die Wanderzeit dauert ca. 6 Stunden. www.parcchasseral.ch, www.taeufergeschichte.net

fahrer, die abseits der markierten Routen unterwegs sind und es um des besonderen Winterkicks willen in Kauf nehmen, dass Tiere aufgescheucht werden und Jungholz beschädigt wird.

Eine Fundamentalopposition gegen den Park ist nicht sichtbar. Alain Ducommun betont aber: «Die Zusammenarbeit mit der Bevölkerung ist besonders wichtig. Im Park muss es auch für ihre Anliegen Platz haben.» Der Naturpark Chasseral möchte mit Pro Natura zusammen eine Art Plattform bieten, wo die Bedürfnisse des Naturschutzes, aber auch jene der ortsansässigen Bevölkerung ausgebreitet und einander angeglichen werden. Châletbesitzer, Reiter, Jäger, Mountainbiker, Paraglider, Wanderer, Landwirte und Skifahrer haben eigene und andere Interessen als der Na-

Der Bergfrühling auf dem Chasseral ist kurz, aber stürmisch.

Die Krete des Chasserals mit dem Telekommunikationsturm im Hintergrund, der wie ein Leuchtturm in den Himmel ragt.

turschutz. «Deshalb muss man miteinander reden», meint Ducommun. Der Aufbau eines Parks sei immer ein Risiko. Es gelte, ein Gleichgewicht zwischen den Interessen der Natur und jenen der Bevölkerung zu finden. Wer sich zu stark für den reinen Naturschutz einsetze, werde zuletzt auf den totalen Widerstand der Bevölkerung stossen. Auch geht es für Ducommun darum, die Bauern in die Bemühungen um eine Verbesserung der Artenvielfalt zu integrieren. «Es ist wichtig, dass alle Beteiligten den Sinn einer ökologischen Aufwertung des Gebiets erkennen.» Der Lohn dafür sei ein Label, das die regionalen Produkte aufwertet und die Wertschöpfung verbessert.

In der Tat hat der Park in seiner Vielfalt einiges zu bieten, reicht er doch von den Gestaden des Bielersees über den Chasseral bis zur Uhrenstadt St-Imier. Am Bielersee überwiegt im mittelalterlichen Städtchen La Neuveville gepflegte Gastlichkeit. Die Besucherinnen und Besucher geniessen während der milden Sommerabende gerne ein Glas Wein in einem der Restaurants. La Neuveville feiert 2012 sein 700-jähriges Bestehen. Der Ort wurde 1312 vom Basler Fürstbischof Gérard de Vuippens als neue Stadt an der Grenze zum Fürstentum Neuenburg gegründet, um Flüchtlinge aus dem Städtchen La Bonneville im Val de Ruz aufzunehmen, das kurz zuvor von Rudolf IV. von Neuenburg zerstört worden war. Deshalb hiess der Ort in der Anfangszeit auch La Bonneville. Von 1798 bis 1815 gehörte La Neuveville zu Frankreich. Durch den Entscheid des Wiener Kongresses kam das Städtchen 1815 an den Kanton Bern.

Obwohl La Neuveville nicht einmal 4000 Einwohner zählt, geniesst es ein altes Stadtrecht. Neben der Feinmechanik bildet auch der Weinbau ein wirtschaftliches Standbein. Denn das vom Chasseral gegen die kalten Nordwinde geschützte und ganz nach Süden ausgerichtete Nordwestufer des Bielersees eignet sich vorzüglich für Rebbau. Jährlich am 2. September-Wochenende findet in La Neuveville ein Weinfest statt, an dem nicht nur Wein, sondern auch regionale Spezialitäten degustiert werden können. Am Fusse des Chasserals werden verschiedene weisse und rote

Rebsorten angebaut. Verbreitet ist hier auch die Chasselas-Traube, die am häufigsten angebaute Weissweintraube in der Schweiz. Sie wird im deutschen Sprachraum Gutedel genannt, und aus ihr werden Weine wie Fendant, Aigle oder Epesses gekeltert. Lange hiess es, die Chasselas-Traube stamme ursprünglich aus dem Orient und sei über den osmanischen Hof an jenen des französischen Königs gekommen, von wo aus sie ihren Siegeszug in Europa antrat. Gemäss einer wissenschaftlichen Untersuchung an der Universität Neuenburg, die sich auch auf die Genanalyse abstützt, stammt sie aber aus dem Waadtland. Kein orientalisches Märchen also, sondern nüchterne Fakten – und ein Grund mehr, den Tropfen im Anbaugebiet zu geniessen!

Die Uhrenstadt St-Imier bildet einen reizvollen Kontrast zum Bielerseestädtchen. Wie La Chaux-de-Fonds und Le Locle strengen Linien und rechten Winkeln verpflichtet, strahlt der Ort Geschäftigkeit und Präzision aus. Die Firmen Leonidas, TAG-Heuer, Longines und Breitling wurden hier gegründet. Am Ufer der Schüss (Suze) liegt das Musée Longines, das Uhrenmuseum der 1832 gegründeten Compagnie des Montres Longines Francillon SA, wo Taschenuhren, Armbanduhren, Chronographen und andere Navigationsinstrumente an die Zeit, deren Relativität, aber auch deren Teilbarkeit erinnern. Inzwischen hat sich St-Imier auf die Mikromechanik und die Produktion von Präzisionsgeräten spezialisiert. Doch der Weg zur Technologie braucht nicht der einzige Weg zur Wirtschaftlichkeit zu sein. Den Beweis, dass es auch andere Wege gibt, will der Regionale Naturpark erbringen. La Neuveville, Le Locle und andere geschäftige Orte im Parkgebiet zeigen: Die Fähigkeit, aus einem Produkt eine optimale Wertschöpfung zu erzielen, ist in der Region vorhanden. Das kann sich für die Parkentwicklung nur positiv auswirken. Doch Wirtschaftlichkeit ist relativ. So sagt Bauer Henri Spychiger unter den surrenden Windrotoren auf dem Mont Crosin: «Mein Pferd ist wirtschaftlich. Denn ein Traktor kostet eine sechsstellige Summe. Da ist die jährliche Abschreibung schon höher als die Futterkosten für das Pferd während dieser Zeit.» Das klingt überzeugend. Nachfragen erübrigt sich. Denn Spychiger macht sich davon, um sein Heu ins Trockene zu bringen. (MA)

Birken im Herbst: ein Baum-Mikado im Wald von Les Pontins.

Das Pfeifengras ist eine beliebte Zierpflanze. In Les Pontins findet man jede Menge davon in der freien Natur.

Thal

Die stille Natur und das lebendige Thal

Im Dreieck zwischen Basel, Bern und Zürich liegt im gleichnamigen Solothurner Bezirk der Regionale Naturpark Thal. Das Thal hat so manche Wirtschaftskrise überstanden und ist nun Vorreiter in Sachen Naturpark.

Blick vom Binzberg (1006 m) bei Gränsbrunnen nach Osten, Richtung Balsthal.

Die Limmernschlucht nördlich von Mümliswil war schon Ende des 18. Jahrhunderts Ziel von Landschaftsmalern, die sich von der Romantik der wilden Natur angezogen fühlten.

Bedächtig verzehrt der rastende Wanderer die Jura-Kette. Dabei beisst er aber nicht auf Granit, sondern in ein leckeres Wurstpaar. Dazu gibt es ein Thaler Brot, vervollständigt wird die Mahlzeit durch ein Stück herzhaften Hosenlupf-Käse. Regionale Produkte sind an sich nichts Ungewöhnliches, das Besondere hier ist, dass ihre Vermarktung ein wichtiger Teil des Konzepts der Regionalen Naturpärke darstellt. Ein Naturpark soll nicht nur den Besuchern und Einwohnern Erholung in der Natur bieten, sondern der Region ganzheitliche und nachhaltige Entwicklungsperspektiven erschliessen. Dabei ist der Naturpark Thal im Solothurner Jura von allen Pärken am weitesten fortgeschritten, auch wenn noch viel Arbeit ansteht. Ein wichtiger Erfolg in dieser frühen Phase stellte die Aufnahme der Thaler Produkte ins Sortiment von Coop dar. Thaler Wurst und Käse liegen nun in den Regalen des Grossverteilers in der Nordwestschweiz. «Damit können wir einen ‹gedeckten Tisch› anbieten», freut sich Michael Bur, Projektleiter Regionalprodukte und Raumplanung. Daneben gibt es im Thal Rapsöl und Schnaps aus eigener Produktion. Anschubhilfe leistete das Team der Geschäftsstelle des Naturparks, auch bei der Entwicklung von Etiketten half man. Weitere regional produzierte Produkte sollen künftig in Thaler Restaurants verwendet und über die Region hinaus verkauft werden. Ein vom Naturpark an die Betriebe vergebenes Label garantiert, dass die Rohstoffe aus dem Naturpark Thal stammen und die Produkte vor Ort hergestellt werden.

Zwischen Zürich, Bern und Basel gelegen, hat der Regionale Naturpark Thal ein Einzugsgebiet von zwei Millionen Menschen, die in einer Stunde mit öffentlichen Verkehrsmitteln das Thal erreichen können. Es wäre natürlich etwas unprak-

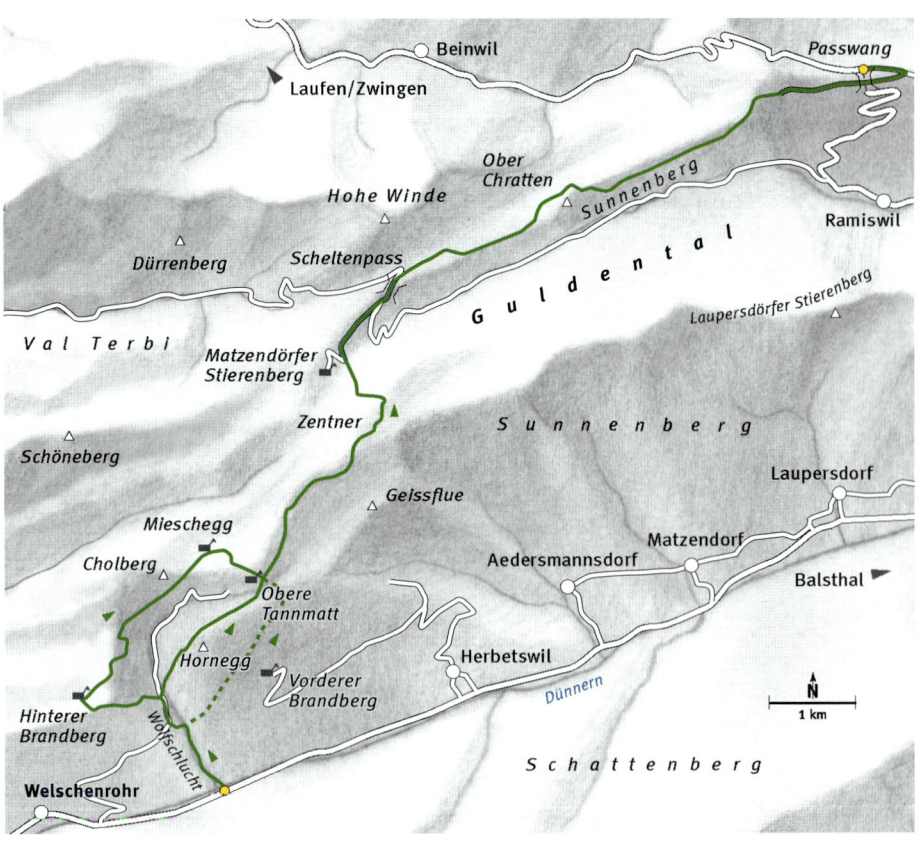

Landschaft bei Mümliswil. Im Ort selbst befindet sich ein interessantes Museum zur Kammherstellung und Frisurengeschichte.

tisch, wenn alle auf einmal kämen ... Ansonsten finden Erholungsuchende und Naturfreunde aus den umliegenden wirtschaftlichen und städtischen Ballungszentren am Jurasüdfuss hier reichlich Ruhe und Platz. Die Möglichkeiten für Freizeitaktivitäten im Park sind zahlreich: Wandern, Radfahren, auch mit einem gemieteten Elektrovelo, Klettern und vieles mehr.

Der Regionale Naturpark erstreckt sich vom Weissenstein ob Solothurn bis zur Wasserfallen an der Grenze zum Kanton Basel-Landschaft und ist eingebettet in die drei parallelen Jura-Höhenzüge der Weissenstein-, Brunnersberg- und Passwangkette. Bei gutem Wetter hat man von den Anhöhen eine atemberaubende Aussicht auf die Alpen – vom Säntis bis zum Montblanc – sowie in die Vogesen und den Schwarzwald.

Im Hauptort des Bezirks Thal, in Balsthal, treffen sich die drei Wasserläufe der Dünnern, des Augstbachs und – von Norden – des Mümliswilbachs bzw. des Ramiswilerbachs, der das Guldental entwässert. Dank seiner guten Verkehrslage zwischen zwei Klusen und an der wichtigen Nord-Süd-Handelsroute über den Oberen Hauenstein entstanden in Balsthal schon zu Beginn des 15. Jahrhunderts Herbergen und gewerbliche Betriebe. Von der strategisch wichtigen Lage zeugen über den Kluseingängen auch das Schloss Alt-Falkenstein (heute Heimatmuseum) und die Ruine Neu-Falkenstein aus dem 12. und 13. Jahrhundert. Einen empfindlichen Schlag erlitt Balsthal mit der Eröffnung des Hauenstein-Eisenbahntunnels im Jahr 1857. Er-

Wanderung

Ausgangspunkt der sechsstündigen Wanderung vom Dünnerntal über den Scheltenpass bis zum Passwang ist die Postautohaltestelle Wolfsschlucht östlich von Welschenrohr. Der Einstieg zur Wolfsschlucht ist beim Hammerrain. Zwischen hohen, teilweise überhängenden Felswänden geht es bergan durch die bis zu hundert Meter tiefe Schlucht, die der Bach ins Kalkgestein eingekerbt hat. Dabei waren auch Höhlen entstanden, einst ideale Wohnstätten für Wölfe und Bären. Nach der Schlucht hat man die Wahl: Entweder man geht links weiter zum Hinteren Brandberg und von dort über die Mieschegg (1104 m) mit der alten Pestkapelle zur Oberen Tannmatt, oder man geht nach rechts und steuert diese direkt an. Der Weg ist als Weissenstein-Wasserfallen-Weg mit der Nummer 94 markiert. Weiter auf dem Gratweg geht es zum Zentner (1188 m), dort links durch eine Weide zum Kreuz hinauf. Hier bietet sich eine schöne Sicht ins Guldental. Nun hat man erneut die Wahl, denn unterhalb liegt die Bergwirtschaft Güggel, oberhalb das Ausflugsrestaurant Matzendörfer Stierenberg. Ein Natursträsschen führt dann zum Scheltenpass (1051 m) hinunter. Dort braucht man nicht dem geteerten Weg um den Hang herum Richtung Vorder Erzberg zu folgen, sondern kann auf dem unmarkierten schmalen Pfad hinter dem Wegweiser «Scheltenpass» aufsteigen und den Gratweg nehmen. Nach 15 Minuten durch die Wiese kommt man zum Restaurant Vorder Erzberg. Auf dem Kiessträsschen geht es von dort leicht abwärts nach Ober Chratten und dann weiter auf dem Jura-Höhenweg entlang der aussichtsreichen Krete des Sunnenbergs Richtung Passwang. Beim Parkplatz Zingelen erreicht man links in fünf Minuten die Postautohaltestelle Passwangtunnel. Wanderzeit: 6 bis 7 Stunden.

Variante: Von der Wolfsschlucht über Obere Tannmatt zum Hinteren Brandberg. Dann dem Wegweiser «Lochboden–Welschenrohr» bis hinunter nach Welschenrohr folgen. Wanderzeit: ca. 4 Stunden.

Anreise

Mit den SBB von Solothurn oder Olten nach Oensingen, von dort mit der OeBB nach Balsthal. Oder mit den SBB von Solothurn Richtung Moutier bis nach Gänsbrunnen.

Übernachtung

Seminarhotel
Kreuz-Rössli-Kornhaus
Falkensteinerstrasse 1
4710 Balsthal
Telefon +41 (0)62 386 88 88
www.seminarhotelkreuz.ch
Gemütliches Hotel mit guter Küche.

Berghof Montpelon
4716 Gänsbrunnen
Telefon +41 (0)32 639 13 03
www.montpelon.ch
Der Eventbauernhof der Familie Lanz ob Gänsbrunnen bietet Matratzen- und Strohlager sowie eine Ferienwohnung.

Essen

Gasthof Limmernschlucht
Dorfstrasse 203
4717 Mümliswil
Telefon +41 (0)62 391 34 28
www.limmernschlucht.ch
Pasta, Fleischspezialitäten und ein «Naturparkmenü» wollen probiert sein.

Bio Berg Restaurant Tiefmatt
Tiefmattstrasse 109
4718 Holderbank
Telefon +41 (0)62 390 11 36
www.tiefmatt.com
Leckere Schweizerküche, ideenreich variiert auf der Tiefmatt (809 m) ob Holderbank.

Das Bäreloch gemahnt an eine Kathedrale. Die Höhle ist ein gewaltiger, über dreissig Meter hoher Ausbruch einer Felswand oberhalb von Welschenrohr.

Auskunft

Naturpark Thal
Tiergartenweg 1
4710 Balsthal
Telefon +41 (0)62 386 12 30
www.naturparkthal.ch

Karten

Landeskarten 1:25 000,
1107 Balsthal, 1087 Passwang,
1088 Hauenstein, 1106 Moutier
Landeskarte/Wanderkarte
1:50 000, 223/223T Delémont

satz bot die Industrie, zunächst die noch heute bestehende Papierfabrik, dann das Eisenwerk Klus der Firma Von Roll, das zum grössten Arbeitgeber im Thal wurde. Lange Zeit war Balsthal ein Zupendlerort. Generationen von Thalern arbeiteten in der «Schmelzi» in der Klus.

Der Industriekonzern, gegründet im Jahr 1810 durch den Ratsherrn Ludwig von Roll, betrieb zwei Hochöfen, in Gänsbrunnen und in der Klus bei Balsthal, sowie eine Hammerschmiede in Matzendorf. Den Eisenwerken ist auch das nur vier Kilometer lange normalspurige Bahnstück zwischen Balsthal und Oensingen (OeBB) zu verdanken, mit dem die Werke in der Klus im Jahr 1899 einen Anschluss an die Jurasüdfusslinie bekamen. Das Eisenerz stammte anfänglich aus Gruben in der näheren Umgebung, später aus dem Berner Jura. Zur Verwertung des gewonnenen Eisens errichtete das Unternehmen zusätzliche Schmiede- und Hammerwerke, später baute es vor allem den Stahlsektor aus. Die Erfolgsgeschichte der Von Roll AG, die zum grössten schweizerischen Stahlproduzenten geworden war, dauerte bis zur Ölkrise von 1973, die dem Konzern schwer zusetzte. In den 1990er-Jahren trennte er sich von der Stahlsparte. Die Anlagen des ehemaligen Werks Klus sind heute Sitz verschiedener anderer Firmen.

Auch die Herstellung von Kämmen ist heute Geschichte. Davon legt das in der ehemaligen Kammfabrik Mümliswil eingerichtete Museum «Haarundkamm» Zeugnis ab. Mümliswil war 200 Jahre lang das Zentrum der Schweizer Kammindustrie. 1792 gründete Urs Joseph Walter hier eine Kammmacherwerkstatt, aus der 1867 die erste moderne Kammfabrik der Schweiz entstand. Zur Blütezeit zählte der Betrieb 400 Beschäftigte und belieferte Adels- und Königshäuser mit Schmuckkämmen. Im Jahr 1990 endete die Produktion. 2007 wurde das Museum eröffnet, das Einblicke in die Kammproduktion und Frisurengeschichte gibt.

Das Keramikmuseum in Matzendorf zeigt die über 200-jährige Thaler Keramiktradition, die im Jahr 2004 zu Ende ging. Auch die Fayence-Manufaktur in

Eine Augenweide: Sonnenblumenfeld bei Matzendorf.

Auf dem Brunnersberg lässt es sich gemütlich wandern.

Aedermannsdorf geht auf Ludwig von Roll zurück. Er gründete sie 1798, noch vor den Eisenwerken, und als Direktoren stellte er auswärtige Fachleute ein, die das Wissen über die Produktion von Fayence und Steingut ins Thal brachten. Die 1884 gegründete «Thonwarenfabrik Aedermannsdorf AG» verlegte sich vor allem auf die Herstellung von feuerfestem Kochgeschirr und Ofenkacheln. Unter der Firma Rössler AG schliesslich wurde nach 1960 aus der Manufaktur eine automatisierte Porzellanfabrik, deren Produkte auch ausserhalb der Schweiz Absatz fanden.

Im Jahr 2003 wurde in Welschenrohr auch ein kleines Uhrenmuseum eröffnet, denn die Uhrenmanufaktur hat ebenfalls Tradition im Bezirk Thal. Zu ihren besten Zeiten fanden dabei bis zu 800 Arbeiter ihr Auskommen.

Heute erinnern nur noch Museen an die Manufakturen und Fabriken von einst und demonstrieren damit, wie sehr das Thal in den vergangenen Jahrzehnten vom Wegfall der industriellen Arbeitsplätze gebeutelt wurde. Balsthal ist heute ein Wegpendlerort. Die Thaler sehen dies jedoch nicht unbedingt als Nachteil. Im Gegenteil: Die Menschen besinnen sich auf das, was geblieben ist, nämlich «Stille Natur. Lebendiges Thal», wie der offizielle Slogan des Naturparks lautet, der das Nebeneinander von Mensch, Wirtschaft, Landschaft und Natur betont. Der Naturpark eröffnet den Leuten neue Perspektiven, er erweckt das Thal zu neuem Leben. Deshalb wurde seine Errichtung von der Einwohnerschaft mitgetragen. Und Thal wurde die erste Region der Schweiz, die den Prozess zur Anerkennung als Naturpark von nationaler Bedeutung komplett durchlaufen hat.

1969 wurde der Verein Region Thal gegründet, der sich für die «ganzheitliche Entwicklung der Region» einsetzte. Schon damals sorgte man sich um Wohn- und Lebensqualität, wirtschaftliche Perspektiven und die Bewahrung einer intakten Natur und Landschaft. Aus dem Verein Region Thal entstand der Trägerverein des Naturparks. Im Jahr 2001 startete mit der Bezeichnung viTHAL, das erste Vorläuferprojekt des Naturparks, das sich der Gesundheit von Bewohnern und Besuchern

Blick vom Sunnenberg, in der zweiten Jurakette, nach Westen.

widmete. So wurde an den Thaler Schulen Ernährungsunterricht erteilt, und es gab Kochkurse für Familien. Zusätzlich sollten zahlreiche Gelegenheiten zur Förderung der Bewegung, wie etwa die Thaler Bewegungswochen, die Leute in Schwung bringen. Dieses Engagement und die Erweiterung um das Erlebnis von Natur und Kultur mündeten 2009 in die Anerkennung als erster Regionaler Naturpark der Schweiz durch das Bundesamt für Umwelt. Von allen neun damals eingereichten Parkprojekten erhielt Thal die höchste Punktezahl.

Das war viel Arbeit für Stefan Müller, Programmleiter des Naturparks Thal, und sein Team der Geschäftsstelle in Balsthal. Und sie geht weiter. Über 20 Projekte standen und stehen auf der Agenda, beispielsweise sollen der sanfte Tourismus ausgebaut und weitere Artenschutzprojekte aufgegleist werden. Zwei Artenschutzprojekte sind bereits abgeschlossen, so das von Pro Natura initiierte und umgesetzte Projekt «Gelbringfalter». Dabei wurden im Rahmen des Aufwertungsprojekts oberhalb von Laupersdorf Wälder aufgelichtet, um mehr Lebensraum für den Gelbringfalter zu schaffen. Anschliessend wurde das Projekt an den Park übergeben, der nun für den langfristigen Unterhalt der Flächen zuständig ist. Das Projekt «Heidelerche» wiederum wurde vom Park initiiert und umgesetzt und von Pro Natura am Tag der Pärke ausgezeichnet und mit einem finanziellen Beitrag unterstützt.

Auch das Thema Holz zeigt die Aufgaben eines Naturparks, nämlich die Natur aufzuwerten und die Wirtschaft zu stärken. Dabei gelang es der Parkleitung, einen

Branchenverbund der Holzbetriebe im Parkgebiet ins Leben zu rufen: das «Holzhandwerk Thal». «Es war ein grosser Erfolg, dass sich die ‹Konkurrenten› an einen Tisch setzten», freut sich Michael Bur. Die Betriebe erfüllen bestimmte Kriterien: So müssen für jedes Produkt mehr als 60 Prozent der Arbeitsleistung in der Region erbracht werden, die Produkte, sofern erhältlich, müssen aus regionalen Rohmaterialien gefertigt sein, und Herkunft sowie Produzent sind zu deklarieren. Ausserdem soll ein Mitarbeiterpool geschaffen werden, damit die Betriebe sich bei personellen Engpässen gegenseitig aushelfen können.

Der Waldanteil im Naturpark Thal beträgt rund 50 Prozent, ein Zwölftel davon sind Waldreservate, in denen auf jede forstliche Nutzung verzichtet wird. Davon kann man sich bei einer schönen, vierstündigen Wanderung überzeugen. Oberhalb von Matzendorf ist der Wald zwischen der Unteren und Oberen Wängi wegen seiner steilen Lage nicht mehr rentabel zu bewirtschaften und wird sich selbst überlassen. Alte, abgestorbene Bäume bleiben liegen, langsam entwickelt sich der Wald zu seinem ursprünglichen Zustand zurück. Bei Sunnenhalb tritt man aus dem Wald hinaus auf die Jura-Hochweiden von Gross Brunnersberg, Sangetel und Güggel. Zurück geht es den Wald hinunter nach Aedermannsdorf.

Die Wald- und Weidegebiete des Naturparks sind Lebensraum verschiedener gefährdeter und seltener Tier- und Pflanzenarten. Dazu gehören Felsen-Bauernsenf, Grenobler Nelke, Heidelerche und Auerhuhn. Seit mehreren Jahren besiedeln Luchse das Thal. Das Wappentier Balsthals, die Aspis- oder Juraviper, kommt an südexponierten Kalkfelsen und auf besonnten Schuttkegeln vor. Allerdings stellt die Verbuschung der Felsstandorte für diese europaweit gefährdete Art eine Bedrohung dar.

Sehr zu empfehlen ist eine Wanderung auf dem «Juraweg Thal», der auf und entlang der zweiten Jurakette verläuft. Wer den Weg hinauf zu Fuss scheut, kann den Jurabus nehmen. Dieser fährt bisher jedoch leider nur sonntags und an allgemeinen Feiertagen vom 1. Mai bis 1. November auf den Brunnersberg und die Obere Tannmatt. Wie auch immer man hinaufgelangt, oben auf der Brunnersbergkette wird man mit einem phänomenalen Rundumblick belohnt und von etwaigen Strapazen kann man sich gemütlich in einem der zahlreichen Berggasthöfe erholen, die sich im Halbstundentakt aneinanderreihen.

Der Blick hinab ins T(h)al offenbart eine intakte Landschaft. Dies ist der Tatsache zu verdanken, dass schon seit dem Jahr 1942 das gesamte Thal, mit Ausnahme der für Ackerbau und Industrie genutzten Ebene der Dünnern zwischen Herbetswil und Balsthal sowie der Siedlungsgebiete, in der kantonalen Juraschutzzone liegt. Schon damals galt der Solothurner Jura als «Gebiet von besonderer Schönheit und Eigenart». Dadurch konnte eine Zersiedlung der Landschaft, etwa durch Ferienhäuser, verhindert werden. Aber unverkennbar hat der Mensch die Landschaft geprägt, diese selbst ist das vielleicht wichtigste kulturhistorische Erbe der Region. «Der Mensch agierte, die Natur reagierte darauf. Es liegt nun an uns, diese Reaktion zu bewahren», sagt Stefan Müller. Der Wille dazu ist im Thal vorhanden und dank der Einrichtung des Naturparks auch die nötigen Mittel. Nun können die Thaler vorexerzieren, wie man aus einer wirtschaftlichen Krise neue Chancen schafft, zum Wohle der Natur und zum Nutzen der Menschen. (RD)

Oben: Die Burgruine Neu-Falkenstein wacht(e) seit dem 12. Jahrhundert ob St. Wolfgang über die Klus zwischen Balsthal und Mümliswil. Der kurze Fussweg hinauf belohnt mit einem schönen Blick auf Balsthal und das Thal.
Unten: Bis zu hundert Meter hohe Felswände begrenzen die Wolfsschlucht, die mit ihren Höhlen und Auswaschungen vom Tannbach geschaffen wurde.

Jurapark Aargau

Im Einklang mit dem «Dreiklang»

Zwischen zwei Ballungszentren und zwei Flüssen liegt der dünn besiedelte Jurapark Aargau: der grösste Freiraum zwischen Zürich und Basel. Während ringsum geschäftiges Treiben herrscht, findet man hier Natur, Ruhe und Erholung.

Morgendämmerung auf der Wasserflue.

Genuss-Strasse

Im Jurapark gibt es die «Erste Genuss-Strasse der Schweiz», wie sie sich stolz nennt. An einer 179 Kilometer langen, signalisierten Route entlang von Rhein und Aare bis in den Kanton Baselland finden sich Gastrobetriebe, Winzer, Bauernhöfe und Geschäfte, die regionale Spezialitäten anbieten oder regionale Produkte verarbeiten. Die Betriebe sind als «Culinarium», «Weinbau» oder «Produzent» gekennzeichnet, die Route selbst ist mit Strassenschildern «Genuss-Strasse» signalisiert. Die «Strassenkarte der Genüsse» kann bei der Geschäftsstelle des Juraparks bezogen werden. Sie enthält auch die Postauto- und Bahnlinien, damit auch die ÖV-Benutzerinnen und Benutzer in den Genuss der Genüsse kommen.

In der hügeligen, von Aare und Rhein umflossenen Landschaft des Aargauer Tafeljuras liegt der Jurapark Aargau mit seinen 29 Parkgemeinden aus den Regionen Aarau, Fricktal und Brugg. Frick selbst gehört nicht mehr zum Jurapark, der geschäftige Ort ist aber Gabelungspunkt der Strassen zu den Jura-Übergängen Bözberg, Staffelegg und Bänkerjoch und damit ein idealer Ausgangspunkt für die Erkundung des Juraparks. Heute führen die wichtigen Verkehrsverbindungen zwischen Basel und Zürich, Eisenbahn und Autobahn, in Tunnel unter dem Bözberg hindurch. Die beiden Grossstädte wie auch die den Jurapark umgebenden städtischen Ballungszentren am Jurasüdfuss und entlang von Aare und Rhein sind Teil des Naturparkkonzepts. Von da kommen die Besucherinnen und Besucher, die den Park mit seinen intakten Landschaften und Ortsbildern als Naherholungsgebiet schätzen.

Eine spannungsvolle und kontrastreiche Nachbarschaft hat sich also hier im Nordwesten der Schweiz zusammengefunden. Dies sticht vor allem ins Auge, wenn man von einer der Anhöhen nach Norden Richtung Rhein und Schwarzwald blickt, während südwärts Reusstal, Seetal, Wynental, Suhrental (Quizfrage: Welches ist welches?) Richtung Alpen führen, die man bei klarem Wetter gut erkennen kann.

Das Gebiet des Aargauer Tafeljuras, der einen grossen Teil des Naturparks ausmacht, reicht von Zeiningen bis zum Bözberg. Vom umliegenden dichten Siedlungs- und Wirtschaftsraum führen Strassen hinein und hinauf in den Jura mit Höhen bis zu 350 Meter über den Talsohlen. Felsen, Trockenwiesen, Rebberge und Föhrenwälder bieten Lebensraum für eine vielfältige Flora und Fauna. Die dünn besiedelten Täler vermitteln Ruhe und Abgeschiedenheit. Der Jurapark umfasst ein Gebiet mit 244 Quadratkilometer Fläche, in dem 37 000 Menschen leben. Damit ist er halb so dicht besiedelt wie das Aargauer Mittelland.

Bis zum Jahr 1803 gehörten weite Teile des heutigen Juraparks noch nicht zur Schweiz. Es war Napoleon, der mit seiner Mediationsverfassung die Schweiz politisch neu ordnete, indem er die 13 alten Orte der Eidgenossenschaft um 6 neue Kan-

Wer findet den Dinosaurier? Eine Freude für Gross und Klein ist der Fossilien-Klopfplatz bei Frick.

tone erweiterte, die bisherigen zugewandten Orte oder Untertanengebiete. Zu diesen zählte auch der Kanton Aargau, der sowohl geografisch wie auch historisch ein zusammengewürfeltes, auf dem Papier entworfenes Gebilde darstellt. Er umfasst die ehemalige Grafschaft Baden, den Berner Aargau, das Freiamt und das Fricktal. Alle diese Gebiete mit Ausnahme des Fricktals waren seit 1415 Untertanenland der alten Eidgenossenschaft. Das Fricktal hingegen bildete seit 1386 einen Teil des vorderösterreichischen Verwaltungsgebietes und gehörte zum Breisgau. Deshalb wurde das Fricktal auch in den Strudel des Dreissigjährigen Kriegs gerissen und geriet an den Rand des wirtschaftlichen Ruins. Soldatenhorden zogen raubend, mordend und brandschatzend durch die Dörfer und Städte. Es gab Hungersnöte, und auch die Pest suchte das Fricktal heim. Ein Erinnerungszeichen daran ist die Linde in Linn, heute ein beliebtes Ausflugsziel. Der Legende nach pflanzte Ende 1668 der letzte überlebende Dorfbewohner die Linde auf das Grab der von der Pest dahingerafften Linner. Tatsächlich aber wird ihr Alter auf 800 Jahre geschätzt, sie ist vermutlich die älteste Linde der Schweiz.

1799 marschierten die französischen Truppen auch ins Fricktal ein, das sie besetzten und vom habsburgischen Kaiserreich abtrennten. Im Februar 1802 riefen die Fricktaler einen eigenen Kanton aus, mit dem Status eines französischen Protektorats. Die Hoffnung auf Eigenständigkeit war indes von kurzer Dauer. Am 19. Februar 1803 verfügte Napoleon den Anschluss des Fricktals an den neu gegründeten Kanton Aargau. Damit wurde aus dem Randgebiet des Habsburgerreichs eine schweizerische Grenzregion.

Die Zugehörigkeit zum neuen Kanton änderte in den kommenden Jahrzehnten nichts an den schwierigen Lebensbedingungen im Grenzland. Anhaltende Kriege und veraltete landwirtschaftliche Produktionsmethoden gepaart mit einer raschen Bevölkerungsentwicklung führten zu einer zunehmenden Verarmung, sodass zahlreiche Bewohner ihre einzige Chance bei den Auswanderungsagenturen in Basel sahen. Die Verelendung führte in der Mitte des 19. Jahrhunderts sogar so weit, dass die

Auswanderung von den Behörden gefördert wurde, weil sich die Menschen nicht mehr vom Land ernähren konnten. Die Zurückgebliebenen fanden in der Heimarbeit als Seidenbandweber und Posamenter einen Zusatzverdienst. Zu Beginn des 20. Jahrhunderts pendelten viele auch zur Arbeit in die Fabriken jenseits der Grenze, während sie zu Hause einen Kleinbauernbetrieb bewirtschafteten.

Ab 1933 verschlechterte sich die wirtschaftliche Situation im Fricktal erneut, denn aufgrund der politischen Entwicklung in Deutschland mussten die Leute neue Arbeitsplätze suchen. Sie fanden sie in den Fabriken von Basel und Baden (BBC). Das Fricktal wurde ein eigentliches Pendlergebiet. Dies änderte sich erst einige Jahre nach dem Zweiten Weltkrieg, als das Fricktal selber eine stürmische wirtschaftliche und industrielle Entwicklung erlebte. Grossindustrie, vor allem die Basler Chemie, siedelte sich an und neue Industriegebiete entstanden im unteren Fricktal. Davon nur indirekt betroffen blieb das Gebiet des heutigen Naturparks. Viele, die hier wohnen, pendeln zur Arbeit in die angrenzenden Wirtschaftszentren.

Die Ursprünge des Juraparks gehen auf das Jahr 2002 zurück. Anlässlich des Jubiläums «200 Jahre Kanton Aargau 1803–2003» wurde der Verein «dreiklang.ch AARE – JURA – RHEIN» gegründet. Die Idee war zunächst, ein nachhaltiges Natur- und Kulturprojekt zu verwirklichen. Aber wie eines zum andern führt, so mündete die damalige Initiative in die Erarbeitung und Einreichung des Projekts Jurapark Aargau beim Bundesamt für Umwelt (Bafu) Anfang 2009.

Die Herbststimmung unterstreicht die weite Landschaft des Juraparks.

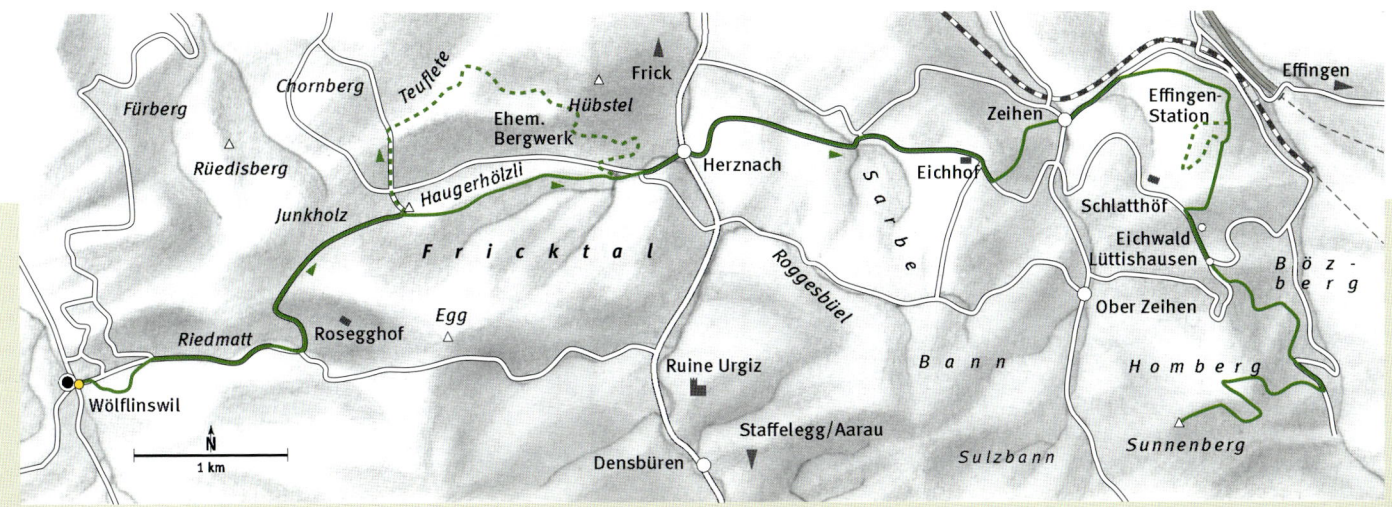

Wanderungen

Eisenweg

Die lange Tradition der Eisenerzgewinnung im Fricktal lässt sich auf einer abwechslungsreichen Wanderung erleben. Der sogenannte Eisenweg von Wölflinswil bis zum Zeihener Homberg (nicht zu verwechseln mit den diversen anderen Hombergen in der Region) ist knapp 14 Kilometer lang. Die Wanderzeit beträgt 3½ Stunden, hinzu kommt die Zeit, die man für die Besichtigung der Abbaustellen und das Studium der Schautafeln zum Thema Erzabbau benötigt. Von Zeihen bis auf den Homberg (782 m) sind ca. 350 Höhenmeter zu überwinden, was sich allein schon wegen der grossartigen Aussicht lohnt, die man von dort geniesst. Der Eisenweg kann auch in Etappen von jeweils 4½ Kilometern begangen werden: Wölflinswil–Herznach, Herznach–Zeihen und Zeihen–Homberg.

In der Nähe des Herznacher Bergwerks befindet sich eine Klopfstelle, wo nach Fossilien geschürft werden kann. Den eigentlichen Höhepunkt des Eisenwegs bildet das Herznacher Bergwerk. Es ist geplant, auf rund 80 Metern einen Teil des Hauptstollens wieder für die Öffentlichkeit zugänglich zu machen. Direkt neben dem Bergwerk befindet sich das ehemalige, 17,5 Meter hohe Silo, das einst 1000 Tonnen Erzgestein fasste, heute aber bewohnt ist und Gäste beherbergt.

Fricktaler Höhenweg

Eine gemütliche Dreitagestour bietet der Fricktaler Höhenweg, der gut ausgeschildert mit einer Gesamtlänge von etwa 60 Kilometern und relativ geringen Höhendifferenzen von der Zähringerstadt Rheinfelden über die Höhen des Tafeljuras nach Frick und weiter bis ins Weindorf Mettau führt. Besonders reizvoll ist die Wanderung im Frühling, wenn allenthalben die Kirschbäume blühen. Die erste Etappe von Rheinfelden bis Zeiningen liegt noch ausserhalb des Juraparks, danach geht es in 3 Stunden von Zeiningen nach Wegenstetten. Der nächste Abschnitt führt über den Tiersteinberg mit der Ruine Alt-Tierstein in nochmals 3 Stunden hinab nach Frick. Von dort geht es 30 Kilometer in nordöstlicher Richtung bis nach Mettau in der Nähe von Laufenburg. Die Route ist mit blauen Wegweisern und dem Signet eines grünen Lindenblatts auf weissem Grund gekennzeichnet, dem Wappen des kurzlebigen (1802–1803) Kantons Fricktal.

Anreise

Ausgangspunkte für den Jurapark Aargau sind die Bahnhöfe von Frick, Laufenburg, Brugg und Aarau. Weiter geht es anschliessend mit dem Postauto.

Unterkunft

Gasthof zum Bären
Dorfstrasse 19
5277 Hottwil
Telefon +41 (0)62 875 11 45
www.baeren-hottwil.ch

Herberge Sennhütte
5078 Effingen
Telefon +41 (0)62 876 13 67
www.sennhuette.ch
Der abgeschiedene Weiler Sennhütten, nahe der Ampfernhöhe, wurde vom Künstlerpaar Eva und Peter Panero zu einer Herberge mit angrenzendem Wohnhaus umgebaut.

Essen

Landgasthof Ochsen
Hauptstrasse 56
5063 Wölflinswil
Telefon +41 (0)62 877 11 06
www.ochsen-woelflinswil.ch

Traditionsreicher Landgasthof mit Gourmetstatus (2009 mit 13 Gault-Millau-Punkten ausgezeichnet und Mitglied der Jeunes Restaurateurs d'Europe). Empfehlenswert ist das Ochsenmenü.

Auskunft

Geschäftsstelle Jurapark Aargau
Ackerstrasse
Postfach 43
5070 Frick
Telefon +41 (0)62 877 15 04
www.jurapark-aargau.ch

Karten

Landeskarte/Wanderkarte 1:50 000, 214/214T Liestal
Aargauer Wanderkarte 1:50 000

Literatur

Peter Bircher, Landschaftsführer Aare, Jura, Rhein, Wölflinswil (dreiklang.ch) 2002. In Kombination dazu Freizeitkarte 1:60 000 Aare, Jura, Rhein

Der Jurapark ist vor allem in geologischer Hinsicht einzigartig, sodass es Bestrebungen gibt, das Gebiet auch als Geopark auszuweisen. Der Norden des Parks gehört zum Tafeljura, der aus ungefalteten Schichten besteht, während sich im Süden die letzten Ausläufer des Ketten- oder Faltenjuras befinden. Typisch für den Tafeljura sind weite, tafelförmige Hochflächen mit steilwandigen Tälern. Schroffe Felskanten, Gehängeschutt und Risse legen Zeugnis davon ab, dass die Gesteinsschichten hier durch die Absenkung des Rheintalgrabens ab dem frühen Tertiär in Schollen zerbrachen. Im Kettenjura dagegen gibt es vermehrt Überschiebungen, Sackungen, Rutschungen und Dolinen.

Diese Zusammenhänge zwischen Landschaft und Geologie können im Jurapark Aargau unmittelbar erlebt werden. In den Gesteinsschichten des Juras gibt es wunderbare Versteinerungen aus der Zeit des Mesozoikums, als das Urmittelmeer Thetys im Norden bis in das Gebiet des heutigen Juras reichte. Hobbygeologen haben an verschiedenen Stellen die Möglichkeit, mit Hammer und Meissel nach Ammoniten und anderen Fossilien zu suchen. Dass sie dabei gerade auf ein Saurierskelett stossen, ist eher unwahrscheinlich. Auf jeden Fall lohnt sich der Besuch des Sauriermuseums in Frick, wo ein vollständiges Skelett des Plateosaurus zu sehen ist, der in einer nahe gelegenen Tongrube gefunden wurde. Vom Museum führt ein Lehrpfad zur Tongrube, neben der ein Klopfplatz liegt, wo man auf eigene Faust nach Versteinerungen suchen kann.

In den Sedimenten des untiefen Meeres finden sich auch eisenhaltige Schichten, die nirgends in der Schweiz so gut ausgebildet sind wie hier im Aargauer Jura. Schon seit dem 13. Jahrhundert wurde im Fricktal Eisenerz gefördert, besonders auf dem Fürberg zwischen Oberfrick und Wölflinswil, wo das Erz in offenen Gruben abgebaut wurde. Das Erz wurde in die Schmelzhütten von Laufenburg und Säckingen transportiert, wo noch genügend Wald als Holzkohlelieferant zur Verfügung stand. Seine Blütezeit hatte der Bergbau im Fricktal im 16. Jahrhundert. Während des

Landschaft bei Thalheim.

Rechte Seite: Die Linner Linde ist der mächtigste Baum des Aargaus und vermutlich die älteste Linde der Schweiz.

Der Blick von der Wasserflue nach Süden zeigt auch die Dampfsäule des Atomkraftwerks Gösgen.

Dreissigjährigen Kriegs und der Pestzüge von 1618 und 1628, die einen Grossteil der Bevölkerung dahinrafften, erlitt die Fricktaler Eisenindustrie einen starken Rückschlag, von dem sie sich später kaum mehr erholte.

Der Schmelzprozess erforderte grosse Mengen an Holzkohle, was die Waldbestände zum Teil drastisch reduzierte. Für die Erzeugung von einer Tonne Roheisen im Schmelzofen brauchte es 8 Tonnen Holzkohle, wozu 30 Tonnen frisch geschlagenes Holz (45 Ster) benötigt wurden, was in etwa der Holzmenge entspricht, die jährlich auf 5 Hektaren Buchenwald nachwächst. Der Bergbau hatte auch direkte Auswirkungen auf andere Gewerbe wie das Transportwesen, die Schmelzerei, Köhlerei und die an Aare und Rhein gelegenen Hammerwerke, die das Roheisen in schmiedbare Halbfabrikate umwandelten. Um die Mitte des 18. Jahrhunderts kam der Erzabbau im Fricktal zum Erliegen. 1743 stellte das Bergwerk Wölflinswil die Förderung ein. Die Überreste der damaligen Gruben, die Schachttrichter (Pingen genannt), brachten später so manchem Bauern, der sein Feld pflügen wollte, eine unliebsame Überraschung. Noch heute findet man zahlreiche Pingen als trichterförmige Vertiefungen im Junkholz, dem zwischen Wölflinswil und Herznach liegenden Waldstück.

Das 5 bis 7 Meter mächtige Herznacher Flöz wurde während des Ersten Weltkriegs entdeckt, als die Rohstoffbeschaffung für die schweizerische Eisenindustrie schwierig wurde. Mit dem Abbau begann man im Bergwerk Herznach aber erst 1937. Der Grossteil des Erzes wurde nach Deutschland ins Ruhrgebiet exportiert und dort verhüttet. Im Gegenzug erhielt die Schweiz Roheisen und andere Güter. Nach Ausbruch des Zweiten Weltkriegs lief die Förderung auf Hochtouren, 139 Beschäftigte arbeiteten im Dreischichtbetrieb und förderten im Jahr 1941 fast 300 Tonnen Erz. Das abgebaute Erz wurde anfänglich mit Lastwagen zum Bahnhof Frick gebracht. 1942 wurde ein Erzsilo von 1000 Tonnen Fassungsvermögen beim Bergwerk in

Betrieb genommen, von wo eine 4,2 Kilometer lange Transportseilbahn das Erz zur Verladestation in Frick beförderte. Von 1937 bis zur Stilllegung des Bergwerks im Jahr 1967 wurden rund 1,7 Millionen Tonnen Erz gefördert. Noch immer lagern riesige Erzvorkommen in der Tiefe, woran etwa die rostroten Gesteinsbrocken erinnern, die beim Pflügen da und dort zum Vorschein kommen. Ein Abbau dieses Erzes ist heute aber kaum mehr wirtschaftlich.

Der Tafeljura ist indes nicht nur für Geologen, sondern ebenso für Naturfreunde ein spannendes Gebiet. Europaweit einmalig sind die Orchideen-Föhrenwälder, eine seltene durch menschliche Einflüsse – etwa Beweidung – entstandene Form von lichten Föhrenwäldern, wie sie in den Naturschutzgebieten der Pro Natura am Nätteberg und Hessenberg zwischen Bözen und Effingen vorkommen. In grosser Zahl gedeihen hier Gemeine Handwurz, Fliegen-Ragwurz und Spitzorchis, ausserdem Weisse Sumpfwurz und Bienen-Ragwurz. Sie alle danken den Fotografen, wenn diese nicht nur an die bezaubernde Schönheit vor der Linse denken, sondern auch an deren Kolleginnen direkt neben den Schuhen.

Über den Bözberg, den der römische Historiker Tacitus als Mons Vocetius bezeichnete, führte damals die wichtige Strasse von Vindonissa (Windisch) nach Augusta Raurica (Kaiseraugst). Reste dieser Strasse sind heute noch erkennbar. Zwischen Effingen und dem Bözberger Stalden gibt es auf 40 Metern Länge Karrengeleise, die in den Fels gehauen und mit einer Ausweichstelle versehen worden sind. Ob sie allerdings aus der Römerzeit stammen, ist fraglich. Gemäss Funden sind sie eher dem Mittelalter zuzuordnen – beeindruckend ist die Strasse trotzdem. Nahebei findet sich auch das sogenannte Römertor, hier durchbricht der Hohlweg eine Nagelfluhbank.

In Effingen und in Bözen wird, wie auch andernorts im Jurapark, dank des milden Klimas Wein angebaut, den zu kosten sich lohnt. – Ein schöner Abschluss eines Tages im Jurapark Aargau, diesem Ort der Ruhe und Erholung inmitten einer dicht besiedelten Region. (RD)

Rechts: Morgendlicher Blick von der Wasserflue nach Osten.
Links: Gemächliches Wandern im Jurapark auf einsamen Wegen unter weitem Himmel.

Zürich Sihlwald

Naturerlebnis vor den Toren der Grossstadt

Der Wildnispark Zürich Sihlwald ist der einzige Naturerlebnispark der Schweiz. Nahe der Grossstadt darf sich die Natur auf zehn Quadratkilometern ungestört ausbreiten. Der Mensch wird zum teilnehmenden Beobachter – und lernt dabei auch viel über sich selbst.

Im Frühling bedeckt Bärlauch den Waldboden im Sihlwald. Der Totholzanteil ist im nicht mehr genutzten Waldgebiet sehr hoch.

Der Sihlwald zeigt sein Grün in vielfältigsten Schattierungen.

«Am Roosevelt-Platz wachsen die höchsten Bäume. Eine Esche ist gut und gern fünfzig Meter hoch», schwärmt Christian Stauffer, Geschäftsführer des Wildnisparks. Der Roosevelt-Platz, benannt nach der amerikanischen Präsidentengattin Eleanor Roosevelt (1884–1962), findet sich nicht im Herzen der Stadt Zürich, sondern an einer Wegkreuzung im Sihlwald unweit der Grossstadt. Die Tafel, die an den Besuch erinnert, ist im Februar 2011 entfernt worden. Heute heisst die Wegkreuzung schlicht «Tannboden». Die forstwirtschaftliche Nutzung dieses rund 1000 Hektaren grossen Waldgebiets galt zu Lebzeiten Roosevelts in den Vereinigten Staaten als mustergültig, ganze Forstschulen machten im Sihlwald ihre Aufwartung.

Spuren dieser Bewirtschaftung finden sich noch heute in der Umgebung des Roosevelt-Platzes: mächtige Buchen und Eschen, die vor 150 bis 180 Jahren gepflanzt wurden. Dicht an dicht stehen, etwas im Hintergrund, vor einigen Jahrzehnten gepflanzte, schnellwüchsige Fichten. Sie passen in dieser grossen Zahl und Eintönigkeit nicht hierher, sondern gehören eigentlich in einen Gebirgswald. Vielmehr sind es Buchen, die auf dieser Höhenlage natürlicherweise mit einem Anteil von 60 Prozent dominieren müssten. Doch diese waren jahrhundertelang begehrtes Bau- und Brennholz, und keiner dieser Bäume erreichte im Sihlwald sein Höchstalter von 400 Jahren.

Die Schwärmerei der Amerikaner galt einem Wirtschaftswald, der effizient genutzt, aber nicht übernutzt wurde. Eleanor Roosevelt mochte 1948 anlässlich ihres Besuches die damals um die 170 Jahre alten Bäume, die sich an der Wegkreuzung zwischen Spinnerweg und Sihlwaldstrasse befanden, bestaunt haben. Sie hatten zu einer Zeit gekeimt, als mit Samuel Gessner, Idyllendichter und Gründer der «Neuen Zürcher Zeitung», einer der berühmtesten Zürcher die Geschicke im Sihlwald bestimmte. Seit dem frühen 14. Jahrhundert gehörte der Sihlwald der Stadt Zürich. Angeblich bedankten sich die Habsburger damit für die Neutralität der Zürcher in deren Kampf gegen die Herren von der Schnabelburg auf dem Albis. Seit 1424 hatte die Stadt einen eigenen Beauftragten für den Sihlwald: den Sihlherrn, den man heute wohl Oberförster

Prächtiger Buchenstamm im Sihlwald. Die Buche wird sich im Laufe der Zeit ihren angestammten Platz als Leitbaum wieder zurückerobern.

nennen würde. Dieser hatte die Aufgabe, die Stadt mit genügend Brennholz zu versorgen und Holzschlag sowie Flösserei zu überwachen. Seit 1624 wurde der Holzschlag im «Hiebsbuch» nachgeführt. Kahlschläge waren in der «Heizung Zürichs» an der Tagesordnung, doch wurde dem Wald auch Zeit zur Erholung gelassen.

Samuel Gessner residierte während seiner Amtszeit von 1781 bis 1787 im Forsthaus, einem stattlichen Riegelbau. Die Industrialisierung steckte damals gerade in ihren Anfängen, der Hunger nach Energie wurde mit jedem Jahr grösser, das Holz hatte keine Chance mehr, nachzuwachsen. So wurde auch der Sihlwald regelrecht ausgeplündert, und ein halbes Jahrhundert später präsentierte er sich, wie die meisten Wälder in der Schweiz, in einem erbärmlichen Zustand. Das änderte sich erst, als mit der Kohle eine neue, billigere Energiequelle aufkam und – Ironie der Geschichte – den Sihlwald vor der endgültigen Abholzung rettete.

1838 gebot die Stadt der Übernutzung Einhalt, und unter Stadtforstmeister Carl Anton Ludwig von Orelli gelang der allmähliche Übergang zu einer nachhaltigeren und effizienteren Bewirtschaftung. Mit dem Aufbau eines eigenen Werkbetriebes mit 100 Mitarbeitern, einem eigenen Weiler samt Schule, dem Bau der Sihltalstrasse 1860 und einer Waldeisenbahn 1876 wurden die Grundlagen gelegt. Die Waldeisenbahn (Spurweite 60 Zentimeter) führte in Schlaufen vom Werkplatz bis unter den Albisgrat und wurde erst Anfang der 1940er-Jahre vollständig stillgelegt. Die leeren Wagen wurden von Ochsen und Pferden hinaufgezogen und beladen. Talabwärts musste dann ein Bremser an Bord dafür sorgen, dass die Holzwaggons nicht zu schnell wurden. Schon ab 1920 ersetzten breit angelegte Waldstrassen die Schienen. Die Bewirtschaftung erlaubte zwar nach wie vor grossflächige Eingriffe, doch die Wiederaufforstung war ebenso Pflicht wie die stärkere Berücksichtigung der naturräumlichen Gegebenheiten. Bei der Auswahl der Baumarten spielte dies indes nur eine untergeordnete Rolle. Gepflanzt wurde, was bei der Ernte in 100 oder 150 Jahren mutmasslich gefragt sein würde.

1878 bat der Nachfolger Orellis, Ulrich Meister, den Dichter Gottfried Keller, einen Vers für das Forsthaus im Sihlwald zu entwerfen. «Ein Forst zeigt wie ein blanker Schild / Dir der Gemeinde Spiegelbild», schrieb Keller und hielt den Förstern buchstäblich den Spiegel vor. Der Vers wurde abgelehnt. Stattdessen findet sich bis heute folgender Spruch aus der Feder von Gottfried Keller am Forsthaus: «Schöner Wald in treuer Hand / Labt das Auge und schirmt das Land.» Er entsprach besser dem Selbstempfinden der damaligen Förster, spielte aber gleichzeitig gekonnt auf die damals in Vergessenheit geratene Funktion des Waldes als Schutzschild vor Naturkatastrophen wie Muren oder Lawinen an. Dass diese Funktion nur mit förstlicher Hilfe aufrechterhalten werden konnte, ein «schöner Wald» also nur Menschenwerk sein konnte, war vollkommen unbestritten. Auch als mit einer neuen Forstgesetzgebung mit der Bestimmung, jeden gefällten Baum zu ersetzen, die Nachhaltigkeit verankert wurde, änderte sich an dieser Philosophie nichts Grundlegendes.

1948, beim Besuch Eleanor Roosevelts, hatte sich der Sihlwald wieder einigermassen erholt. Wirtschaftlich ging es hingegen bergab. Billiges Erdöl war in grossen Mengen verfügbar, der arbeitsintensive Holzschlag wurde zur Kostenfalle. In den 1980er-Jahren verbuchte die Stadt Zürich im Sihlwald, wie dies in praktisch allen Schweizer Wäldern der Fall war, nur noch Millionendefizite. Es war der damalige Stadtforstmeister Andreas Speich, der als Erster die Idee aufs Tapet brachte, den Sihlwald nach jahrhundertelanger Nutzung der Natur zurückzugeben und sich selbst zu überlassen – und damit sozusagen vor der Haustür einer Grossstadt einen Ort zu schaffen, an dem die Natur den Gang der Dinge bestimmt. In Forstkreisen galt Speich als Nestbeschmutzer, Kellers Bild vom «schönen Wald» geisterte noch immer in den Köpfen der Fachleute herum. Doch es ging auch um deren Selbstverständnis: Wer räumt schon freiwillig das Feld, das er bestellt? Zumal niemand behaupten konnte, die Förster hätten schlechte Arbeit geleistet. Im Gegenteil: Das immer verfeinertere Modell einer nachhaltigen Waldbewirtschaftung schaffte durchaus ein Nebeneinander von Natur- und Kulturlandschaft.

Links: Biotop im Sihlwald. Die Artenvielfalt ist reich.
Rechts: Totes Holz spielt im Kreislauf der Natur eine sehr wichtige Rolle als Nährstofflieferant für zahllose Kleinlebewesen.

Wanderung

Die Wanderung beginnt auf dem Albispass (791 m), von wo man dem gut beschilderten Wanderweg in Richtung Albishorn folgt. Bald ist der Aussichtsturm Hochwacht erreicht, ein 1978 erstellter Holzturm, von dem man eine grossartige Aussicht auf den Zürichsee und den Sihlwald geniesst. Lohnend ist ein Abstecher zur Ruine Schnabelburg (ab Schnabellücke knapp 60 Meter Aufstieg). Die Burg wurde 1309 zerstört – als habsburgischer Racheakt für die Ermordung von Kaiser Albrecht I., an der die damaligen Burgbesitzer, die Freiherren von Eschenbach, beteiligt gewesen waren. Nun beginnt der anstrengendste Teil der Wanderung. Es geht rund 110 Höhenmeter bergauf über einen sehr schönen Gratweg zum höchsten Punkt der Albiskette, dem auf 909 Metern gelegenen Albis-

horn (Restaurant, schöne Gartenterrasse).
Hier beginnt der Abstieg mitten durch den Sihlwald zum Besucherzentrum Sihlwald. Am natürlichsten ist der Sihlwald auf dem rund zwei Kilometer langen Abschnitt vom Albishorn hinunter zum Tannboden. Bis zur Steineregg ist es dabei recht steil, danach deutlich flacher. Am Wegrand zeigen sich die Elemente eines Naturwaldes: Wurzelteller, Baumstümpfe mit grossen Spechtlöchern und Baumpilzen, kreuz und quer durcheinander liegende Bäume, die aussehen, als hätte ein Riese Mikado gespielt. Wanderzeit: 3½ Stunden.

Anreise

Von Zürich mit der Sihltalbahn (S4) nach Sihlwald.
Albis: Von Zürich SBB nach Thalwil oder S4 nach Langnau-Gattikon. Von dort mit dem Postauto nach Langnau a.A., Ober Albis (Passhöhe). Oder vom Bahnhof Affoltern am Albis mit dem Postauto bis Ober Albis.

Übernachtung

Hotel Restaurant Greulich
Hermann-Greulich-Strasse 56
8004 Zürich
Telefon +41 (0)43 243 42 43
www.greulich.ch
Design-Hotel im Stil der 1950er-Jahre, sehr gute Slow-Food-Küche.

Essen

Bergrestaurant Albishorn
8915 Hausen am Albis
Telefon +41 (0)44 764 01 67
www.restaurant-albishorn.ch

Im Sihlwald kann sich die Natur wieder frei entfalten.

Auf 909 Meter über Meer lässt es sich prächtig die Aussicht geniessen – und gut essen.

Auskunft

Besucherzentrum Sihlwald
Sihltalstrasse 1684
8135 Sihlwald
Telefon +41 (0)44 720 38 85
www.wildnispark.ch

Karten

Landeskarte 1:25 000, 1111 Albis
Landeskarte/Wanderkarte
1: 50 000, 225/225T Zürich

Besucherzentrum Sihlwald

Dort wo früher das Holz aus dem Sihlwald verarbeitet wurde, lädt heute das Naturzentrum Sihlwald die Besucherinnen und Besucher ein, sich auf eine spannende Begegnung mit dem Thema Wald und seinen Bewohnern einzulassen. Neben der permanenten Ausstellung «Vom Nutzwald zum Naturwald» werden regelmässig Sonderschauen veranstaltet. Die Dauerausstellung bietet spannende Einblicke in die Entwicklung des Sihlwaldes, etwa mit einem historischen Film, der die Leistungsfähigkeit damaliger Forsttechnik demonstriert.

Bis zum November 2012 dauert die Sonderausstellung «Schrecklich schön, furchtbar zahm: Wildnis und wir», eine inspirierende Collage aus Zitaten, Gegenständen, Fotografien und Filmen, welche den Begriff Wildnis nicht einordnet oder erklärt, sondern zur Diskussion stellt und damit eigentlich nur ein Fazit zulässt: Die Wildnis beginnt und endet im Kopf. Damit stellt sich auch die Frage, ob das Wildniskonzept, wie es im Sihlwald präsentiert wird, auch in 50 Jahren noch seine Gültigkeit haben wird: So lange nämlich gilt der Vertrag mit den Waldeigentümern, auf die Holznutzung zu verzichten.

Zum Angebot des Besucherzentrums zählen auch Filme, Kurse, Workshops und Theater, Aussenausstellungen, eine Biber- und Fischotteranlage sowie Spielmöglichkeiten. Doch auch im Winter lohnt sich ein Besuch des Sihlwaldes. Empfehlenswert ist der Walderlebnispfad, der sich in 1½ Stunden begehen lässt. Der Sihlwald ist dank der Sihltalbahn, die einst für den Holztransport gebaut worden war, vom Zürcher Stadtzentrum aus in 30 Minuten erreichbar.

Das Besucherzentrum ist nur 5 Minuten von der Bahnstation Sihlwald (S4) entfernt. Geöffnet: vom 21. März bis 31. Oktober. Dienstag bis Samstag 12.00–17.30 Uhr, Sonntag und allgemeine Feiertage 9.00–17.30 Uhr. Montag geschlossen. www.wildnispark.ch.

Das ganze Jahr frei zugänglich sind der Wald, die Aussenausstellungen, der Walderlebnispfad und der Hochwachtturm.

Doch in Zeiten, als ernsthaft darüber diskutiert wurde, ein Eintrittsgeld für das Betreten des Waldes zu verlangen, stand Speich mit seinen Überlegungen auf einsamem Posten. Die Meinungen über die Nutzung des Waldes standen sich diametral gegenüber. Der Zeitgeist und die Wissenschaft indes schwärmten von den letzten Urwäldern Europas in entlegenen Regionen der Karpaten in Rumänien, wo riesige, viele Jahrhunderte alte Buchen den Wald beherrschen und eine parkähnliche Landschaft geschaffen haben – wovon der Sihlwald noch heute meilenweit entfernt ist. Ein Stadt-Land-Konflikt tat sich auf. Während die Städter dem Gedanken, in unmittelbarer Nähe eine Wildnis entstehen zu lassen, viel abgewinnen konnten, überwog bei Förstern, aber auch bei Landwirten und Jägern in den ländlichen Regionen des Sihlwaldes der Gedanke der eigenen Unentbehrlichkeit: Ohne die lenkende Hand des Menschen könne es nicht gehen, meinten viele.

Es ist der Gegensatz zwischen städtischer Ordnung und der Unberechenbarkeit der Wildnis, der diese für viele Städter so anziehend macht. Die Stadt ist vergleichsweise lebensfeindlich, es fehlt an Freiheit, es fehlt an Grün. Wer den ganzen Tag im Büro sitzt, hat grossen Bewegungsbedarf. Und in den Städten lebt jenes grün angehauchte Bildungsbürgertum, das sich wesentlich aufgeschlossener zeigt gegenüber Fragen der Zukunft als die Landbevölkerung. Die Natur- und Umweltschutzbewegungen sind denn auch in den Städten gross geworden.

Den Ausschlag für den 1994 gefällten Entscheid, die Waldnutzung einzustellen, gaben vor allem pädagogische und wissenschaftliche Überlegungen. Gerade den Menschen in der Stadt soll gezeigt werden, dass auch in unmittelbarer Nähe zu einer Gross-Agglomeration die Natur einen festen Platz haben kann. Die damals gegründete Stiftung Naturlandschaft Sihlwald, der neben der Stadt Zürich und Pro Natura noch weitere Organisationen aus Forschung und Naturschutz angehörten, erhielt denn auch einen klaren Bildungs- und Forschungsauftrag und ein eigenes Zentrum.

Wenn die Natur im Sihlwald erwacht, zeigt er sich in sattem Frühlingsgrün.

Es brauchte aber noch einige Überzeugungsarbeit, bis auch die angrenzenden Gemeinden für das Projekt gewonnen waren. Im Juni 2008 sprach sich das Stimmvolk der Stadt Zürich klar für einen jährlichen Beitrag an die Betriebskosten des Naturparks in der Höhe von maximal 3,8 Millionen Franken aus. Das entspricht in etwa den Defiziten, die zuletzt geschrieben wurden, als im Sihlwald noch die Förster das Sagen hatten. Zwei Monate später wurde die Stiftung Naturlandschaft Sihlwald in die Stiftung Wildnispark Zürich, bestehend aus Sihlwald und Wildpark Langenberg, überführt. Damit waren die Voraussetzungen geschaffen, um im August 2009 die Anerkennung als Naturerlebnispark von nationaler Bedeutung durch das Bundesamt für Umwelt (Bafu) zu erhalten. Die Ziele sind mit jenen eines Regionalen Naturparks vergleichbar, wurden aber an die Erholungsbedürfnisse der umliegenden städtischen Agglomerationen angepasst. Dazu kommt, als wichtigster Unterschied, die Ausweisung einer mindestens vier Quadratkilometer umfassenden Kernzone.

Die sogenannte Charta des Naturerlebnisparks füllt 350 Seiten – ein Spiegel der vielfältigen Erwartungen, die an dieses einzigartige Projekt gestellt werden. «Im Rhythmus der Natur» lautet der etwas schulmeisterliche Leitgedanke. Die Besucherinnen und Besucher sollen im Wildnispark «entschleunigt» werden, sich an den gemächlicheren Lauf der wilden Natur anpassen. Wer sich auf eine der schönen Wanderungen durch den Sihlwald begibt, wird nicht ganz nachvollziehen können, was damit gemeint sein soll. Das hat auch mit dem Begriff «Wildnispark» zu tun, dessen Definition sich nicht ohne Weiteres erschliesst. Denn welche Wildnis ist gemeint? Für Christian Stauffer eine Frage, auf die es keine eindeutige, schlüssige Antwort gibt. Wildnis sei im Sihlwald als Konzept zu verstehen, als das bewusste Zulassen einer Entwicklung, die langfristig einen Naturwald entstehen lassen werde. Das wird im Sihlwald Jahrhunderte dauern, bedenkt man, dass die ältesten Bäume keine 200 Jahre alt sind, dabei aber locker das doppelte Alter erreichen können. Man findet sie heute nur in den entlegensten Teilen Europas, in den Karpatenwäldern der

Ein dichtes Netz von Wegen erschliesst den Sihlwald als Naherholungsgebiet für die Stadtzürcher
Bevölkerung.

Ukraine und Rumäniens. In diesen parkähnlichen, von riesigen Buchen geprägten
Landschaften ist die Artenvielfalt aber deutlich geringer als im heutigen Sihlwald –
der selbst schon einige Arten eingebüsst hat gegenüber jener Zeit im 19. Jahrhundert, als es hier noch Waldweiden gab. Wie lange dieser Prozess dauern wird, kann
niemand exakt vorhersagen.

Und doch: Schon 17 Jahre nach der endgültigen Einstellung der forstwirtschaftlichen Nutzung zeigen sich die ersten Spuren dieses Wandels. So ist der Anteil des
Totholzes deutlich gestiegen. Das wird auch die Entwicklung der Holz abbauenden
Insekten beeinflussen. Bis die deutlich übervertretenen Fichten auf ihr natürliches
Niveau zurückgestuft sind, wird es noch einige Zeit dauern. Die Fachleute rechnen
mit einem zukünftigen Buchenanteil von 60 Prozent. Am nächsten kommen diesem
natürlichen Zustand die steilen Waldstücke unterhalb des Höhenweges am Albis.

Dennoch wird der Begriff «Wildnis» im Sihlwald arg strapaziert. Zumindest
wenn damit ein Urzustand suggeriert wird, wie es ihn vor der Verwandlung der
Natur- in eine Kulturlandschaft gegeben hat. Am ehesten entspricht das Wildniskonzept im Sihlwald der Definition des Ökologen Mario Broggi: «Unter Wildnis
wird jener Raum verstanden, in dem wir jede Nutzung und Gestaltung bewusst unterlassen, in dem natürliche Prozesse ablaufen können, ohne dass der Mensch denkt
und lenkt, in dem sich Ungeplantes und Unvorhergesehenes entwickeln kann.»

Wer diesem Konzept folgt, muss jede Waldpflege unterlassen. Im Sihlwald ist
das der Fall. «Wir haben Ende der 1990er-Jahre zum letzten Mal aktiv eingegriffen»,
sagt Christian Stauffer. Jetzt beschränke man sich auf reine Sicherungsmassnahmen
– etwa wenn umstürzende Bäume die Wege im Wald gefährden könnten. Doch auch
wenn in einem solchen Fall die Säge angesetzt wird: Das Holz bleibt am Wegrand
liegen. Der Verzicht auf Eingriffe heisst aber auch, dass seltene Orchideenarten aus
einer Waldlichtung verschwinden könnten, wenn diese zuwächst. Und Wildnis heisst
Verzicht auf jede Förderung von Baumarten, wie sie im natürlichen Zustand vorkommen würden. Die nach wie vor häufigen Fichten werden also nicht aktiv gefällt,

um Platz zu machen für die standortgerechteren Buchen. Die Natur soll selbst entscheiden. Am Ende wird sich die konkurrenzfähigste Pflanze durchsetzen, die mit den natürlichen Bedingungen am besten zurechtkommt.

Die Wildnis beginnt auch im Kopf. Für die einen ist sie, weil unbekannt oder gar unheimlich, abzulehnen, andere freuen sich schlicht daran. Der Umgang mit der Wildnis ist deshalb auch eine Frage der Umweltbildung. Das zeigt sich etwa in der Debatte um die Wiederausbreitung von Raubtieren wie Luchs, Bär oder Wolf. Sie verkörpern geradezu das Unberechenbare der Wildnis und nicht den Satz: Die Natur hat dem Menschen untertan zu sein. Auch deshalb braucht es Umweltbildung und das Erleben der Wildnis. Eine Käseglocke über der Wildnis wäre zu ihrem Verständnis wohl eher hinderlich. Denn nur was man auch kennt, lernt man zu schätzen – auch deshalb ist der Sihlwald als «Naturerlebnispark» anerkannt worden. Wenn nun aber jährlich eine halbe Million Besucherinnen und Besucher unterwegs sind, wird das Konzept zur Gratwanderung. Hier soll die Besucherkanalisierung greifen. In den gut markierten Kernzonen gilt ein striktes Weggebot.

Wer im Sihlwald wandert, wird sich aber wundern: Die Wildnis, wie sie sich hier präsentiert, unterscheidet sich kaum von anderen, nicht geschützten Waldgebieten. Wohl liegt mehr Totholz herum, und es finden sich keine Spuren forstlicher Eingriffe. Und es reift die Erkenntnis: Wildnis, wie sie im Sihlwald erfahren werden kann, ist unspektakulär, still und leise – und gerade deshalb so wertvoll. (UF)

Wie ein Teppich bedeckt Immergrün den Waldboden.

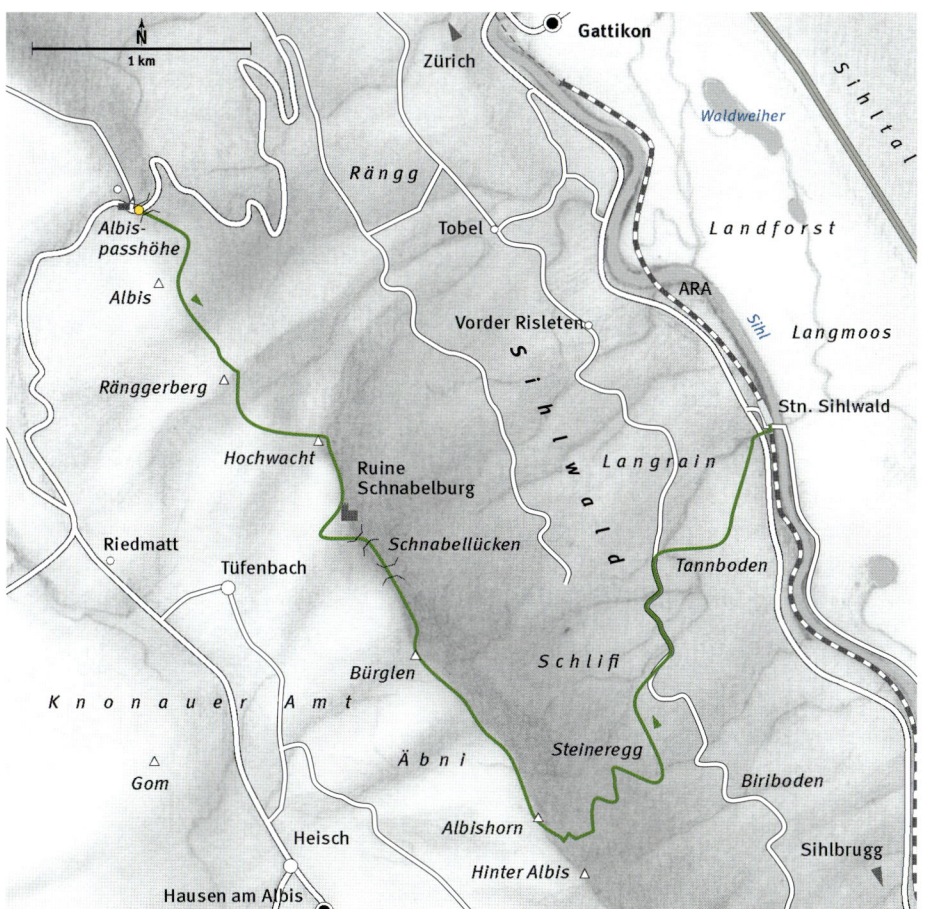

Pärke und Parkprojekte

Stand März 2011

Nationalpark

Parc Naziunal Svizzer Schweizerischer Nationalpark	GR	www.nationalpark.ch

Kandidaten Nationalpark

Parc Adula	TI/GR	www.parcadula.ch
Parco nazionale del Locarnese	TI	www.parconazionale.ch

Regionale Naturpärke und Unesco-Schutzgebiete

Unesco Biosfera Val Müstair	GR	www.biosfera.ch
Parc Ela	GR	www.parc-ela.ch
Naturpark Beverin	GR	www.naturpark-beverin.ch
Landschaftspark Binntal	VS	www.landschaftspark-binntal.ch
Naturpark Pfyn-Finges	VS	www.pfyn-finges.ch
Parc naturel régional Biosphère Val d'Hérens	VS	www.biosphere-valdherens.ch
Unesco Biosphäre Entlebuch	LU	www.biosphaere.ch
Regionaler Naturpark Thunersee-Hohgant	BE	www.naturpark-thunersee-hohgant.ch
Regionaler Naturpark Gantrisch	BE	www.gantrisch.ch
Regionaler Naturpark Diemtigtal	BE	www.diemtigtal.ch
Parc naturel régional Gruyère Pays-d'Enhaut	VD/FR	www.pnr-gp.ch
Parc naturel régional Jura vaudois	VD	www.pnr-juravaudois.ch
Parc naturel régional du Doubs	NE/JU	www.parcdoubs.ch
Parc régional Chasseral	BE/NE	www.parcchasseral.ch
Regionaler Naturpark Thal	SO	www.naturparkthal.ch
Jurapark Aargau	AG	www.jurapark-aargau.ch
Wildnispark Zürich Sihlwald	ZH	www.wildnispark.ch

Fotograf und Autoren

Roland Gerth (Fotograf)
Freischaffender Natur- und Reisefotograf sowie Bildautor von über 30 Büchern und 80 Kalendern. Lebt in Thal am Bodensee. Seine Leidenschaft gilt spektakulären Naturlandschaften, die er auf allen Kontinenten, aber auch in seiner Heimat aufspürt. www.rolandgerth.ch

Martin Arnold (MA)
Freier Journalist, Herausgeber und Autor diverser Sachbücher. Mitbegründer des Pressebüros Seegrund in St. Gallen. Mitarbeiter für diverse Zeitungen und Zeitschriften. Autor des Radiohörspiels «Bauernnovela» (www.bauernnovela.ch) sowie Mitinitiant der Internetplattformen www.brotimtank.org und www.fairness.ch. Buchbeiträge in «Die schönsten Naturparadiese der Schweiz».

Urs Fitze (FI)
Schreibt für Printmedien im deutschsprachigen Raum. Reportagen und Interviews zu den Themen Politik, Wirtschaft, Umwelt und Reisen. Gründungsmitglied des Pressebüros Seegrund in St. Gallen. Redaktor und Autor der Online-Zeitschriften www.fairness.ch und www.brotimtank.org, Buchbeiträge u.a. in «Die schönsten Naturparadiese der Schweiz» und «Merian Reiseführer Schweiz».

Ronald Decker (RD)
Freier Journalist und Ghost-Writer. Studierte Geschichte und Politikwissenschaften. Schreibt für Medien im deutschsprachigen Raum und verfasst Biografien. Mitarbeiter des Pressebüros Seegrund in St. Gallen.

Pressebüro Seegrund, www.seegrund.ch
Die Autoren sind Mitarbeiter des Pressebüros Seegrund in St. Gallen, dessen Mitglieder sowohl für klassische Printmedien als auch für elektronische Medien Texte verfassen und im Internet thematische Plattformen entwickeln. Mit den Themen im Alpenraum beschäftigt sich besonders das «Alpenmagazin».

Dank
Die Autoren danken Christina Sieg für ihr kritisches und sachkundiges Lektorat.

Dieses Buch entstand mit der finanziellen Unterstützung von Pro Natura sowie den Swisslos-Fonds der Kantone Graubünden, Bern, Wallis und Aargau.

Den Himmel berühren – Bergbücher aus dem AT Verlag

Martin Arnold/Roland Gerth
Die schönsten Naturparadiese der Schweiz
Das grosse Wander- und Erlebnisbuch

Heinz Staffelbach
Urlandschaften der Schweiz
Die schönsten Wanderungen durch wilde Bergwelten

Remo Kundert/Marco Volken
Bergwandern im Tessin

Remo Kundert/Marco Volken
Zürcher Hausberge
60 Wandergipfel zwischen Bodensee und Brienzersee

Fredy Joss
Berner Hausberge
Die schönsten Wandergipfel zwischen Chasseron und Sidelhorn

Heinz Staffelbach
Wandern und Geniessen in den Schweizer Alpen
Die schönsten Zweitagestouren mit Berghotel-Komfort

Heinz Staffelbach
Wandern und Geniessen im Winter
Die schönsten Schneeschuh- und Winterwander-Weekends in der Schweiz mit Berghotel-Komfort

Heinz Staffelbach
Die schönsten Passwanderungen in den Schweizer Alpen

David Coulin
Die schönsten Genusstouren in den Schweizer Alpen
77 leichte Wanderungen

David Coulin
Die schönsten Gratwanderungen der Schweiz

David Coulin
Die schönsten Rundwanderungen in den Schweizer Alpen

David Coulin
Das grosse Wanderbuch Graubünden

Ueli Hintermeister/Daniel Vonwiller
Die schönsten Höhenwege der Schweiz

Peter Donatsch
Die schönsten Gipfelziele der Schweiz
75 Bergerlebnisse für Wanderer

Peter Donatsch
Traumhafte Hüttenziele in den Schweizer Alpen

Peter Donatsch
Von Hütte zu Hütte in den Schweizer Alpen

AT Verlag
Bahnhofstrasse 41
CH-5000 Aarau
Telefon +41 (0)58 200 44 00
Fax +41 (0)58 200 44 01
info@at-verlag.ch
www.at-verlag.ch

Pro Natura – für mehr Natur, überall!

Pro Natura ist die führende Organisation für Naturschutz in der Schweiz. Sie setzt sich entschlossen und konsequent für die Förderung und den Erhalt der einheimischen Tier- und Pflanzenwelt ein. Zu den Pioniertaten der 1909 gegründeten Organisation gehört die Schaffung des Schweizerischen Nationalparks. Seit 2000 fördert Pro Natura weitere National- und Naturpärke in der Schweiz.

Pro Natura sichert über 600 Naturschutzgebiete und leitet ein Dutzend Naturschutzzentren in der ganzen Schweiz. Die Naturschutzorganisation zählt rund hunderttausend Mitglieder und ist mit ihren Sektionen in allen Kantonen aktiv.

In den Pro Natura Zentren Aletsch VS und Champ-Pittet VD sind Sie herzlich eingeladen, die Natur zu entdecken und zu geniessen.

Werden Sie Pro Natura Mitglied

– Sie erhalten sechsmal jährlich das «Pro Natura Magazin» mit dem Kurs-, Ferien- und Veranstaltungsprogramm «Pro Natura Aktiv».
– Familien und Kinder erhalten zusätzlich vierteljährlich die Pro Natura Kinderzeitschrift «Steini».
– Sie geniessen freien Eintritt in die Pro Natura Zentren Aletsch VS und Champ-Pittet VD und in das Besucherzentrum des Wildnisparks Zürich
– Sie profitieren von vergünstigten Eintritten in verschiedene andere Zentren und von Vergünstigungen für Angebote von Pro Natura

Wollen Sie mehr erfahren? Auf www.pronatura.ch finden Sie viele spannende Informationen. Hier können Sie sich auch direkt als Mitglied anmelden.

Pro Natura, Dornacherstrasse 192, Postfach, 4018 Basel, Tel. 061 317 91 91, Fax 061 317 92 66, mailbox@pronatura.ch, www.pronatura.ch

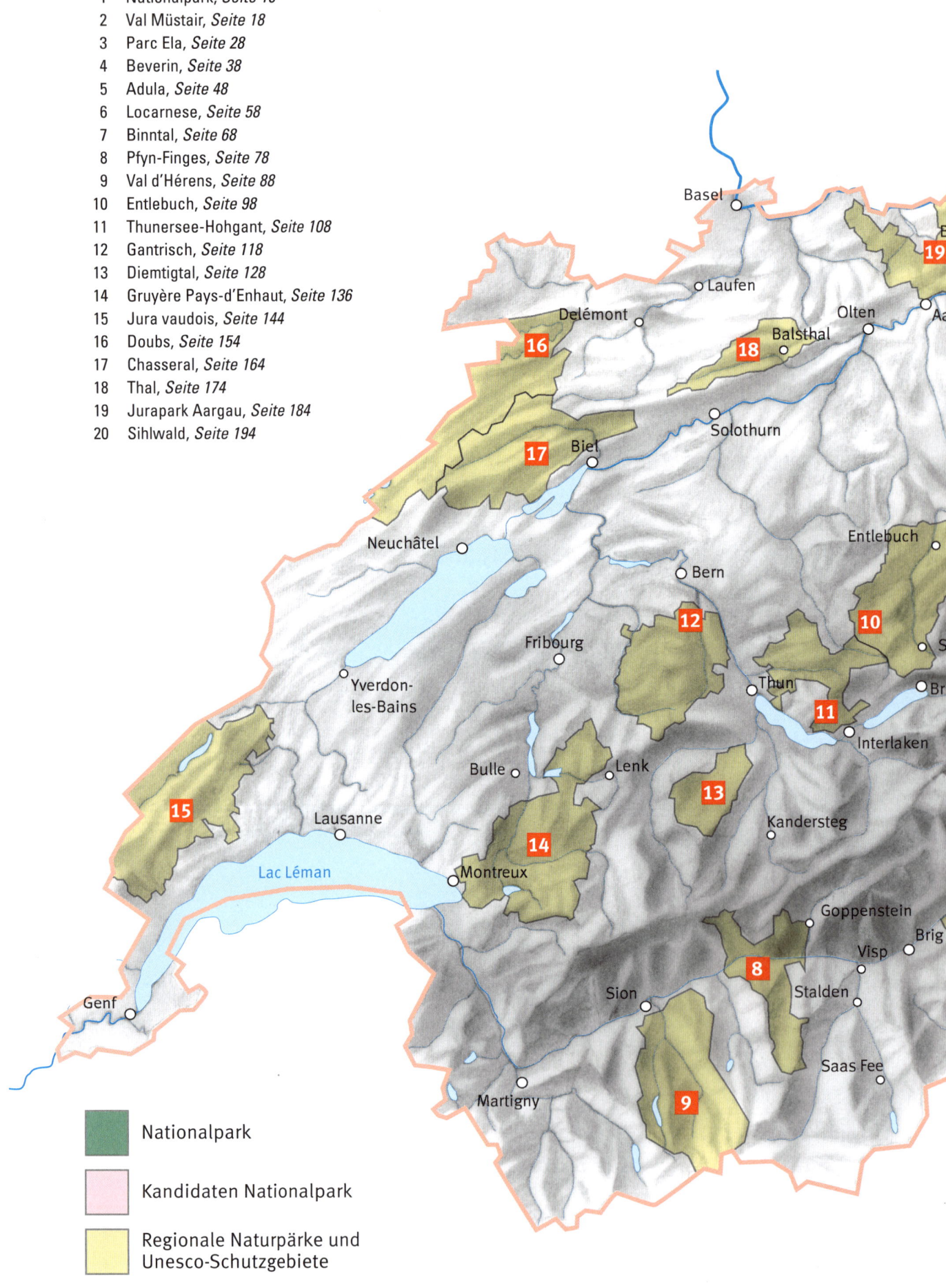

Nationalpark

Kandidaten Nationalpark

Regionale Naturpärke und
Unesco-Schutzgebiete